나는
일본군
성노예
였다

FIFTY YEARS OF SILIENCE: The extraordinary memoir of a war rape survivor
Text Copyright ⓒ Jan Ruff O'Herne, 2008
First published by Random House Australia Pty Ltd.
This edition published by arrangement with Penguin Random House Australia Pty Ltd.
The moral right of the author has been asserted.
All rights reserved. No part of this book may be used or reproduced in any manner whatever without written permission except in the case of brief quotations embodied in critical articles or reviews.
Korean Translation Copyright ⓒ 2018 by Samcheolli Publishing Co.
This Korean language edition is published by arrangement with Penguin Random House Australia Pty Ltd. through BC Agency, Seoul.

이 책의 한국어판 저작권은 BC 에이전시를 통해 저작권자와 독점 계약한 삼천리에 있습니다. 저작권법에 의해 국내에서 보호를 받는 저작물이므로 무단 전재와 복제를 금합니다.

나는
일본군
성노예
였다

네덜란드 여성이 증언하는
일본군 '위안소'

얀 루프-오헤른 지음 | 최재인 옮김

삼천리

고인이 된 남편, 톰 루프에게
깊은 사랑을 담아 이 책을 바칩니다.

한국의 독자들에게

나에게는 참으로 사랑하는 벗들이 있습니다. 바로 한국의 일본군 '위안부' 여성들입니다. 그들의 이야기는 내 가슴에 절실하게 와닿습니다. 우리는 제2차 세계대전의 참상과 공포를 기억하는 사람들입니다.

가슴에 묻어 두었던 내 이야기를 한국의 독자들에게 들려줄 수 있게 되어 기쁩니다. 바람이 있다면, 이 책이 세상의 이른바 일본군 '위안부'들에게 힘이 되면 좋겠습니다. 우리들 이야기가 평화의 미래를 열어 나가는 데 밑거름이 되길 기대합니다.

얀 루프-오헤른
2018년 2월

머리말

부모님과 함께 살던 소녀 시절, 나는 어머니한테 뭔가 특별한 것이 있다는 느낌을 받았다. 하지만 그게 무엇인지는 알지 못했다. 어머니에게는 비범하고 위엄이 있는 아우라가 있었다.
어머니는 특별했고 강했고 사람을 끌어당기는 매력이 있었다.
어머니가 그런 고통스런 경험을 겪었을 거라고는 상상도 못했다. 어머니의 이야기를 듣고 난 뒤, 나와 내 동생은 어머니를 더욱 자랑스럽게 여기게 되었다.

에일린 미턴

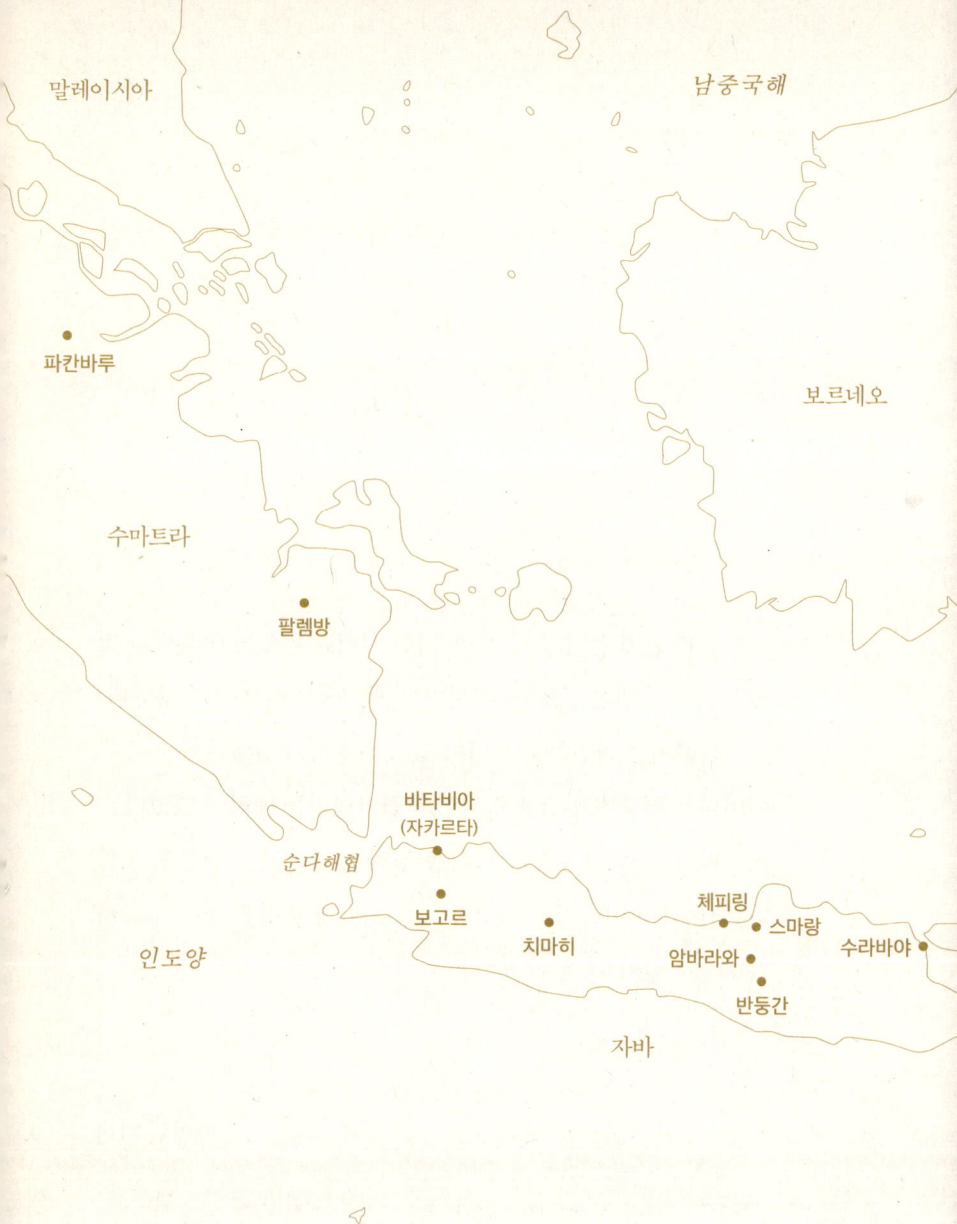

인도네시아 자바

일러두기

이 책에 나오는 인도네시아 단어와 장소 이름은 제2차 세계대전 이전의 표기법을 그대로 사용했다. 예를 들어 일본 사람(Japanese)이라는 단어보다 '잽스'(Japs)라는 단어를 선택했는데, 그 시절 수용소에서 우리끼리 일상적으로 쓰던 말이었다. 요즘 흔히 사용하는 말보다 당시 우리끼리 쓰던 말로 쓴 것은, 그때 그곳에서 내가 느끼던 감정과 기분을 그 단어를 통해 가장 정확하게 전달할 수 있기 때문이다.

차례

한국의 독자들에게 6
서문 | 에일린 미턴 7

1 — 아름다운 어린 시절 13
2 — 암바라와 포로수용소 67
3 — 칠해정(七海亭) 119
4 — 가족을 다시 만날 수 있을까 171
5 — 한 시대의 끝 203
6 — 침묵을 깨다 231

감사의 말 293
옮긴이의 말 295
진실을 알리는 활동(1992~2008) 303

1

아름다운
어린 시절

오빠 워드, 언니 앨라인과 개울에서

"오마(네덜란드 말. 손주들이 할머니를 부르는 애칭—옮긴이), 자바에서 살던 시절 이야기 좀 해주세요"

어린 손녀 루비가 내 오래된 사진첩을 찬찬히 들여다보고 있다. 루비는 잔뜩 기대하는 듯한 표정으로 나를 쳐다본다.

"이번엔 어떤 이야기를 해줄까?" 내가 묻는다.

그 아이는 경건해 보이기까지 한 태도로 앨범을 조심스럽게 넘겼다. 앨범에 있는 사진 한 장 한 장마다 각기 다른 이야기가 깃들어 있다.

"집 이야기요. 작은 도마뱀이 벽을 타고 오르던 이야기요. 할머니가 키우던 작은 동물들 이야기요. 뱀도 잡았다면서요? 뱅골보리수나무(banyan tree)에서 떨어졌던 이야기도 해주세요. 프랑스인 할아버지는 어떤 분이었죠? 식탁 앞에서는 허리를 꼿꼿이 펴고 앉아야 했다면서요. …… 산에 갔는데, 까만 거머리가 다리로 잔뜩 올라왔었다면서요. 이야기해 주세요, 어서요, 오마!"

나는 발갛게 상기된 아이 얼굴을 바라보며 내 이야기를 들려 줘야 할 때가 되었다는 생각을 한다. 나의 뿌리, 가족의 전통, 풍성한 지난날의 경험들. 이 모든 것이 가족 사진첩에 있는 사진들마다 깃들어 있다.

사진첩에는 빠진 사진도 있고, 아예 사진으로 찍히지 않은 순간들도 있다. 내 맘 속에 깊이 자리하고 있어 결코 지울 수 없는 장면들이 있지만, 그걸 말로 다 풀어 낼 수가 없다. 너무 수치스럽고 너무 무서운 기억이기 때문이다. 나는 우리 딸들과 손주들, 가족들, 친구들 모두에게 그 이야기를 숨겨 왔다. 그러는 동안 이 어두운 이야기들을 풀어 놓아야 할 필요가 갈수록 커졌고, 더 절박해졌다.

손녀 루비는 이 이야기의 시작을, 큰 이야기로 만들어질 작은 순간들에 대한 이야기들을 여러 차례 들었다. 아이들이 다 그렇듯이 손녀도 반복을 좋아했고 다음에 어떻게 될지를 마음 졸이며 기다리는 즐거움을 알았다. 나는 사진들을 바라본다. 몇몇 사진은 세월을 말해 주듯 희미하게 바래 있다. 사진 한 장 한 장마다 자바와 네덜란드령 동인도제도, 지금은 인도네시아라고 불리는 곳에서 보낸 아름다운 어린 시절의 모습이 보석처럼 박혀 있다.

그 시절을 생각하면 당시의 더위와 습도까지도 몸으로 느껴진다. 밤이면 멀리서 가믈란(gamelan, 인도네시아 전통음악 합주—옮긴이) 소리가 매미, 귀뚜라미의 울음소리와 함께 열대의 교향곡이 되어 울려 퍼지곤 했다. 그 소리가 다시 내 귀에 들리는 듯하다. 우리 식구들은 집 앞 베란다에서 모기향을 피워 놓고 앉아, 두꺼비가 온갖 벌레들을 좇아 이리저리 뛰어 다니는 광경을 바라보곤 했다. 무엇보다 기억나는 냄새는 석탄 탄내, 열대 과일과 꽃향기, 그리고 두말할 필요

없이 또렷한 것은 길거리 행상의 꼬치구이 냄새다.

나는 1923년 자바(Java)에서, 네덜란드계 이민자 4세로 태어났다. 행복한 가정이었고 누구나 상상할 수 있는 가장 행복한 어린 시절을 보냈다. 오남매 중 셋째였던 나는 자바 중심지에 있는 스마랑(Semarang) 부근의 사탕수수 플랜테이션 체피링에서 자랐다. 설탕 제조 시설까지 갖춘 설탕 생산 지대였다.

부모님은 자상했고 지성인이었으며 예술에도 조예가 깊었다. 두 분 모두 남다른 재능이 있었다. 나는 그분들 덕을 아주 많이 보았다. 오늘날 내가 이렇게 살고 있는 것도 두 분 덕분이다. 부모님은 정통 가톨릭 전통 속에서 나를 양육했고, 가톨릭 학교와 대학에 보냈다. 특히 아버지는 기도와 성경, 미사에 대한 믿음과 사랑을 우리 남매들에게 깊고 강하게 심어 주었다. 미사는 내게 아주 특별한 의미가 있었다. 우리 집은 스마랑 시에서 멀리 떨어져 있었기 때문에, 한 달에 한 번 네덜란드 사제 베이크만 신부님이 체피링에 와서 교구 미사를 집전하는 날에만 미사에 참석할 수 있었다.

베이크만 신부님이 우리 집에서 머물렀기 때문에, 밤이 되면 우리는 축음기에서 부드럽게 흘러나오는 클래식 음악을 들으며 시원한 음료수를 앞에 놓고 성경과 신학에 관해 대화를 나눌 수 있었다. 나는 어려서부터 깊고 뜨거운 신앙심을 갖고 있었다. 훗날 큰 어려움을 겪을 때 신앙은 나에게 가장 든든한 힘이 되었다.

부모님 모두 음악에 재능이 있었고 클래식 음악을 깊이 사랑했다. 부모님이 함께 만들어 내는 음악을 들으며 잠이 들었던 기억이 지금도 생생하다. 아버지는 뛰어난 바이올리니스트였다. 어머니 역시 뛰어난 피아니스트이자 가수였다. 여러 언어로 노래했지만, 그 중에도 독일 가곡을 가장 좋아했다. 어머니는 풍성한 메조소프라노 목소리로 천상의 아름다움을 전해 주곤 했다.

가장 어렸을 적 기억은 세살 때인 1926년까지 거슬러 올라간다. 아버지가 아마추어 사진사이기도 했기 때문에 우리 집 뒷마당에는 암실이 있었다. 이 암실은 호기심을 자극하는 공간이었다. 나는 구석에서 암실을 엿보곤 했지만 감히 들어갈 엄두는 내지 못했다. 어렸을 적 나는 아주 고집이 셌다. 어느 날 내가 오줌을 싸 놓고 언니 앨라인(Aline)이 싼 거라고 우겼다. 아버지는 내가 하는 거짓말에 너무 놀라고 화가 나서 암실에 가두어 벌을 주었다. 나는 소리소리 지르며 작은 주먹으로 문을 두드렸다. 온 몸이 부들부들 떨릴 정도로 무서웠다. 다행히 오래 갇히지는 않았다. 그러나 칠흑같이 깜깜한 곳에 갇힌 그 경험은 잊히지 않는다. 어린아이에게 너무 가혹하고 잔인한 벌이었지만, 이를 통해 거짓말을 하면 큰일 난다는 것을, 거짓말은 나쁜 것임을 배웠다.

더 어렸을 적 더 행복한 기억은 아버지가 침대 옆에 무릎 꿇고 앉아 기도드리는 모습을 바라보았던 기억이다. 어린 우리들 눈에 아버지는 몇 시간 동안 그렇게 있었던 것 같았다. 결국 우리는 참지 못하고 아버지 등으로 뛰어 올라, 아버지가 기도를 마무리하도록 만들곤 했다. 기도하는 아버지의 모습은 평생의 귀감이자 격려가 되었다.

우리 아버지는 1895년 자바에서 프랑스계 아버지와 네덜란드-인도네시아계 어머니 사이에 태어났다. 아버지 이름은 셀레스틴

(Célestin)이다. 철저하게 프랑스식으로 양육된 아버지는 할아버지 앙리(Henri)에게 말할 때면 늘 프랑스어로 했다. 할머니 잔(Jeanne)은 할아버지와 온 가족의 사랑을 받는 아름다운 여인이었다. 할머니 잔은 잘록한 개미허리에 길고 검은 풍성한 머리카락을 가진 여성이었다고 한다. 집에서 잔은 '사롱과 끄바야'를 입곤 했는데, 그 시절 이 지역 여성의 옷차림이었다. 할머니는 마흔여덟이라는 젊은 나이에 신장병으로 세상을 떠났다. 할아버지는 사랑하는 아내를 잃은 슬픔에서 오래도록 헤어나지 못했다. 집안 곳곳에 잔의 사진이 있었고, 두 사람이 함께 썼던 침실은 영원히 잔을 기리는 장소로 남았다. 잔이 살아 있을 때와 마찬가지로, 레이스가 달린 면으로 된 하얀 침대보와 베갯잇으로 2인용 침대를 정돈해 놓고 있었다. 침대 옆에는 여전히 잔의 슬리퍼가 놓여 있었고 옷장에도 잔의 옷이 그대로 걸려 있었다.

  내가 태어나기 넉 달 전에 돌아가셨기 때문에, 내가 할머니의 그 아름다운 이름을 물려받았다. 그래서 더욱 더 할머니에게 친근감을 느끼는 것 같다. 할머니가 갖고 있던 물건 몇 개도 내가 귀중하게 간직하고 있는데, 이따금 이 물건들을 꺼내 손으로 만져 보곤 한다. 그 중에 갈색 머리카락 한 타래가 들어 있는 작은 가죽 지갑이 있다. 가끔 지갑을 열어 머리카락을 만지며 기분을 전환시키기도 한다. 할아버지는 감수성이 풍부한 분이었다. 아마도 잔 할머니가 자고 있을 때, 그녀의 머리카락을 살짝 잘랐을 것이다. 병세가 위중했기에 함께할 날이 얼마 안 남았음을 알고 머리카락을 조금 잘라 놓았을 것이다. 이 머리카락은 언제나 함께하며 아끼고 싶은 할머니의 일부였다. 앙리 할아버지의 아름다운 집과 그곳에 있던 모든 물건은 전쟁을 겪으며 다 파괴되었지만, 이 작은 가죽 지갑은 앙리 할아버지가 돌아가실 때까지 계속 품에 지니고 있었다.

나는 앙리 할아버지를 무척이나 좋아했다. 할아버지는 스무 살에 프랑스를 떠나 자바로 왔다. 그는 곧 자바 사람들이 쓰는 말을 익혔고, 네덜란드 말도 우아한 프랑스 억양으로 유창하게 구사했다. 열심히 일하는 사람이었고 걸을 때면 언제나 허리를 꼿꼿이 세우고 다녔다. 일흔일곱까지도 운동을 거르지 않았던 할아버지는 무릎을 굽히지 않고 허리를 숙여 손으로 땅을 짚을 수 있을 만큼 유연했다!

학교가 쉬는 날이면 나는 반둥간에 있는 할아버지의 거처로 갔다. 할아버지는 자바 중앙에 있는 웅가란 산기슭 해발 900미터 지대에 '루스티카나 파크'라는 리조트를 지었다. 휴일이면 어머니는 후텁지근한 체피링을 떠나 루스티카나 파크로 가서 시원한 산 공기를 마시며 휴식을 취했다. 그곳에 있던 앙리 할아버지의 아름다운 집은 영원히 내 기억 속에 각인되어 있다. 그곳의 모든 방과 가구 하나하나까지 다 기억난다. 바닥 타일 장식과 올이 풀린 양탄자도, 벽에 달려 있던 가스등도 생각난다. 그곳에서 하우스보이가 저녁마다 의식을 치르듯 진지한 자세로 가스등에 불을 붙이곤 했다. 벽에 걸려 있던 그림들과 오리엔트풍 장신구들도 기억난다. 앞 베란다에 등나무 의자와 탁자가 있었는데, 거기서 우리는 달콤한 간식과 기다란 잔에 담긴 시원한 음료를 즐기곤 했다.

할아버지는 널찍한 거실 구석에 있는 책상 뒤쪽에서 많은 시간을 보냈다. 책상 위에는 가족사진이 그득했다. 나를 무릎에 앉히고 그

산기슭에 있는 할아버지 집 '루스티카나'

사진들에 담긴 이야기를 해주기도 했다. 그중에는 여러 번 들은 이야기도 있었지만, 그래도 언제나 재미있었다. 나에게 그 책상은 가장 소중한 가구였고, 나는 늘 그 책상을 우러러 보았다. 책상 건너편에는 이젤이 세워져 있었는데, 그곳에는 큼지막한 잔 할머니 사진이 걸려 있었다. 그 양 옆으로 보라색 글록시니아 꽃을 담은 작은 화병 두 개가 놓여 있었다.

집을 여성스럽게 가꾼 이는 사랑스러운 베츠 아주머니였다. 베츠 아주머니가 집 안팎을 부지런히 다니며 내던 슬리퍼 소리가 지금도 들리는 듯하다. 후추를 뿌린 소금 같은 아주머니의 회색 머리카락은 묶어서 쪽진 머리를 하고 있었는데, 언제나 약간씩 흐트러져 있었다. 같은 꽃무늬 드레스 두 벌을 번갈아 입었는데, 짙은 파란색 옷과 보라색 옷이었다. 잔 할머니가 돌아가신 뒤로는 베츠 아주머니가 집안일을 도맡았다. 우리에게는 베츠 아주머니가 꼭 할머니 같았다. 독신이었고 아이를 가져 본 적 없는 그녀에게 우리 역시 각별했다. 그녀는 우리를 깊이 사랑했고, 우리가 할아버지에게 혼날 일이 생기면 언제나 우리 편이 되어 주었다.

그런데 전쟁이 일어나기 직전, 내가 열아홉 살 때 베츠 아주머니가 몹시 아파 몸져누웠다. 나는 당시 할아버지 집에 머물 수 있다는 허락을 받아 베츠 아주머니를 곁에서 간병할 수 있었다. 끝내 아주머니는 내 팔에 기대어 편안하게 숨을 거두고 말았다. 나는 아주머니의 시신을 침대에 반듯이 눕히고 밤새도록 곁을 지켰다.

죽음을 직접 접해 본 경험이었다. 베츠 아주머니는 편안해 보였다. 얼굴의 윤곽이 점차 사라지는 것처럼 보이기도 했다. 그러면서 그녀에 대한 내 마음이 더욱 애틋해졌다. 나는 조심스럽게 그녀의 머리카락을 빗어 주었다. 그녀의 정원에서 가져온 난초 한 송이를 손에 쥐어 주기도 했다. 지금 돌아보면, 그녀가 전쟁 동안 일본군 포로수용소 생활을 겪지 않게 되어 다행이라는 생각이 든다.

할아버지 집은 우리 가족뿐 아니라 바타비아(Batavia, 자카르타의 옛 이름―옮긴이)에서 온 사촌들까지 함께 지낼 수 있을 정도로 널찍했다. 우리는 테니스 코트와 두 개의 수영장을 왔다 갔다 하며 시간을 보냈다(그 집에는 50미터 수영장과 20미터 수영장이 있었다). 산에 올라가 정글에 길을 내는 놀이도 즐겼다. 다리는 온통 상처투성이가 되었고, 가늘고 긴 까만 거머리가 다리에 달라붙기도 했다. 우리는 성냥불을 갖다 대서 거머리를 떼어 내곤 했다. 오후 늦게 집으로 돌아와서는 다시 수영장으로 뛰어 들었다. 물에 들어갈 때 다리에 난 상처 때문에 쓰라리고 가려웠던 기억이 지금도 생생하다.

밤이면 우리는 탁자에 둘러 앉아 게임을 했고, 할아버지는 책상 뒤에 앉아 편지를 쓰거나 서류 작업을 했다. 할아버지는 근사한 목소리로 노래를 잘했고, 우리에게 프랑스 노래를 여럿 가르쳐 주었다. 우리는 할아버지 무릎에 앉아 할아버지가 불러주는 프랑스 동요를 들었다. 할아버지는 일요일 아침마다 축음기로 프랑스 국가를 틀고는, 그 소리보다 더 큰 소리로 '라마르세예즈'(프랑스의 국가)를 땅이 꺼져라 불렀다. 그렇다. 사랑하는 앙리 할아버지는 마음속 깊이 언제나 프랑스인이었다. 이 사랑스런 집에서 보내던 주말과 휴일의 기억은 무엇보다 소중하다. 반둥간에 있던 할아버지의 리조트 같은 곳이 하늘나라 한 구석에라도 있기를 바랄 뿐이다.

할아버지와 함께

우리 어머니 조세핀은 네덜란드인이다. 내가 기억하기로 어머니는 집을 우아하게 감싸고 있는 덩굴 같은 존재였다. 늘씬하고 참으로 아름다운 분이었다. 집에서 어머니는 열쇠 한 꾸러미가 담긴 작은 바구니를 들고 다녔다. 이 열쇠 바구니 안에는 온갖 게 다 있었다. 작은 가위, 연필, 지우개, 주머니칼, 단추, 고무줄, 실과 바늘, 머리핀, 손수건까지 필요한 물건은 모두 그 바구니 속에서 찾을 수 있었다. 훗날 어머니는 그 바구니에 돋보기도 넣어 두었다.

나는 어머니 옷장 뒤지는 것을 정말 좋아했다. 어머니 하면, 아직도 화장대 앞에 앉아 있던 모습이 떠오른다. 아버지가 결혼 선물로 준 화장대에는 은거울과 머리빗, 브러시가 놓여 있었다. 그 옆에는 어머니가 보석을 넣어 두는 우묵한 꽃무늬 도자기 그릇과 그것과 한 쌍인 작은 접시가 있었는데, 여기에는 아기자기한 장신구가 담겨 있었다. 나는 어머니 목걸이를 갖고 손가락으로 구슬들을 돌리고 만지며 놀았다. 특히 호박 목걸이를 가장 좋아했는데, 이 목걸이는 아버지가 네덜란드에서 자바까지 오는 긴 여행길에 수에즈운하 포트사이드 항구에서 어머니를 위해 구입한 것이라는 이야기를 들었기 때문이다. 목걸이에 있는 호박 장신구는 나에게 특별했고, 나는 이 목걸이를 내 목에 대 보곤 했다. 내가 이 호박 목걸이를 얼마나 좋아하는지 알았던 어머니는 세상을 떠나기 몇 해 전에 이것을 나에게 선물했다.

어머니는 스물세 살의 젊은 새신부로 네덜란드에서 자바까지 왔다. 어머니는 아버지 셀레스틴을 암스테르담에서 만났다. 그 무렵 아버지는 공학도였다. 청년 시절 아버지 사진을 보며 나는 어머니가 사랑에 빠질 수밖에 없었겠다는 상상을 한다. 아버지는 정말 미남이었다!

부모님은 서로를 열정적으로 사랑했다. 그럼에도 각자 주장도 강해서 다투기도 했다. 좋은 점은 우리가 언제나 나중에 두 분이 화해하는 모습을 볼 수 있었다는 것이다. 화해할 때면 두 분은 언제나 서로 몸을 감싸며 포옹했다. 그러면 우리는 안도의 숨을 내쉬었고, 두 분이 영원히 사랑할 거라 확신했다.

어머니는 결혼하자마자 3년 동안 아이 셋을 연달아 출산했다. 첫째는 아들 에두아르(Edouard), 줄여서 워드(Ward)라고 했고, 둘째는 언니 앨라인(Aline), 그리고 셋째 나 잔(Jeanne)였다. 내 이름은 줄여서 얀(Jan)이라고 했는데, 네덜란드 식으로 발음하면 '욘'이 된다. 8년 뒤 어머니는 여동생 조세핀(Josephine, 줄여서 핀)을 낳았고, 1934년에 막내 여동생 셀레스트(Céleste)를 낳았다.

우리 가족은 어머니를 진정으로 사랑했고, 어머니에 관해서는 다들 특별한 기억을 갖고 있다. 언제나 우리 곁을 지켰고, 어머니에게 불가능은 없어 보였다. 내가 첫 번째 이브닝드레스를 갖게 되었을 때처럼.

열일곱 살이 되었을 때 나는 디애나 더빈(Deanna Durbin, 캐나다 출신의 가수이자 배우―옮긴이)처럼 보이는 드레스를 갖고 싶었다. 그래서 온갖 잡지를 뒤지다가 마침내 《스케치》(The Sketch)에서 원하던 것을 발견했다.

"엄마, 저 이거 갖고 싶어요." 나는 글래머 스타 디애나 더빈이 입고 있는, 흰색 망사를 겹겹이 넣은 드레스 그림을 보여 주었다. "만

가족사진. 어머니와 아버지 앞에 워드, 나, 엘라인(1923년)

드는 게 그렇게 어려울 것 같지 않죠?"

"물론이지." 어머니가 대답했다. 그러고는 패턴도 없이 어머니는 그 멋진 옷을 만들었다.

마침내 나는 완성된 옷을 입고 거울 앞에 서서 돌고 또 돌았다. 드레스의 망사 레이어가 휙휙 소리를 내며 함께 돌았다. 너무 기분이 좋았다! 요리사 이마, 가정부 소미도 방으로 들어와 내가 처음으로 롱 이브닝드레스를 입던 그 특별한 시간을 함께해 주었다. 그들은 감탄했고, 하얀 망사를 사랑스럽게 쓰다듬으며 드레스를 입은 내 모습이 아주 아름답다고 했다. 우리 남매들 옷을 모두 손수 지었던 어머니는 멋진 재단사였다.

나는 늘 어머니가 자랑스러웠다. 우리 집에 오는 이들은 누구든 어머니의 환대를 받았고, 내 친구들도 모두 우리 어머니를 좋아했다. 우리 집에는 벽을 따라 아름다운 그림과 예술적인 벽걸이들이 걸려 있었고, 가구들이 세련되게 배치되어 있었다. 어머니의 손길이 곳곳에 닿아 있었다. 어머니는 집을 집답게 만드는 사람이었고, 완벽한 안주인이었으며, 반짝이는 유머 감각도 있었다. 아이 어른 할 것 없이 어머니 앞에서 편안해 했다. 부정적 측면 보다 사람이 가진 좋은 면을 잘 봐주었기 때문이다. 어머니는 어린 우리들에게 험한 말을 한 적이 한 번도 없다. 아버지한테는 험한 말을 하기도 했지만.

어린 시절 나는 어머니가 실제 가사 일을 하는 것을 본 적이 없다. 이마와 소미가 요리와 청소를 했기 때문이다. 그러나 어머니는 늘 손을 놀리지 않았고, 언제나 쓸모 있는 것을 만들었다. 싱어 재봉틀과 피아노 앞에서 많은 시간을 보냈지만, 그 밖에 여러 취미도 갖고 있었다. 어머니는 체퍼링 클럽에 있는 도서관을 운영했고, 클럽 상점에 상품을 공급하는 일도 책임지고 있었다. 대도시인 바타비아와 수라바야에서 외판원들이 매달 정기적으로 오곤 했는데, 그들에게 새로운 소식을 듣는 것이 어머니의 즐거운 일과 중 하나였다.

클럽은 설탕공장 단지에서 사교 생활의 중심지였다. 도서관과 상점 외에도 라운지, 바, 당구장, 그리고 물론 댄스홀도 있었다. 종업원과 그 아내들이 음료수를 마시며 모임을 갖고 한담을 나누며 쉴 수 있는 공간이었다.

클럽 옆에는 테니스 코트가 있었고, 그곳에서 어른과 아이들이 저마다 다른 시간대에 게임을 즐겼다. 십대 시절 나는 테니스 실력이 좋아서 어른과도 겨룰 수 있겠다는 평가를 받기도 했다. 마침내 나는 숙녀들이 하는 경기에 처음으로 초대를 받았다. 이날을 위해 어머니는 새 테니스 스커트를 만들어 주었다. 무척 긴장했고, 사실을 말하자면 겁을 먹었다. 아버지가 가르쳐 준 모든 것을 기억하려고 안간힘을 썼다.

최고의 여성 선수로 꼽히는 에크후트 부인과 단식 경기를 해야 하는 날이 왔다. 그런데 놀랍게도 내가 이겼다. 경기를 마치고 에크후트 부인이 나를 포옹했고, 얼음을 갈아 만든 향긋한 음료수 이즈-고속(ijs-gosok)을 사 주었다.

이렇게 사랑스런 가족과 더불어 행복하게 어린 시절을 보냈으니 우리는 얼마나 행운아였는가. 이 사랑에 힘입어, 우리는 우리 앞에 놓인 온갖 고난을 버텨 나갈 수 있었다.

†

우리 집에서 일하던 다섯 명의 인도네시아인을 빼놓고는 가족 소개를 다 했다고 할 수 없다. 우리 집은 요리사, 가정부, 하우스보이, 운전수, 정원사를 고용하고 있었다. 우리는 이들을 '가족'이라고 했는데, 실제 가족이나 다름없었다. 이들이 보여 준 헌신과 충성심, 사랑이 너무도 극진했기에, 이들 생각만 해도 눈물이 날 정도이다.

우리 집 요리사 이마를 설명할 만한 단어를 내가 어떻게 찾아낼 수 있을까? 한 쪽 눈이 보이지 않는 이마는 부드럽고 자그마하면서도 강인한 여성이었으며, 언제나 웃는 얼굴로 대해 주었다. 손맛이 좋았던 이마는 최고의 레이스타펠(rijsttafel)을 차려 냈다. 밥상을 차리는 문화는 네덜란드 식민지 시절에서 비롯되었다. 레이스타펠은 밥을 기본으로 하고 강한 양념이 들어간 소고기, 닭고기, 달걀, 생선 등 갖가지 반찬과 야채수프, 그리고 삼발 소스들을 함께 내는 정교한 상차림이다. 어머니는 이마를 자랑스러워했다. 저녁 식사를 하러 오는 손님이 귀한 분일수록, 이마는 더 다양한 반찬을 준비했다. 이마는 네덜란드식 요리까지도 훌륭하게 해냈다. 네덜란드식 만찬은 인도네시아식과 아주 달랐다. 네덜란드식이 좀 더 단순한 편이다. 감자, 고기, 유스(jus, 그레이비, 육수로 만든 묽은 소스)를 콩, 당근, 아스파라거스 같은 유럽식 채소들과 함께 차린다. 이 유럽식 채소 중에 일부는 통조림으로만 먹을 수 있기도 했다. 그 시절 요리를 자세히 다 설명하기는 힘들지만, 이마는 정말 끝내줬다. 도심에서 멀리 떨어진 곳에 살던 식민지 시절, 유능한 요리사는 집안의 가장 중요한 자원 가운데 하나였다. 이마 덕분에 어머니는 주변 사람들로부터 많은 부러움을 샀다.

우리 아이들은 부엌에서 일하는 이마 옆에서 시간을 보내는 것을 좋아했다. 마루에서는 이마 옆에 앉아서, 그녀가 단단하고 둥근 돌절구에 고추, 고수, 쿠민 같은 갖가지 향신료를 한데 모아 넣은 뒤 으깨고 갈아서 붐부(boemboe) 만드는 것을 지켜보곤 했다. 이마는 우리가 돌아가면서 분쇄기 손잡이를 돌릴 수 있게 해주었고, 석탄 화로에 부채질을 하며 불을 조절하는 일도 해볼 수 있게 해주었다. 이마의 허락 아래, 우리는 요리를 했던 그릇에 남은 소스를 핥아 먹기도 했고 손가락으로 찍어 음식 맛을 보기도 했다.

이마의 아들 차크는 우리 집 하우스보이였다. 차크는 늘 깔끔하게 차려입고 있었다. 가장 중요한 일은 식탁에서 서빙하는 일이었다. 그는 똑똑한 청년이었고 매사에 아주 성실했다. 음악 듣는 게 취미였던 아버지는 차크에게 수많은 클래식 레코드판을 분류하고 정리하고 꺼내는 방법을 가르쳤다. 차크도 온 집안을 가득 메우는 아름다운 음악의 선율에 푹 빠져들었다. 차크 역시 클래식 음악을 사랑했고 감상할 수 있는 능력을 키워 나갔다. 그는 아주 조심스럽게 축음기를 켰고, 손잡이를 이용해 턴테이블을 돌렸고, 바늘을 갈아 끼웠다. 그는 자기가 맡은 일을 아주 자랑스럽게 여겼다. 차크가 가장 좋아하는 레코드도 있었다. 슈베르트의 〈미완성교향곡〉이나 림스키-코르사코프의 〈셰에라자드〉가 들어 있는 레코드를 찾는 데는 거의 시간이 걸리지 않았다.

체피링 저택에서 살 때는 집집마다 전화가 있던 시절이 아니었다. 집에서 다른 집에 연락할 일이 있을 때에는 두 개의 구식 석판을 이용했다. 두 개의 나무 틀 위에 각각 석판을 올려놓고 경첩을 이용해 둘을 연결했다. 이렇게 연결된 두 개의 석판은 폴더처럼 열고 닫을 수 있었다. 그리고 석필 하나를 나무틀에 매달아 두었다. 어머니가 왼쪽 석판에 글을 써서 보내면, 받은 사람이 그것을 읽고 오른쪽 석판에 답신을 쓰는 식이었다. 차크는 석판을 들고 심부름 다니는 것을 좋아했다. 모처럼 다른 집 일손들과 이야기를 나눌 수 있는 기회이기도 했다. 다른 집 주인이 답장을 쓰는 동안 시원한 음료수를 대접받기도 했다. 석판을 겨드랑이에 끼고 집으로 돌아오는 길에 차크는 바로 전에 다른 일손들과 나누었던 이야기를 다시 떠올리곤 했다고 한다.

해외에서 우편물이 오면 온 식구가 들떴고, 축제 분위기로 바뀐다. 외갓집에서 한 달에 한 번 정도 배편으로 편지를 보내 왔다. 해외에서 온 편지는 차크가 은쟁반에 받쳐서 어머니께 갖다드렸다. 평상시와 달리 한껏 흥을 불어 넣은 의식을 만들어 낸 거다. 차크는 네덜란드에서 온 편지를 금방 알아보았다. 그는 "네덜란드에서 온 편지 대령합니다!"(Soerat tanah belanda) 하고 외치며, 틀림없다는 듯이 고개를 끄덕이면서 환하게 웃곤 했다. 차크는 어머니가 들떠서 봉투를 뜯는 모습을 보며 함께 기뻐했다. 어머니는 편지의 여운을 혼자서 충분히 만끽하기 위해 조용히 자리를 뜨곤 했다.

나는 네덜란드에서 자바로 정기 항공기가 다니기 시작한 시점을 기억한다. 그러면서 얇은 편지지를 사용한 항공우편들이 왕래되기 시작했다. 이 모든 것이 얼마나 신기했던지! 하지만 초창기 항공기

우리 집에서 일하던 인도네시아인 가족. 왼쪽부터 이마, 소미, 사르디, 차크

시절에도 위험은 있었다. 언젠가 네덜란드 항공기 위버(Uiver)가 추락하며 화염에 휩싸인 사고가 발생했다. 내가 기억하기로는, 네덜란드에서 자바로 오는 항로를 처음 연 비행기였고, 얇은 편지지를 쓰는 항공우편을 처음 우송하던 비행기였다. 우리는 사고 뒤에 겨우 수습된 편지 몇 통 받아볼 수 있었다. 귀퉁이 일부에 불탄 자욱이 있었다. 어머니는 그 조각들을 한데 모으며 눈물을 흘렸다.

일손 중에 소미도 있었다. 빈랑나무 열매인 시리를 즐겨 씹던 조용한 여성이었는데, 우리 침실을 말끔하게 정돈해 주었다. 소미가 주로 있던 곳은 뒷마당에 있는 우물가 수무르(soemoer)였는데, 그곳에서 우리 식구 빨래를 모두 손으로 했다. 도구라고는 빨래판과 노란색 빨랫비누뿐이었다. 우물은 하얀 돌로 둘러싸여 있었고, 그 주변에 향기로운 재스민 꽃이 피어 있었다. 흰색 옷들이 뒷마당에 널려 열대의 따가운 햇볕을 받고 있는 게 보이면, 우리는 소미가 빨래를 다했다는 것을 알아차렸다. 우리는 언제나 뒷마당에서 놀았다. 시원하고 향기도 좋았기 때문이다. 이곳은 숨어 있기 딱 좋은 곳이기도 했는데, 그래서 소미를 성가시게 만들기도 했다. 소미에게 아이가 없었지만, 아니 없기 때문에 우리를 무척 사랑해 주었다. 그녀는 어린 나이에 과부가 되었고, 그 뒤로는 다시 결혼을 하지 않았다. 소미가 내 침대 옆에 앉아서 인도네시아 자장가인 〈니나 보보〉(Nina Bobo)를 달콤하고 부드러운 목소리로 반복해서 불러 주곤 했다. 그 기억을 떠올리면 지금도 행복감이 몰려온다.

우리 집 정원사의 이름은 사르디였다. 사르디는 독특한 인도네시아 낫인 아리트(arit)를 이용해 손으로 잔디를 다듬어서 마당을 윔블던 테니스 코트처럼 깔끔하게 만들어 놓곤 했다!

음악 말고 아버지의 또 다른 큰 취미는 열대어 기르기였다. 아버지는 여러 수족관을 관리했고, 사르디가 이 일을 도울 수 있도록 가르쳤다. 물고기가 죽으면 불쌍하게도 사르디가 혼났다. 우리 아이들은 사르디에게 좀 미안했다. 사르디는 그렇게 똑똑한 편이 아니었고, 그래서 곤경에 처하는 일이 여러 번 있었다.

마지막으로 아마드가 있다. 운전수인 아마드는 우리 집 일손 가운데 직위가 가장 높았기 때문에 다른 이들이 그를 특히 존중했다. 아마드 역시 자신의 일에 자부심을 갖고 있었다. 아마드는 우리 집 자동차 쉐보레를 티끌하나 없이 깔끔하게 관리했다. 아마드는 우리 집 차를 자신의 자부심이자 기쁨으로 여겼다.

우리 집 일손들은 우리와 같은 음식을 먹었고, 어머니는 그들이 선택한 깔끔한 옷을 마련해 주었다. 인도네시아의 설날인 타훈바루(Tahoen Baroe)가 다가오면 어머니는 일손들 모두가 새 옷을 입을 수 있도록 언제나 미리 준비해 두었다.

이렇게 헌신적이던 사람들, 우리가 아플 때나 건강할 때나 즐거울 때나 슬플 때나 늘 일상을 함께 나누며 살던 이들을 우리가 얼마나 사랑했던가. 이들은 정말 우리 가족의 일원이었다. 어렸던 우리는 곤경에 처하거나 어떤 특별한 도움이 필요할 때 이들의 어깨에 기대어 울 수 있다는 것을 알고 있었다. 오빠 워드에게 운전을 처음 가르쳐 준 이가 아마드였다. 나에게 레이스타펠 요리법을 가르쳐 준 이는 이마였다. 이마가 부엌에서 일하는 걸 볼 수 있게 해준 덕에 배울 수 있었다. 어머니의 두통을 치료한 사람도 고마운 이마였다.

손힘도 세고 기술도 좋았던 이마는 마사지로 통증을 이내 사라지게 해주었다.

†

우리 가족은 테롱벨란다(terong belanda, 타마릴로)를 무척 좋아했다. 이 열매는 좀 더 시원한 기후대인 산 언덕배기에서만 자랐다. 네덜란드 사람들이 특히 이 과일을 좋아했기 때문에 유럽인을 뜻하는 '벨란다'라는 말이 뒤에 붙었다. 산에서 테롱벨란다를 따 와서 파는 행상인이 있었는데, 이 과일을 팔기 위해 수백 킬로미터나 걸어오기도 했다.

산 언덕배기에서 우리 집까지 오는 데 무려 나흘이 걸렸다. 행상인은 이 과일을 바구니에 담아 어깨에 짊어지고 맨발에 고무 한 조각을 묶은 상태로 걸어서 우리 집까지 왔다. 아마 더 가까운 집에 팔 수도 있었겠지만, 더 멀리 있는 우리 집까지 가져와서 팔았다. 가져온 타마릴로를 어머니가 모두 사 줄 거라는 확신이 있었기 때문이다.

우리 집에 도착했을 때는 완전히 지쳐 있었고, 때로는 열이 나서 몸을 덜덜 떨기도 했다. 산에서부터 시작된 먼 길을 걸어 힘들게 온 이 행상인을 우리 아이들은 영웅으로 우러러봤다. 오면 먼저 뒷마당에 있는 부엌으로 안내되었고, 이마는 그에게 밥 한 그릇과 야채수프 사유르(sayoer)를 대접했다. 그리고 진한 블랙커피 한 잔을 준비했다.

다시 먼 길을 걸어서 집으로 돌아가기 전에 그는 하룻밤을 우리 집에서 묵었다. 어머니는 키니네 알약과 그 집 아이들을 위해 새로 준비한 간식을 챙겨 주었다. 햇볕에 그을린 얼굴에 만족스러운 커다란 미소가 번졌고, 그는 우리에게 "슬라맛 팅갈!"(selamat tinggal, 안녕히 계세요) 하고 인사했다. 돌아서는 바로 그 순간부터 우리는 그가 다시 올 날을 기다리기 시작했다.

우리가 기다리던 또 다른 정기 방문객은 중국계 클론통(klontong, 방문판매원)이었다. 그는 아름답게 수놓은 아마포 제품을 팔았다. 식탁보, 냅킨, 손수건, 베갯잇 같은 물건들이었다. 그는 말솜씨가 좋은 유능한 장사꾼이다.

어머니의 첫마디는 늘 이랬다. "안 사요. 난 중국 자수 제품은 더 이상 필요없어요." 그러면 우리는 어머니한테 조르기 시작한다. "엄마, 보기만 할게요. 한 번만요?" 곧 우리는 그 클론통을 둘러쌌고, 그는 가져온 멋진 물건을 쭉 늘어놓았다. 이러기까지 30분은 족히 걸린다. 그리고 그 물건을 다시 다 싸는 데도 그 만큼 시간이 걸렸다. 어머니는 결국 몇 개를 샀고, 네덜란드에 있는 친정에 그 아름다운 아마포 제품들을 크리스마스 선물로 보냈다. 그중에 몇 가지는 지금도 남아 있다.

자바인 아이들이 우리 집에 와서 그들이 잡은 동물을 파는 일도 많았다. 나와 워드, 앨라인은 작은 바구니 안에 욱여넣어져 옴짝달싹 못 하고 있는 가엾은 동물들을 보며 늘 눈물을 흘렸다. "엄마, 사주세요. …… 네에, 제발요." 우리는 울면서 애원했다. 몇 년 사이에 우리 집 커다란 뒷마당은 거의 동물원이 되어 버렸다. 독일신 셰피드 말고도 뒷마당에는 병아리, 개미핥기, 뱀, 거북이, 새, 황새, 사슴, 기니피그, 원숭이까지 있었다. 이 동물들 덕분에 우리의 유년 시절은 아주 풍성했다. 동물들과 함께 지내며 우리는 신의 피조물들을 어떻게 존중하고 돌봐야 하는지 배웠다. 그 예로 우리 황새 '야곱' 이야기를 해주고 싶다.

어느 날 동네 사내아이 하나가 우리 집에 와서는 자기가 잡아온 황새를 사 달라고 했다. 작은 황새가 작은 바구니 밖으로 고개를 내밀었다. 그런데 부리에서 피가 흐르고 있었다. 새가 너무 불쌍했다. 어머니도 속상해하며 그 아이에게 1세탈리(25센트피스)를 주었고, 우리는 서둘러 황새를 바구니에서 꺼냈다.

"이 새 이름을 뭐라고 할까?" 우리는 의논 끝에 야곱이라고 정했다. 야곱에게 물고기와 장어를 먹이로 주었다. 야곱을 먹이기 위해 우리가 특별히 잡아온 것들이다. 야곱은 쑥쑥 커서 어느덧 멋진 황새가 되었다. 우리 가족에게 길들여진 야곱은 우리 집 마당에서 꽤 행복했던 모양이다. 우리 모두는 야곱을 사랑했고, 야곱을 풀어 주고 싶어 하지 않았다.

아버지는 야곱의 날개 한쪽 부분을 클립으로 집어 두었다. 날 수는 있지만 멀리 못 가도록 한 것이다. 야곱은 뒷마당을 둘러싸고 있는 흰 담벼락 위에 올라가 서 있는 것을 좋아했다.

야곱이 하라는 대로만 했던 것은 아니다. 어머니가 뒷마당 세면대에 비누 한 조각을 가져다 놓곤 했는데, 이 황새가 그걸 좋아했다. 아마 야곱은 그 비누를 물고기로 여겼던 모양이다! 야곱은 그 긴 부리로 비누를 쪼았고, 심지어 통째로 삼키는 일도 한두 번이 아니었다. 다행히도 이 일로 몸에 문제가 생겼던 것 같지는 않다. 결국 어머니는 야곱이 건드릴 수 없는 곳으로 비누를 옮겨 놓았다.

한동안 야곱이 우리와 함께 집안에만 있었기 때문에, 아버지는 야곱의 날개에 집어 두었던 클립을 빼기로 했다. 당연히 우리는 야곱이 멀리 날아가지 못할 거라 생각했다. 그리고 1년쯤 지난 어느 날, 높은 담장 위에 앉아 있던 야곱은 한 떼의 큰 새들이 우리 집 하늘 위로 높이 날아가는 것을 보았다. 야곱과 같은 황새 무리였다. 번식기 동안 자바 섬에 머물려고 이주해 온 철새들이었다. 우리는 야곱이 머리 위 높은 창공을 날고 있는 새들을 쳐다보는 것을 볼 수 있었다. 그런데 갑자기 야곱이 날개를 펴고 높이 날아올라 그들 무리 속으로 합류하는 게 아닌가.

야곱에게는 분명 어려운 결정이었을 것이다. 그러나 어쨌든 야곱은 본능을 따랐고, 우리는 그 자리 선 채 야곱이 무리에 합류하는 장면을 바라보았다. 그를 보내는 마음은 무척 슬펐다. 우리는 야곱의 익살스러운 온갖 행동, 큰 부리로 딱딱 소리를 내거나, 아침밥을 기다리며 베란다까지 와서 앉아 있던 모습들을 그리워했다. 하지만 야곱 처지에서는 잘 된 일일 수 있기에 다행이라고 여기기도 했다. 그 뒤로 다시는 야곱을 볼 수 없을 거라고 생각했다.

그리고 1년이 지났다. 아버지가 자바인 노동자 두 명과 함께 사탕수수밭을 돌고 있었다. 그때 갑자기 한 사람이 하늘을 가리켰다. "저기 보세요. 황새 떼가 날아와요!" 그들은 야곱처럼 생긴 황새 한 마리가 무리 뒤쪽에서 천천히 날아가는 것을 보았다. 곧 그 새는 그들 머리 위로 날아 내려와 빙빙 돌았다. 놀랍게도 아버지는 그 황새를 보는 순간 야곱임을 바로 알아보았다. 날개 한 쪽이 찌그러져 있었기 때문이다. 예전에 클립을 꽂아 두어 생긴 자국이었다.

아버지는 신나서 집으로 달려와 우리를 모두 한 자리에 불렀다. "좀 전에 무슨 일이 있었는지 아니!" 아버지가 말했다. "야곱이 돌아왔어! 내가 야곱을 봤다구." 우리도 맞장구를 쳤다. "우리도 알아요. 우리도 안다구요. 뒷마당으로 와 보세요." 야곱이 제일 좋아 하던 흰 담벼락 위에, 보란듯이 앉아 있었다. 야곱은 늘 그곳에 있었던 것처럼 그곳에서 우리를 내려다보고 있었다. 마치 이렇게 말하는 것 같았다. "이봐요. 내 밥 어디 있냐구요!" 야곱은 다시는 멀리 날아가지 않았다. 이후 몇 년 동안 야곱은 우리가 가장 아끼는 동물이었다.

우리 집에 자주 들렀던, 그리고 가장 환영받았던 또 한 명의 방문객은 동네 꼬치구이 '사테'(sate) 행상이었다. 이동식 조리대인 '피쿨란'(pikoelan)을 갖고 다녔기 때문에 우리는 멀리서도 냄새로 그이가 오는 것을 알 수 있었다. 그 상인이 주로 거리로 나서는 시간은 해질 무렵이었다. 어깨에 둘러맨 조리대 옆에 작은 방울과 랜턴이 달려 있었다.

귀에 익은 행상 아저씨의 외치는 소리가 들리면 우리는 대문으로 뛰어 나가 불러들였고, 부모님께 너무나 맛있는 이 음식을 사 달라고 졸랐다. 부모님께서는 여러 행상들 중에서 특정한 아저씨 한 분에게만 꼬치구이를 샀다. 이렇게 맛있는 닭꼬치(sate ayam)와 돼지고기꼬치(sate babi)에 그토록 달콤한 땅콩 소스는 그 뒤로도 평생 먹어 본 적이 없다! 접시 하나씩을 손에 들고 우리는 늘 사 먹어서 친근한 꼬치구이 아저씨 둘레에 옹기종기 모여, 고기 조각들을 꼬치에 꿰어

숯불에 굽는 광경을 지켜보았다. 피어오르는 연기마저 감미로웠다.

†

나는 어머니의 '제1기' 자녀들 중 막내 자리를 8년 동안이나 누렸다. 우리 형제는 다 함께 잘 놀았다. 큰오빠 워드는 나의 영웅이다. 워드는 곤경에서 여러 번 나를 구해 주었다. 강물에 빠졌을 때 구해 주었고, 우리 앞에 비단뱀이 나타났을 때 이를 잡아 죽여 주었다. 산에서 길을 잃었을 때 앞장서서 길을 찾아내던 이도 언제나 워드였다. 오빠는 위급한 상황에서 어떻게 해야 하는지를 잘 알았다. 완벽한 리더였다.

오빠는 납을 녹여 다양한 틀에 부어 자기만의 군인 장난감을 만들었다. 나중에는 장난감 인형에 군복을 그려 넣기도 했고 나라마다 다른 색으로 칠했다. 오빠는 자기 침실 앞 베란다에 군인 장난감들을 세워 놓곤 했고, 나는 오빠의 그런 모습을 보는 것만으로도 즐거웠다. 오빠는 또 가장 멋진 전쟁터를 설계하고 만들기까지 했다. 바위와 모래와 초목, 그 모든 것이 베란다에 마련되어 있었다.

프랑스 병사가 언제나 전투에서 승리를 거두었다. 내가 놀이에 끼어들려면 오빠의 지시와 명령을 잘 따라야만 했다. 물론 내 부대는 언제나 전투에서 패배하는 편에 속했다. 오빠는 고등학교 졸업반이 되었을 때 처음으로 긴 바지를 입게 되었다. 우리는 이를 통해 워드가 인생에서 중요한 한 발을 내딛게 되었음을 축하했다. 우리

워드 오빠, 앨라인 언니와 함께(1929년)

모두는 그를 자랑스럽게 생각했다. 갑자기 오빠가 다 큰 어른처럼 보였다. 고등학교를 졸업한 뒤에 오빠는 네덜란드 브레다에 있는 왕립사관학교(KMA, Royal Military College)로 진학했다.

독일이 네덜란드를 점령하면서 워드는 독일에 있는 포로수용소에 수감되었다. 워드는 다행히 전쟁에서 살아남았고 자랑스럽게도 훗날 네덜란드 군 장성이 되었다.

오빠가 떠난 뒤로 나는 몹시 그리워했다. 집도 예전과 같을 수가 없었다. 내 행복했던 어린 시절에서 워드가 차지한 자리가 워낙 컸던 것이다. 워드가 떠나서 좋은 딱 한 가지는 언니 앨라인과 내가 각자의 방을 갖게 되었다는 점이다. 언니는 작은 베란다가 딸린 방을 차지했다. 나는 또 그게 너무 부러웠다.

앨라인은 손재주가 좋았고 예술적 감각도 남달랐다. 가족 중에 누군가 생일이 돌아오면, 식탁에 있는 주인공의 의자를 장식하는 것이 우리 집 전통이었다. 이 작업을 가장 멋지게 해내는 이가 바로 앨라인이었다. 꽃, 나뭇잎, 크레이프 종이, 오색 리본 따위를 이용하여 때마다 다른 디자인을 선보였다.

앨라인은 식구 중에서 가장 조용하고 온화했다. 매사에 현명했고, 무엇이 최선인지를 잘 알았기 때문에 나는 늘 언니를 우러러봤다. 하지만, 때로는 그런 것 때문에 화가 나기도 했다. 언니는 내 숙제를 도와주었고, 어머니 역할까지 하는 경우도 많았다. 어머니한테 물어보기가 여의치 않을 때면 나는 늘 언니를 찾았다.

언젠가는 아침에 일어나 첫 생리가 시작되었음을 알고 당황하고 있을 때, 나를 도와준 이가 앨라인이었다. 옷장 가장 윗부분에, 나에겐 잘 보이지도 않는 곳에 있는 작고 이상하게 생긴 헝겊들이 무엇인지 늘 궁금해 하던 차였다. 앨라인이 그걸 꺼내서 나에게 건네주었다. 집에서 손수 만든 생리대였다. 앨라인은 이제부터 매달 이 생리대를 사용해야 한다는 것을 아주 간단하고 명료하게 설명해 주었다. 사용법도 직접 알려주었다.

"이제 너도 다 큰 처녀가 된 거야." 앨라인은 사랑스럽게 내 머리를 쓰다듬으며 말했다. 어쩌면 이게 내가 배운 성교육의 전부다. 내 속옷에 묻은 핏물 때문에 왜 내가 갑자기 '다 큰 처녀'가 된 것인지는 알지 못했다.

"얀이 생리를 시작했어요." 그날 오후에 앨라인이 어머니한테 하는 말을 들었다. "괜찮아. 엄마한테 다 말했어." 어머니는 그 말을 듣고 상당히 안도했을 것이다. 그러나 다달이 하는 생리가 의미하는 것, 생리와 성관계, 임신과 출산에 관해서는 앨라인이 말해 주지 않았고, 어머니도 그런 것까지는 챙기지 못했다.

어머니가 우리 옷을 모두 지어 주었기에 우리는 늘 단정해 보였고 불만을 가질 이유가 없어 보였다. 하지만 나는 옷을 '사서 입는' 내 친구들이 늘 부러웠다. 열다섯 살쯤 되었을 때, 앙리 삼촌의 아내인 코리 숙모가 스마랑(Semarang)에 옷가게를 열었다는 소식이 들려왔다. 앙리 삼촌과 코리 숙모는 스마랑에 살고 있었다. 어머니는 코리 숙모의 새 가게에 가 보고 싶어 했고, 연락이 오자 그 주 토요일에 우리를 데리고 아마드가 모는 자가용을 타고 함께 그곳으로 갔다. 상점 안에 줄줄이 걸려 있던 옷들이 얼마나 예쁜지 내 눈을 믿을 수 없을 정도였다.

열여섯 살 때(1939)

"모두가 미국에서 수입해 온 거야." 코리 숙모가 말했다. "미제라구!" 나는 숨도 못 쉴 정도로 흥분했다. "틀림없이 영화배우들이 입는 옷일 거야." 손으로 고운 질감을 느껴 보며 나는 속으로 생각했다. "아가씨들, 하나씩 골라봐." 놀란 내 눈을 바라보며 코리 이모가 말했다. "정말, 이 중에서 하나 가져도 되요?" 우리는 서로 쳐다보며, 그리고 어머니와 코리 숙모를 번갈아 보며 물었다.

치수가 맞는 옷을 둘러보고 있던 앨라인과 나는 신이 났다. 기대감에 심장이 더 빨리 뛰었고, 마침내 맘에 쏙 드는 옷을 찾아냈다! 나는 작은 꽃무늬의 담록색 면 드레스를 가져왔다. 주름을 넣어 부풀린 짧은 소매에 상체 앞뒤로 다이아몬드 모양의 레이스가 들어간 드레스였다. 죽는 날까지 이 드레스를 기억하고 사랑할 것이다. 처음으로 '산' 내 드레스였다. 인생에서 처음으로 뒤에 작은 상표가 붙은 옷을 갖게 된 것이다. 그 드레스는 내 '최고의' 옷이 되었고, 특별한 일이 있을 때면 이 옷을 입었다.

핀과 셀레스트는 너무 어려서 패션의 세계에 전혀 관심이 없었다. 앨라인과 나는 스마랑에서 가장 멋진 장소가 코리 숙모의 옷가게라고 생각했다. 그러나 핀과 셀레스트는 어머니가 만들어 준 옷에 꽤 만족했다.

†

설탕 공장이 딸린 저택에 살면서 누린 큰 재미 중 하나는 사탕수

수가 설탕 공장으로 들어오는 첫 날을 기념하는 추수절 말페이스트 (Maalfeest) 축제이다. 네덜란드인 공동체와 인도네시아인 공동체가 며칠 내내 이 축제를 함께 즐겼다.

'복을 기원하는' 만찬인 슬라마탄(selamatan)이 입이 떡 벌어지게 차려지고 여흥도 펼쳐진다. 이 모든 게 자바인 노동자들에게 제공되었다. 안에 사람들이 들어가 있는 실물 크기의 인형극인 '바롱간'(Barongan, 동물 탈놀이)과 용 놀이도 벌어졌는데, 내 어린 눈에는 정말 깜짝 놀랄 만한 잔치였다. 우리는 야시장 파사르말람(pasar malam)과 쇼를 좋아했지만, 단연 하이라이트는 유명한 말페이스트 댄스파티(Maalfeest Ball)였다. 이 댄스파티를 위해 전국에서 사람들이 몰려든다.

댄스파티는 설탕 공장 내에 있는 가장 널찍한 곳에서 거행되었다. 멋진 진행자이자 창조적인 예술가인 아버지가 책임지고 마루 공간을 댄스홀로 바꾸어 놓았다. 자바인 기술자 10여 명의 일손을 빌려 아버지는 놀라운 변화를 만들어 냈다. 상상력이 넘치는 디자인으로 주변 환경을 꾸미고 나면 멋지고 흥겨운 분위기가 흘렀다.

어떤 해에는 '새들의 낙원'을 주제로 연출했다. 밝게 칠한 새 모형을 설치했고, 큰 새 모양의 종이 갓을 씌운 등잔으로 댄스홀을 밝혔다. 또 어떤 해에는 스핑크스와 피라미드로 장식하여 이집트 사막을 연출했다. 파리 몽마르트르의 유명한 나이트클럽 '르샤누아'(검은 고양이)를 연출한 해도 있었는데, 여기저기 크고 검은 고양이 모형을 배치했다.

내가 말페이스트 댄스파티 참석을 허락받을 정도로 자랐다고 인정받은 것은 16세가 되어서였다. 어머니가 댄스파티를 위해 우리에게 새 드레스를 만들어 주었다. 언니 앨라인에게는 롱 이브닝드레스를 해주었고, 그보다 어렸던 나에게는 7부 드레스를 해주었다. 아직은 롱드레스를 입을 만큼 성숙하지 않다고 여겼던 거다. 이 댄스파티는 내 십대 시절에 가장 신나고 중요한 행사였다.

꿰다 놓은 보릿자루처럼, 나는 한쪽 구석에서 다른 어린 소녀들과 함께 앉아 있었다. 아버지 말고는 다른 사람과 춤을 출수 있을 거라고 기대할 수도 없었다. 어른들이 즐거운 시간을 보내는 모습을 구경하는 것만으로도 충분히 만족스러웠다.

그때 어떤 잘생긴 청년이 부모님과 함께 댄스홀에 들어오는 것을 보았다. 나는 입을 다물었다. 나는 그렇게 잘생긴 청년을 본 적이 없었다. 물론 영화에는 나오지만 말이다. 스물여섯 살이고 새로 체피링에 들어온 집안의 아들이라는 이야기를 곧 전해 들을 수 있었다. 이름이 프레드라는 그 청년은 스마랑에서 거주하며 일하고 있었다.

첫 댄스를 위한 음악이 흘러나왔다. 밴드가 〈구디 구디〉(Goody Goody)를 연주했고, 댄스홀은 커플들로 가득 메워지고 있었다. 프레드는 우리 소녀들 쪽으로 걸어와서 옆쪽에 앉았다.

그곳에 있던 소녀들은 누구라 할 것 없이 모두 이런 생각을 하고 있었음에 틀림없다. "저 사람이 누구에게 춤을 추자고 할까?"

이윽고 그는 내 앞으로 와서 고개 숙여 인사를 했다.

"함께 춤추시겠습니까?"

나는 더듬더듬 대답하며 얼굴을 붉혔다. 거의 믿을 수 없는 상황이라고 여겼기 때문이다.

"저는 춤을 잘 못 춰요."

다음 순간 나는 그의 팔에 이끌려 댄스홀로 미끄러져 들어가고 있었다. 그날 밤 우리는 시간 가는 줄도 모르고 오래도록 춤을 추었다. 아, 지금 생각해도 열여섯 살 나에게 정말 놀라운 경험이었다. 처음 가 본 댄스파티에서 일어난 일이었다!

†

워드와 앨라인, 나는 수영과 테니스를 좋아했지만, 사실 그보다 더 좋아하던 스포츠는 반둥간 부근의 산기슭을 등산하는 것이었다. 웅가란 산에는 좀 더 작은 라팍(Lapak)과 겐돌(Gendol)이라는 봉우리가 있었다. 우리는 두 봉우리 모두 올랐다. 겐돌 봉우리 꼭대기까지 오른 사람이 있다는 기록이 없던 시절에 우리가 올랐던 것이다. 정상까지 갔다는 사실을 증명하기 위해 우리는 산 아래에 있는 가족과 친구들에게 거울을 이용하여 신호를 보냈다. 우리는 아침에 일어나자마자 산으로 출발하여 어두워지기 전에 귀가했다. 다리는 풀에 베이고 바위에 긁혀 상처투성이가 되어 있었다.

우리가 걸어서 자주 갔던 또 다른 장소는 그동송고(Gedong Songo)에 있는 힌두사원과 앰펠가딩(Ampel Gading)에 있는 언덕배기 농장이었다. 그 농장은 일본인 부부가 소유하고 있었다. 농장 하우스를 가면, 농장주 부부가 우리를 따뜻하게 맞아 주었다. 자신들의 목장에서 직접 짠 신선한 우유를 내왔고, 농장 주변을 구경시켜 주었다.

그들은 무척 친근하게 대해 주었고, 우리의 방문을 언제나 즐겁게 맞아 주었다. 자바에서 전쟁이 시작되면서 이 일본인 부부가 스파이라는 사실이 알려졌고, 우리는 깜짝 놀라지 않을 수 없었다. 언덕 꼭대기에 있던 그들 농장은 드넓은 지역을 굽어볼 수 있는 전략적으로 완벽한 입지였던 셈이다.

일본군의 자바 침공이 가까워지면서 많은 일본인 사업가들이 속속 들어오기 시작했다. 그들은 곧 있을 침공을 준비하기 위해 파견된 사람들이었다. 우리와 친하게 지내던 일본인 사진사도 나중에 스파이로 드러났다. 그는 스마랑에서 가장 인기 있는 사진사였고, 우리 가족들의 사진도 여러 장 찍은 사람이다. 고개 숙여 인사하고 웃는 얼굴을 하면서도, 그들은 우리를 파멸시킬 준비를 하고 있었던 것이다.

†

나는 스마랑 시내 보종(Bodjong)에 있는 프란체스코 초등학교를 다녔다. 아침마다 통학버스를 타고 한 시간이나 가야 했다.

학교는 아침 7시에 시작해서 오후 1시에 끝났다. 그래서 하루 중 가장 더운 시간에 집으로 와야 했다. 한여름 햇살을 이기지 못하고 우리의 인도네시아인 운전수는 핸들을 잡고 졸기 일쑤였다. 그래서 우리 아이들이 돌아가며 운전수 옆자리에 앉아, 그가 눈을 감거나 고개를 끄덕일 때면 팔꿈치로 옆구리를 쿡쿡 건드리곤 했다.

프란체스코 교단의 수녀님들은 엄격했지만, 우리는 그 분들을 사랑하고 존경했다. 세계 대공황을 겪으며 아버지의 봉급이 반으로 줄자, 마음씨 좋은 수녀님들은 수업료를 내지 않고도 학교를 다닐 수 있게 해주었다.

세월이 많이 흘러 1993년에 나는 그 시절 다닌 초등학교를 처음으로 방문했다. 학교는 크게 확장되었지만, 옛 건물의 주요 부분은 거의 변하지 않고 남아 있었다. 반세기도 더 지난 뒤에 학창 시절 건물의 대리석 마루를 다시 걸을 수 있다니, 황홀한 기분이었다. 전쟁 전에 근무하던 네덜란드 수녀님들의 모습이 사진에 담겨 벽에 걸려 있었다. 몇몇 수녀님은 금방 알아볼 수가 있었다. 그리움에 눈물이 흘렀다.

사진 바로 아래 놓여 있는 대리석 상판이 놓인 탁자는 내가 기억할 수 있는 가구였다. 교장 선생님 하비에르 수녀님의 집무실에 있던 탁자였다. 이 탁자를 보니, 58년 전 그 앞에서 벌을 서야했던 기억이 났다. 정말 부끄럽게도.

그때 나는 7학년이었고, 오헤른 집안 자녀 가운데 하비에르 수녀님 반에 들어 온 세 번째 아이였다. 어느 날 아침 일찍 등교해서 교실로 들어갔다. 그런데 교실 이젤 칠판 뒤쪽에 그날 볼 역사 시험 문제가 적혀 있었다. 아니 이런 행운이! 칠판은 교묘하게 뒤집어져 있었지만, 나도 고개를 돌려 시험 문제를 읽을 수 있었다. 시험 문제를 적고 있는데, 묵주가 딸랑거리는 소리가 들렸다. 때는 이미 늦었다. 하비에르 수녀님이 교실로 들어와 부정행위를 하고 있는 나를 붙잡았다. 나는 얼굴이 빨개졌고, 스스로에게 끔찍하게 부끄러웠다.

"어떻게 네가 이런 속임수를 쓸 수 있니!" 수녀님이 야단을 쳤다. "얀, 너는 오헤른 집안의 아이잖아." 오헤른 집안은 독실한 가톨릭 집안이었다. 그 사회에서 우리 집 식구들은 평판이 좋았다. 스마랑에는 할아버지를 기려 오헤른이라고 이름 붙인 거리도 있었다. 오빠와 언니 모두 학교에서 일등이었고 스포츠 팀의 주장이었다. 그 둘은 모든 면에서 뛰어난 우등생이었다. 그들만큼 뛰어나지 못한 나에게 그들이 만들어 놓은 기준을 충족시켜야 한다는 것은 언제나 큰 부담이었다.

내가 집안의 망신이라고 느꼈다. 왜 그렇게 끔찍한 행동을 했는지 이해할 수가 없었다. 역사는 내가 가장 잘하는 과목 중에 하나였고, 문제의 답을 어쨌든 적을 수 있었을 것이다. 하지만 일은 벌어졌다. 나는 죄를 저질렀고, 하비에르 수녀님은 내가 이 일을 잊지 않도록 즉각 조치를 취했다. 수녀님은 방과후에 교장실로 오라고 말했다. 그래서 나는 그 탁자 옆에서 부끄러움에 고개를 푹 숙이고, 열두 살 소녀가 갖추어야 하는 자질에 대해 훈계를 들었다. 하비에르 수녀님은 훌륭한 교사였다. 의미 없는 말을 받아쓰게 만든 적이 없었고, 우리에게 도움이 될 수 있는 처벌 방식을 찾았다. 대리석 탁자 위에 놓여 있는 신약성경이 눈에 들어왔다.

"성경책을 들고, 바울이 에베소인들에게 보낸 편지, 5장을 찾아보아라." 그녀가 말했다.

나는 떨리는 손으로 신약성경 책을 들고 페이지를 넘겼다.

"뒤쪽으로 더 넘겨서 찾아봐라. 바울의 편지는 사도행전 뒤에서 시작한다." 그녀가 말했다.

"사도행전이 어디 있는지 알면 찾을 수 있다." 미친 듯이 페이지를 넘기며 나는 생각했다. 하비에르 수녀님의 도움을 조금 더 받아서, 나는 에베소 5장을 찾았다.

"이제 읽어 보거라. 7절에서 14절까지." 수녀님이 차분한 목소리로 말했다. "또박또박 큰 소리로 읽어라."

나는 읽기 시작했다. "너는 한때 어둠에 있었다. 그러나 이제 너는 주님 안에서 빛 가운데 있다. 빛의 자녀가 되어라. 완전한 선함과 바른 생활과 진리 속에서 빛의 효과를 볼 수 있음이라."

"주님께서 너에게 원하시는 것이 무엇인지 찾아보려고 노력해 보아라. 어둠의 부질없는 일들과 연루되지 않으면서 그들을 대조적으로 드러내라. 비밀리에 행한 것은 사람들이 말하기조차 부끄러워한다. 그러나 빛으로 밝혀진 일은 무엇이든 빛날 것이고 빛나는 모든 것은 빛이 될 것이다."

나는 하비에르 수녀님을 쳐다보았다. 다음에 무엇을 해야 하는지 궁금했다.

"읽은 것을 완전히 마음에 새겨라." 이렇게 말한 뒤 수녀님은 나에게 그만 나가 보라고 손을 흔들었다.

에베소의 이 구절이 다음에 다시 읽을 필요가 없을 정도로 내 마음에 또렷하게 새겨졌다. 나에게 그런 벌을 준 프란체스코 교단의 학교 덕분에, 나는 성경책을 무척 사랑하게 되었다.

프란체스코 교단 수녀님들의 따뜻한 보살핌을 받은 뒤, 스마랑에 있는 HBS라는 고등학교로 진학했다. 마찬가지로 보종에 있는 학교였다. 남녀공학이었고, 건물은 네덜란드 식민지 시대 양식이었다.

거대한 기둥이 떠받치고 있었고, 폭이 넓은 계단이 입구까지 이어져 있었다. 키가 큰 자생종 나무들이 늘어서 있어 운동장에 큼지막한 그늘을 드리웠다. 본관 양쪽으로 날개처럼 건물이 이어져 있었고, 그 안에 여러 교실이 있었다. 그늘진 베란다와 복도, 학교 친구들과 즐거운 시간을 보낼 수 있는 공간이 곳곳에 넉넉하게 배치되어 있었다. 그 시절 함께 나눈 우정이 지금도 이어지고 있다. 정말이지 그때는 세상사를 걱정할 필요가 없는 행복한 나날이었다. 소녀들이 결혼하는 날까지 처녀성을 유지하는 순결한 세대였던 나는 보호받는 환경에서 어른으로 성장해 갔다.

†

고등학교를 마치고, 내가 다닌 초등학교 부근에 있는 프란체스코 사범대학으로 진학했다. 교생실습도 모두 내가 다니던 학교에서 했다.

프란체스코 수녀님들한테서 나는 깊은 영향을 받았다. 체육, 지리, 교수법, 프랑스어, 독일어, 영어 같은 과목은 평교사들에게 배웠고 음악, 역사, 네덜란드어, 심리학은 수녀님들께 배웠다. 종교교육, 교회사, 신학은 스마랑 외곽에 있는 신학교에서 오신 예수회 수사들이 가르쳤다.

수녀님들은 내 호기심을 자극했다. 베일과 의례 뒤에서 보이지 않게 신비롭게 지내던 분들한테서 침착하고 순수하고 평화로운 아우라가 풍겨 나왔다. 나는 늘 새벽같이 학교를 갔고, 예배당에서 수녀님들이 기도하는 모습을 엿보곤 했다. 명상에 잠긴 수녀님들의 모습을 보고 있노라면 자연스레 내 안에서도 기도할 마음이 생겨났다.

이 수녀원 학교에, 복도에, 그리고 우리를 사랑으로 굽어보시며 손을 내미는 예수 성심상(聖心像)이 서 있는 교정에 명랑하게 울려 퍼지던 그 종소리를 내가 얼마나 사랑했던가. 정오에 삼종기도 종소리가 울리면, 우리는 어떤 상황에서도 하던 일을 멈추고 함께 기도를 올렸다. 삼종기도 종소리는 가장 위로가 되는 소리였다. 분주한 하루 중에도 그 시간만은 정적이 흘렀고, 숨을 깊게 내쉬며 조용히 사색에 잠길 수 있는 시간이었다.

노래는 내가 가장 좋아하는 취미 활동이었다. 음악 교사였던 라에티샤 수녀님께서 그레고리안 성가를 멋지게 부르는 방법을 가르쳐 주었다. 수녀님은 풍부한 감성을 담아 지휘를 함으로써 음악에 생기를 불어넣었다. 수녀님만 보고 있어도 노래하는 법을 저절로 익힐 수 있었다.

내 머리 속은 신앙, 종소리, 교회음악, 기도, 순수함의 미덕에 관한 설교로 채워졌다. 내가 종교적 삶을 살아갈 소명을 타고났다는 생각을 품게 된 것도 놀라운 일은 아니었다. 어느 날 라에티샤 수녀님께 수녀가 되고 싶다고 말씀드리니 크게 기뻐했다. "너는 훌륭한 수녀가 될 거야." 수녀님은 말은 나에게 확신을 주었다. 이튿날 아침 수녀님은 나에게 피에타 성화를 주었다. 성녀 마리아께서 죽은 예수의 몸을 품에 안고 있는 그림이다. 그림 뒷면에 수녀님은 나를 위해 특별한 기도문을 써 주었다. 지금도 나는 그 성화를 간직하고 있다.

그런 뒤로 나는 수녀들이 사용하는 웅장한 도서관에 들어가 책을 대출할 수 있었고, 이런 배려 속에서 소명 의식을 더욱 키워 나갔다. 수녀님들만이 나의 결심을 알고 있었다. 다른 사람들에게는 아직 말하지 않았다.

†

사범대학을 다니는 동안 전쟁이 유럽 전역으로 확산되고 있었다. 1940년 5월 10일, 독일군이 네덜란드를 침공했고 불과 나흘 뒤 네덜란드가 항복했다. 그곳에 있는 가족들을 걱정하면서도 한편으로 우리는 네덜란드가 아니라 네덜란드령 동인도 지역에 있어 다행이라고 생각했다. 전쟁이 우리가 있는 곳으로까지 확산되리라고는 생각하지 못했다.

우리는 모두들 유럽에서 벌어진 전쟁에서 연합군을 지원하는 일을 했다. 학교에서는 영국 공군 '스핏파이어'(Spitfire) 전투기를 지원하는 기금 마련 콘서트를 열었다. 아침마다 학교에서 첫 일과는 라디오로 최신 전황을 알리는 뉴스를 청취하는 일이었다.

1941년 12월 7일 하와이 진주만이 일본군의 폭격을 받았다. 그 이튿날 우리는 대학교 라디오를 통해 그 뉴스를 들었다. "이제 미국도 전쟁에 참여할 거야." 역사 교사 빅투아르 수녀님의 논평이었다.

그날 아침을 잊지 못한다. 12월 8일, 성모 마리아의 무염시태(無染

始胎)를 경축하는 축일이었다. 그날 아침 전쟁이 순식간에 우리 가까이 다가왔음을 느꼈다. 곧이어 필리핀이 일본군에게 점령되었다. 그래도 우리는 여전히 자바만은 안전하기를 바라고 믿고 있었다. 마흔일곱이던 아버지는 그해 초 이미 네덜란드 군에 징집되었기 때문에, 어머니 홀로 집에서 가정의 대소사를 꾸리며 어려운 시기를 버텨 나가고 있었다.

1942년 2월 15일, 싱가포르마저 함락되었다. 싱가포르가 무너지면서, 자바에 살던 우리는 비로소 일본군이 우리 해안으로 들어오는 것은 시간문제라고 생각하게 되었다. 바야흐로 나라 전체가 전쟁 준비에 돌입했다. 모든 것이 불확실했기 때문에 무엇이 최선인지를 누구도 알지 못했다.

할아버지가 우리에게 반둥간 산으로 와서 함께 지내는 편이 더 안전할 것이라고 제안했다. 이에 따라 어머니와 나, 여동생 편과 셀레스트는 집을 떠날 채비를 했다. 할아버지 집이 우리 집보다 해안에서는 더 멀리 떨어져 있기는 했다.

우리 집 일손들은 몹시 화가 나 있었다. 어머니가 그들에게 선불을 넉넉히 주기는 했지만, 우리가 언제 돌아올 거라고 장담은 할 수 없는 처지였다. "우리 앨라인이 간간이 들를 거야. 계속 연락하자꾸나." 어머니는 그렇게 그들을 달랬다.

앨라인은 스마랑에 살면서 네덜란드 동인도철도회사(NIS)에서 일하고 있었다. 어머니는 그런 결정을 내리며 힘들어 했고 아버지를 몹시 그리워했다. 어머니가 우는 모습을 보며 이제부턴 내가 어머니의 기둥이 되어야겠다고 마음을 먹었다.

우리는 될 수 있으면 짐을 많이 싸서 차에 실었다. 이 소중한 공간으로 다시 올 수 있을지 알 수 없었기 때문이다. 운전수 아마드가 두 시간 동안 차를 몰아 반둥간까지 데려다 주었다. 귀중품이나 각자에게 소중한 물건, 어머니의 보석들, 몇 권의 앨범과 옷가지들을 정성껏 싸서 차에 실었다. 차는 두 번이나 왕복해야 했다.

내 방을 둘러보며 무엇을 챙길지를 생각했다. 갑자기 모든 물건이 새로운 의미로 다가왔다. 다 갖고 갈 수 없기에 더 소중해 보였다. 일단 벽에서 십자가를 떼어 크지 않은 내 가방에 넣었다. 성경, 기도서, 묵주, 그리고 수녀원 학교에서 처음으로 묵언과 기도의 묵상 기간을 지낸 뒤 선물로 받은 《성인전》(Book of Saints)을 챙겼다.

옷장을 열어 가져갈 옷도 골랐다. 처음 갖게 된 롱드레스를 바라보았다. 망사가 겹겹이 되어 있어 공간을 꽤 차지할 부피였다. 드레스를 몸에 대보고 거울을 보았다. 드레스를 다시 옷장에 걸어 두자니 왈칵 눈물이 났다. 결국은 오랫동안 잘 입었던 옷들을 꺼내 차곡차곡 접어 가방에 넣었다. 이 옷들만 가지고 이후 3년 반을 버텨야 하는 상황임을 당시에는 알지 못했다.

사랑하는 우리 식구들인 이마, 소미, 차크, 사르디에게 작별 인사를 해야 할 시간이 되었다. 그들은 언제나 우리 가족의 일원이었지만, 그때는 정말 선택의 여지가 없었다. 그들은 안전하겠지만 우리는 여건이 그렇지 않았다. 일본은 네덜란드와 전쟁 중이었지, 인도네시아와 전쟁을 하는 것은 아니었기 때문이다. 일자리를 잃게 되어 그들도 힘들었을 것이다. 그래도 차크가, 자신이 우리 집을 잘 지킬 것이고 앨라인이 데려가기 전까지 개도 잘 돌보겠다고 말하며 어머니를 안심시켰다. 그런데 내 속에 있는 무언가가 나에게, 우리 집을 다시는 보지 못할 것이고 이 사랑하는 친구들도 다시는 보지 못할 것이라고 말하고 있었다.

작별 인사를 나누면서 모두들 눈물을 흘렸다. 우리는 서로를 꼭 껴안았고 또 서로에게 매달렸다. 우리 집 요리사 이마는 내 품속에서 사라져 버릴 것처럼 작았다. 나는 언제나 이마를 좋아했다. 그녀가 우리에게 해주던 그 많은 멋진 요리들, 학교에서 돌아오면 바로 먹을 수 있도록 특별히 준비해 놓던 간식들, 부엌에서 그녀와 함께 보내던 그 많은 시간들, 그녀의 수많은 요리, 집에서 만든 피넛버터와 케이크 반죽을 손가락으로 푹 찍어 맛보던 일들이 하나하나 스쳐 지나갔다. 어떤 말로도 그 감사한 마음을 전할 길이 없었다. 정든 집을 떠나야 하고 이 좋은 사람들을 집에 남겨 두어야 한다는 사실을 우리는 받아들일 수가 없었다. 아마드가 차 문을 열었고, 우리는 한 사람 한 사람 차에 끼어 탔다. 한 시절이 이렇게 끝나고 있었다.

†

할아버지는 우리와 함께 살게 되니 좋다고 했다. 확실한 것이 없던 불안한 시절에는 함께 지내는 게 우리 모두에게 최선이었다. 우리 정부가 포고령을 내리기 전까지 짧은 기간 동안만 우리는 할아버지와 함께 지낼 수 있었다. 일본군이 상륙할 것이라는 경고가 내려지자, 네덜란드 식민지 정부는 일본군이 손에 넣어 사용할 수 있는 모든 자원을 파괴하라는 포고령을 내렸다. 절차에 따라 자원 파괴가 진행되었다. 다리들을 무너뜨렸고 열차와 선박, 자동차, 트럭, 말, 기계 등 모든 것을 파괴했다.

체피링에서 아버지는 아침마다 식사 전에 멋진 오스트레일리아산 말 '잭'을 타곤 했다. 아버지는 뛰어난 기수였다. 승마는 아버지에게 큰 즐거움이자 최고의 오락이었다. 아버지가 말을 얼마나 아끼는지 알고 있는 우리는 잭을 반둥간으로 몰고 갔고, 할아버지와 아주 가까이 사시던 친구 분의 마구간에 맡겨 두었다. 하지만 포고령에 따라 우리는 말과 자동차를 모두 없애야 했다.

잭에게 총을 쏘았다. 나는 차마 그 장면을 보지 못하고 얼굴을 돌렸지만, 총소리를 피할 수는 없었다. 그 총소리가 마치 아버지를 향해 쏘는 총소리처럼 느껴지던 기억이 난다.

어머니가 아마드에게 우리의 멋진 차를 처분해야 한다는 슬픈 소식을 전해야 했다. 아버지가 불과 한 해 전에 구입한 새 르노 자동차였다. 아마드는 이 차를 아주 자랑스러워했고 귀하게 다루고 있었다. 아마드는 '자기' 차의 안팎을 티끌하나 없이 관리했다. 그런데 그 차를 불태워 없애야 한다니.

아마드는 믿을 수 없다는 표정으로 어머니를 쳐다보았다. 그는 '자기' 차를 해치고 싶지 않았고, 단호하게 안 된다고 했다. 결국 엄마가 다른 사람을 불러와 그 일을 하도록 했다.

나는 아마드에게 미안했다. 그의 모든 생활과 모든 세계가 그 차와 연결되어 있었다. 조금씩 우리는 우리가 소유했던 것들을 내려놔야 했다. 하지만 그것은 시작에 불과했다.

†

　1942년 3월 1일, 일본군이 자바를 침공했을 때 나는 겨우 열아홉 살이었다. 여동생 핀은 열한 살, 셀레스트는 일곱 살이었다. 네덜란드 공군력이 우수하긴 했지만, 강력한 일본 '황군'을 대적하기에는 역부족이었다. 네덜란드는 1942년 3월 8일 일본에 항복했고, 사방에 일장기가 휘날렸다. 인도네시아에서 300년 넘게 지속된 네덜란드 식민지 시대가 끝났다.

　할아버지는 앞마당에 언제나 네덜란드 국기를 걸어 두었다. 그때까지 우리는 산에서 살고 있었기 때문에 일본군을 가까이서는 보지 못했다. 멀리 일본군 트럭이 지나가는 것만 볼 수 있었다.

　어느 날 트럭 하나가 우리 집 앞으로 왔다. 트럭 화물칸 뒤에서 무거운 군화를 신고 검을 장착한 소총을 든 일본 군인 한 명이 뛰어 내려, 크게 소리를 지르며 마당에 있는 빨강·흰색·파랑으로 이루어진 네덜란드 국기 쪽으로 갔다. 그는 총검으로 깃대를 쳐서 쓰러뜨리며 우리를 겁에 질리게 했다. 그리고 그 자리에 일본 황군 깃발을 꽂았다. 전쟁의 현실이 그렇게 우리에게 밀어닥쳤다. 온 몸이 떨리며 절망과 무력감, 아무 것도 믿을 수 없다는 불안감이 엄습해 왔다. 앞으로 우리에게 무슨 일이 닥쳐올까? 아버지는 어디에 계시는 걸까? 앞으로 영원히 이곳에 일본군이 계속 머무를 것인가?

　그 뒤로 몇 달 동안 모두 놀라 긴장하게 만드는 일이 벌어졌다. 네덜란드인은 모두 한 장소에 모여 등록해야 한다는 명령이 내려왔다. 우리 가족은 긴장한 채로 모두 함께 등록 장소로 갔다. 일본 군인들을 가까이서 겪게 된 것은 이때가 처음이다. 그들은 큰소리로 윽박지르며 우리에게 겁을 주려고 했다. 우리는 정중하게 인사를 했고, 그들이 던진 서류의 항목을 채워 나갔다. 국적, 태어난 곳, 나이, 성별, 직업……. 그렇게 서류를 제출하고 집으로 돌아왔다. 두려움에 마음이 무거웠다.

오래 지나지 않아 군용 트럭이 할아버지 집을 향해 언덕을 올라오는 소리가 들렸다. 트럭 하나가 집 앞으로 들어왔다. 일본 군인 두 명이 뛰어 내리더니, 검을 장착한 총을 앞세우고 소리치며 들이닥쳤다. 가장 무서운 순간이었다. 온 몸이 얼어붙는 것 같았다.

그들은 앞 베란다 쪽으로 와서 할아버지의 개를 걷어차고, 우리가 거의 알아들을 수 없는 명령문을 읽어 내렸다. 짐을 싸서 수용소로 갈 준비를 하라는 명령이었다. 오랫동안 우려하던 순간이 다가왔다. 중요한 서류와 물건들은 잃어버리지 않도록 이미 챙겨 둔 상태였다. 군인의 감시 아래 우리는 초조한 마음으로 짐을 챙겼다. 한 사람당 가방 하나, 매트리스 하나만 가져갈 수 있었다. 무엇을 버려야 하고 무엇을 챙겨야 할지 결정하기에는 너무도 짧은 시간이었다. 동생 펀과 셀레스트는 아끼던 장난감과 책들을 두고 가야 한다는 말에 울음을 터뜨렸다. 나는 실용적인 옷 몇 벌만 챙겼고, 어머니한테 모기장을 가져가야 한다고 말씀드렸다. 성경과 성인전, 기도서, 십자가도 챙겼다. 묵주는 옷 주머니 안에 넣었다.

다시 가방을 챙겨야 하는 일이 생긴다면 무엇을 넣어야 할지 지금은 알 것 같다. 구급약, 키니네 알약, 칼슘 영양제, 핼리벗 간유(肝油), 비누, 차, 분유, 성냥, 초, 종이, 연필까지. 하지만 당시 우리가 그런 것을 어떻게 알았겠는가?

할아버지는 집에 있어도 된다는 허락을 받았다. 할아버지는 서류에 프랑스인이라고 썼다. 당시 독일인과 프랑스인은 억류 대상이 아니었다.

곧 우리는 집 밖으로 나와야 했다. 소중한 것들을 뒤로 한 채 오래 정든 사람들에게 작별을 고했다.

무엇보다 할아버지께 인사를 하는 순간 가슴이 찢어지는 것 같았다. 학교가 쉬는 날이면 언제나 할아버지 집에 머물며 보살핌을 받았다. 반둥간에서 할아버지는 나에게 최고의 유년 시절을 선사해 주었다. 할아버지는 눈물을 흘리며 우리를 꼭 안아 주었다. 어머니를 시작으로 핀, 셀레스트까지. 할아버지는 나를 껴안고서는 프랑스어로 말했다. "네 어머니를 잘 보살펴 드려라." 그리고 우리 모두의 이마에 십자가를 그어 주었다. 우리가 잠자리에 들기 전에 할아버지께 뽀뽀를 하면 늘 해주던 것처럼. 이렇게 사랑하는 할아버지를 두고 발이 떨어지지 않았다.

마지막으로 주변을 둘러보았다. 할아버지 집에 있던 모든 아름다운 것들, 내가 사랑했던 모든 것들을 둘러본 뒤 이 모든 세속적 소유물에 등을 돌렸다. 이제 중요한 것은 어머니, 나, 핀, 그리고 셀레스트 우리 넷이 여전히 함께 있다는 사실이다.

우리가 일본군에게 끌려가는 동안 멀리서 계속 우리를 향해 흰 손수건을 흔들던 할아버지의 모습이 생생하다. 할아버지는 "어떤 역경에도 불구하고 언제나"(Toujours quand même!) 당당하도록 노력하라고 했다.

이윽고 우리는 군용 트럭에 짐짝처럼 실렸다. 움직이는 트럭을 향해 할아버지가 여전히 손을 흔들고 있었다. 가는 길에 트럭은 멈추어 네덜란드 여성과 아이들을 계속 실었다. 더 이상 실을 수 없을 때까지. 양떼처럼 엉겨서 마지막 소지품을 꽉 붙들고 있는 우리 모습이 얼마나 처량했던지! 트럭이 암바라와를 향해 언덕을 오르는 동안 어머니, 핀, 셀레스트와 나는 꽉 끼어 앉아 있었다. 우리는 다시는 누릴 수 없을 일상과 행복한 추억이 깃든 집에서 그렇게 멀어져 가고 있었다.

그 뒤로 우리는 수천 명의 네덜란드 여성, 어린아이들과 함께 3년 반 동안 포로 생활을 해야 했다. 나의 어린 시절 꿈은 산산조각 나고 말았다.

2

암바라와
포로수용소

수용소 시절 그린 그림. 그 스케치북을 지금도 보관하고 있다.

트럭이 천천히 움직이기 시작했다. 새 목적지는 암바라와 포로수용소였다. 남녀노소가 길에서 우리를 향해 손을 흔들었다. 이렇게 차에 실려 가는 우리 모습을 보며 자바 사람들이 무슨 생각을 할지 궁금했다. 암바라와는 반둥간에서 멀지 않았고 우리는 그곳을 잘 알고 있었다. 그곳에 있는 교회를 다녔고 쇼핑을 하기도 했기 때문이다.

암바라와에는 여성과 어린이를 위한 수용소가 일곱 개 마련되어 있었다. 6호 캠프 부근에서 트럭이 속도를 늦추었고 캠프 문이 열렸다. 우리가 이곳에 들어가게 될 예정임을 금방 알 수 있었다. 일본인이 큰 소리로 명령을 내렸다. 우리는 나름 최선을 다해 트럭에서 내리긴 했지만, 그들이 하는 말을 알아듣지 못했고 그 때문에 곧 곤란한 상황에 처하게 되었다. 아이들이 울기 시작했다. 여성들이 가방과 짐을 내리는 과정에서, 우리가 가져온 매트리스가 진흙 아래로 떨어졌다. 그 상황을 보고 있자니 우리 마음도 함께 가라앉았다.

수용소에는 낡고 버려진 군 막사들이 줄지어 있었다. 한동안 사용하지 않았던 막사들이었다. 탁자 뒤로 일본인이 앉아 있는 공간으로 가서 우리는 줄지어 섰다. 탁자 위에는 갖고 있던 돈, 보석 등 귀중품들을 올려놓을 수 있도록 바구니가 하나 놓여 있었다.

대부분의 여성이 내놓으려고 하지 않았기 때문에 몸수색을 당했다. 나는 이런 일을 당할 것에 대비하여 옷 안에, 허리띠 속에 몰래 꿰어 어머니의 보석을 숨기고 있었다. 내 차례가 되어 몹시 긴장했지만 샅샅이 뒤지지 않아 다행히 들키지 않고 계속 보관할 수 있었다.

짐과 매트리스를 끌고서 우리는 막사로 갔다. 처참한 상황을 보며 어머니는 몹시 속이 상했다. 어떤 여성이 소리를 질렀다. "온통 쓰레기장이야. 여기서 어떻게 살아!" 그랬다. 무엇보다 우선 청소를 시작했다. 쉬운 일이 아니었다. 하지만 이 끔찍한 곳이 우리의 새 집이라는 현실을 받아들여야 했다.

우리는 6호 캠프에 있었다. 작은 곤충과 바퀴벌레, 이가 득실거리는 곳이었다. 나무 기둥이 썩어 가고 있었고 천정은 물이 새고 있었다. 밤이면 발 아래로 쥐가 돌아다니는 것을 느낄 수 있었고 심지어 발을 물기도 했다. 그곳엔 물도 귀했고 수도꼭지도 몇 개 없었다. 조금이라도 물을 쓰려면 길게 줄을 서야 했다. 최악은 위생 상태가 말도 못하게 열악했다는 점이다. 악취가 진동했고 이질이 돌았다. 병영은 200명 정도의 군인을 수용하기 위해 지어진 것이었다. 그런데 당시 그곳에 수 천 명의 여성과 아이들이 수용되다보니 화장실 사용이 끔찍한 일이 되었다. 화장실이라고 부를 만한 곳이 못 되었다. 오물이 역류하여 캠프장으로 계속 흘러들었다.

언제나 밤이면 누군가 요강이나 양동이, 냄비에다 오줌을 누었고, 그 소리에 잠을 깨곤 했다. 줄줄 흐르는 소리와 조르르 떨어지는 소리까지 구분할 수 있게 되었다. 어떤 여자가 오줌 누는 소리는 누구나 구별할 수 있을 정도였다. 소리가 아주 특이해서 우리는 그녀를 '말'(horse)이라고 부르기도 했다.

병영에는 침상이 일부 있기는 했지만 벌레가 득실댔기 때문에 거의 쓸모가 없었다. 우리는 작은 공간을 배당받았다. 그저 매트리스를 깔 정도 밖에 안 되는 공간이었다. 낮 동안 우리는 매트리스를 겹쳐 쌓아 두고 앉을 자리를 마련했다. 전기가 없었기에 어두워지면 초를 켜야 했다.

어머니의 지혜로, 우리는 가족들 사이에 천을 걸어 두어 사생활을 보호받을 수 있는 공간을 만들어 냈다. 그러나 실제로 보호받을 수 있는 것은 아니었다. 아기와 아이들이 우는 소리, 얘기하고 다투고 싸우는 소리가 다 들렸다. 다행히도 옆에서 같이 지냈던 여성과 아이들이 아주 착했다. 그들과 함께한 우정은 무엇과도 바꿀 수 없이 소중한 것이었다.

이 모든 일이 캠프에서 보낸 첫날밤에 일어났다. 그날 밤을 어떻게 표현할 수 있을까? 그날은 선하고 아름답고 안전한 모든 것이 끝나는 날이었고, 두렵고 앞날을 알 수 없는 날의 시작이었다. 그곳에 얼마나 오래 있어야 할지? 사랑하는 이들을 다시 볼 수나 있을지? 아버지는 어디 계신지, 살아 계시긴 한지? 우리는 너무나 피곤했지만 잠을 이룰 수 없었다. 그냥 누워 있을 뿐이었다. 우리 삶에 몰아닥친 갑작스런 변화에 놀라 꼼짝 못하고 누워 있는 상태였다. 우리

수용소 막사

옆에서 촛불이 흔들리고 있었다. 천장 서까래가 썩어 들어가는 모습을 쳐다보며, 우리는 떠나온 정든 우리 집을 생각하지 않을 수 없었다.

우리는 함께 기도했다. 우리 넷은 그날 밤 이후 매일 밤마다 함께 기도를 했다. 어머니의 기도서를 뒤져 보았지만 적당한 기도문을 찾지 못했다. 포로가 된 상황에 어울릴 만한 기도문을 찾지 못했다. "우리는 그래도 함께 있잖아." 어둠 속에서 어머니가 속삭이며 다독였다. "전쟁은 곧 끝날 거야. 틀림없어."

이튿날 아침 우리는 소집되어 첫 점호를 했다. 그 뒤로 아침마다 점호를 받아야 했다. 이를 통해 일본군은 우리에게 우리가 얼마나 멍청한지, 누가 명령자인지를 분명히 주입시키려고 했다. 여성과 아이들에게 번호를 매기고, 매질을 하고, 모욕을 주고, 뙤약볕 아래 몇 시간이고 서 있게 했다.

수용소 생활은 수용소 소장과 경비들의 기분이나 충동에 따라 크게 좌우되었다. 첫날 아침부터 수용소 밖으로 나가면 안 된다는 명령이 떨어졌다. 여성은 열심히 일하고 복종해야 했다. 그렇지 않으면 벌과 구타를 당해 죽을 수도 있었다. 일본인을 만나면 언제나 인사를 해야 했다. 우리는 허리를 깊숙이 숙여 인사하는 법을 배웠다.

수용소 생활을 원활하게 만들기 위해 우리는 곧 조직을 구성했고, 유능하고 존경받는 여성을 대표로 선출했다. 대표는 질데라 부인이라고 불리었다. 근무 교대 순서를 정해서 젊은 여성들이 힘든 육체노동을 했다. 나이든 여성에게는 공동 부엌에서 일하는 것과 같은 상대적으로 수월한 일을 배당했다. 젊은 우리는 트럭에서 짐을 내리고, 무거운 짐을 나르고, 나무를 베고, 구덩이를 팠다. 오물이 넘쳐나는 재래식 변소와 세탁실을 청소했고, 우리 막사와 수용소 구내를 가능한 한 말끔하게 잘 정돈했다.

네덜란드인 포로들 중에는 여의사 한 명과 간호사들이 있었다. 우리는 나름대로 임시 병원을 꾸렸지만 의료품을 공급받지는 못했다. 키니네 알약이 말라리아에는 즉효였다. 이런 것을 챙겨 온 이들은 복 받은 이들이었다.

†

수용소 생활이 시작되면서 자연스레 음식에 집착이 생겼다. 우리는 거의 굶어 죽을 지경이었다. 전분으로 만든 묽은 죽으로 아침을 때웠다. 저녁에는 약간의 밥이 멀건 나물국과 함께 나왔고 밤에 딱딱한 빵 한 조각이 제공되었다. 우리는 이 딱딱한 빵을 물에 적셔서 겨우 먹을 수 있었다. 우유가 없어서 아기들이 갑자기 여럿 사망하는 일도 생겼다. 어머니들은 모유도 말라 버려 아기들이 죽어 가는 모습을 무기력하게 바라볼 수밖에 없었다.

고기, 지방, 버터, 달걀, 우유나 비타민이 풍부한 음식은 구경도 할 수 없었다. 여동생 셀레스트는 음식을 오래 먹으려고 자그마한 티스푼을 사용해 먹곤 했다. 어쩌다 바나나가 들어오기도 했는데, 환자나 아기, 어린이들에게 먼저 나누어 주었기 때문에 그 냄새라도 맡았다면 운이 좋은 것이었다.

셀레스트의 순서가 되었을 때가 기억난다. 바나나 반 쪽을 받은 셀레스트의 얼굴이 기쁨으로 환하게 빛났다. 셀레스트는 그것을 핀과 나누어 먹었다. 바나나 껍질까지도 버리지 않고 다 먹었다. 가끔은 녹아내리는 양초에 지져서 먹기도 했는데, 양초 조각이 입속에 들어오지 않도록 빨리 먹어야 했다.

시간이 갈수록 식량 보급이 더 형편없어졌고 배고픔도 심해졌다. 아이들은 일본인 쓰레기통을 뒤져서 바나나 껍질이나 닭고기 뼈 같은 음식물 찌꺼기를 찾아냈다. 우리는 그런 뼈들을 모아 국물을 내는 일에 익숙해졌다. 쓰레기 뒤지는 일은 일상이 되어 아이들끼리 쓰레기통 차지하는 순서를 정했고, 뼈다귀를 놓고 싸움까지 벌였다. 우리는 먹고 죽지 않을 만한 달팽이나 달콤한 수액을 가진 식물 같은 것을 찾아내는 법을 익혔다.

어느 날 남은 음식을 우리 가족이 처분할 차례가 되었을 때, 부엌으로 알 수 없는 내장 꾸러미가 들어왔다. 양동이 안에는 창자, 귀, 눈알 등 미끈거리고 끔찍한 것들이 담겨 있었다. 내가 양동이에서 골라내도록 허락을 받았고 손을 넣어 하나를 건져 냈다.

"어머니, 여기 보세요." 나는 흥분해서 말했다. "국 끓일 만한 게 있어요." 어머니가 웃음을 터뜨렸다. "그건 소불알이란다." 어머니가 말했다. "몸에 좋은 성분이 많을 거야." 정말 그랬다. 우리는 노르스름한 기름이 둥둥 떠 있는 멋진 국을 끓였다. 소불알은 몇 번을 계속 끓인 뒤에 우리가 다 먹어 치웠다. 꽤나 맛이 있었다.

†

　수용소 소장은 흰 고양이를 키웠는데, 그 고양이는 우리보다 훨씬 잘 먹어 살이 올라 있었다. 소장이 점호를 하러 다닐 때면 고양이가 언제나 그 옆을 지켰다. 예쁘게 생긴 이 고양이가 소장의 다리를 감싸며 졸졸 따라다니는 모습을 보니 심술이 났다. 이 고양이를 잡아 근사한 음식을 만들어 수용소 병원에 있는 환자들에게 주면 좋겠다는 생각이 들었다. 그 덕분에 생명을 건지는 사람이 있을 수도 있었다. 나는 이 작전을 몇몇 친구들과 의논했고, 기회가 오면 잡아보자고 했다.
　어느 날 아침, 경례하고, 점호하고, 절하는 의식이 진행되는 동안 나는 고양이가 주인과 조금 먼 거리에서 돌아다니는 모습을 발견했다. 주인은 한 여성을 붙잡고 허리를 깊숙이 숙이지 않는다고 소리를 치느라 바빴다.
　"휘, 휘, 휘," 나는 조용히 불렀다. "야옹, 야옹, 야옹." 기쁘게도 고양이가 응답을 하며 내가 서 있는 뒷줄로 왔다. 나는 고양이를 재빨리 잡아챘다. 심장이 두근거렸다. 마침내 해냈다! 발각되면 분명 죽을 일이었다.
　소장이 자리를 떴고 아끼던 고양이를 찾지도 않았다. 우리는 흩어졌고 순식간에 고양이는 펄펄 끓는 솥으로 들어갔다. 고양이 덕분에 병원에 있는 몇몇 환자에게 멋진 식사가 제공되었다. 우리는 더 이상 국물이 나오지 않을 때까지 고양이 뼈를 끓이고 또 끓여 먹었다.

아니나 다를까 그 사이에 불쌍한 고양이를 찾는 대대적인 수색이 벌어졌다. 소장이 포로들을 의심하기는 했지만, 무슨 일이 있었는지 알아내지는 못했다. 변변찮은 빵 쪼가리이기는 했지만 어쨌든 빵이 급식으로 수용소에 보급되었을 때 소장은 수인들에게 벌을 내렸다. 우리는 큰 구덩이를 파야 했고 거기에 빵을 묻어야 했다. 밤에 우리는 구덩이를 다시 파서 빵 대부분을 다시 꺼내어 흙을 털어 내고 먹었다.

수용소 생활은 긴장과 공포의 연속이었다. 그러다보니 사람들 사이에 늘 갈등이 생겼다. 생존이 달려 있는 상황에서, 여성들은 아이들을 살리기 위해 서로 도둑질까지 했다. 아이들도 단지 약간의 식량을 얻기 위해 속이고 훔치고 정직하지 못한 언행을 했다.

누구나 가장 하고 싶어 하는 일은 부엌일이었다. 생야채를 먹거나 주머니에 음식을 숨겨 나올 수 있는 기회가 있었기 때문이다. 감시단이 있어, 근무하는 여성들이 배당된 일을 정직하게 하는지 늘 지켜보고 있었다.

어느 날, 어머니가 부엌일을 할 순번에 너무 아파서 내가 대신 나가서 리크와 함께 일했다. 리크는 언제나 좋은 동료였다. 야채를 함께 썰면서 리크는 수용소에서 있었던 최근 소식을 전해 주었다.

"캉콩 하나 더" 리크가 말했다. 캉콩은 작은 이파리 채소로 날마다 먹는 음식이었다. 가장 싸고 잡초처럼 잘 자라는 식물이었기 때문이다. 맛은 별로였지만 녹색 줄기와 이파리에 비타민과 철분이 풍부했다.

"탁, 탁, 탁" 우리가 칼질을 하고 있는데 갑자기 지붕에서 도마뱀이 리크의 도마 위로 떨어졌다. 도마뱀은 도망도 못가고 눈 깜짝할 사이에 머리가 잘려 캉콩 이파리 사이로 끼어 들어갔다. 곧이어 몸통까지 리크의 가차 없는 칼질에 잘게 썰렸다. 남은 것은 꿈틀거리는 꼬리뿐이었다. "잡았다!" 리크는 웃으며 도마뱀의 꼬리도 잘게 채를 쳤다. 그리고 큰 솥에 모두 던져 넣고는 이렇게 말했다. "오늘은 최소한 고깃국이네."

†

1943년, 수용소에서 첫 부활절을 맞았다. "우리, 부활절 달걀을 먹을 수 있을까?" 여덟 살 셀레스트가 물었다. 어떻게 그런 대답을 할 수 있었는지 모르겠지만, 어쨌든 그때 나는 이렇게 말했다. "그럼, 셀레스트. 너도 부활절 달걀을 받을 수 있을 거야."

그때는 달걀이 수용소로 들어올 수 있는 상황이 전혀 아니었고, 나도 이런 현실을 잘 알고 있었다. 평상시에도 수용소로 달걀이 보급되는 경우는 드물었고, 들어온다 해도 이 귀한 달걀은 특별한 규칙에 따라 어린아이들에게만 돌아갔다. 핀과 셀레스트 차례까지 오리는 만무했다. 그런데 우연히 내가 경비들의 재래식 화장실 청소를 해야 할 순번이 왔고, 그 화장실 부근에 일본인을 위한 양계장이 있었다. 그 양계장에 수용자들이 접근하는 것은 엄격하게 금지되어 있었다.

양계장 닭들은 상상할 수 있는 것보다 더 비쩍 말라 있었다. 게다

식사 당번

가 그 닭들은 알을 낳아 본 적도 없었다. 화장실 청소를 마치고 나서 순전히 호기심에 양계장 앞으로 다가갔다. 그동안 아무도 잽스(Japs, 일본 사람을 비하하는 말-옮긴이)의 닭을 훔칠 엄두를 내지 못했다. 나 역시 닭들을 쳐다보는 것만으로도 겁이 났다. 그런데 그때 내 앞에 …… 자그마한 하얀 달걀이 보였다! 재빨리 주변을 살펴보니 아무도 보는 이가 없는 것 같았다.

조심스럽게 철망 안으로 손을 뻗어 달걀을 꺼낼 수 있었다. 달걀을 윗도리 속에 숨긴 채 천연덕스럽게 막사로 돌아왔다. 내가 금지된 보물을 숨기고 있다는 사실을 모두가 아는 것 같은 생각이 들었다. 아무도 내가 양계장에서 달걀 꺼내는 것을 보지 못했고, 나는 아무에게도 말하지 않았다.

나는 달걀을 삶아서 색연필로 내가 할 수 있는 한 가장 예쁘게 채색했다. 그리하여 핀과 셀레스트는 부활절 날 자기만의 달걀을 가졌다. 그 뒤로 나는 이 말을 정말 믿게 되었다. "신께서 주시리라."

우리가 가장 걱정했던 문제는 아이들이었다. 아이들은 가능한 한 행복하게 지내도록 만들어 주는 것이 중요했다. 그러나 대부분의 어머니들이 분노에 차 있고 아프고 스트레스로 지쳐 있는 상황에서 쉬운 일이 아니었다. 나는 학교를 조직해서 책이나 종이, 연필이 없는 상황에서도 아이들을 가르쳤다. 그때 나는 교사가 된다는 것이 무엇인지를 충분히 깨달을 수 있었고, 이를 통해 내 나머지 인생도 꾸려 갈 수 있었다.

아이들을 가르치는 대가로 어머니들이 빵 조각이나 무어라도 소중한 것을 가져다주었다. 수업 시간에 나는 아이들에게 정직의 중요성과 다른 사람의 음식을 훔쳐서는 안 된다는 것을 가르치려고 노력했다. 어느 날 한 사내아이가 손을 들고 질문을 했다. "선생님, 일본 사람 것을 훔치는 것은 옳은 거죠?"

나는 이 물음에 대답을 내놓지 못했다. 대신 이렇게 말했다. "그 문제는 신께서 결정하시도록 남겨 두자."

아이들은 어머니가 없는 상황이었고, 어머니마저 사망한 아이들의 경우 다른 수용자들의 배려에 맡겨진 상황이었다. 수용소에서 태어난 아이들을 비롯하여 일부 어린아이들에게는 수용소가 그들이 알고 있는 세상의 전부였다. 어떤 작은 소녀는 아버지를 사진에서만 보았다. 이따금 사진을 보며 또는 다른 사람의 사진을 보고서도, 이 아이는 "아빠, 아빠!" 하며 울음을 터뜨리곤 했다. 사진은 아주 소중한 물건이었고, 어떤 대가를 치르더라도 귀하게 간직했다.

아이들은 스스로를 지키고, 자신에게 배급된 음식을 지켜 내는 방법을 금새 익혔다. 어느 날 아침 우리는 군용 차량들이 수용소로 들어오는 소리를 들었다. 우리는 경비들이 경례를 하고 바짝 군기가 들어 움직이는 모습을 보며, 상당히 계급이 높은 장교가 왔음을 알았다.

아이들에게 줄 비스킷을 잔뜩 가져왔다는 소식이 퍼졌고, 아이들은 그걸 받으려고 본부 앞으로 몰려가 있었다. 순식간에 그곳으로 몰려간 아이들은 기대감에 펄쩍펄쩍 뛰었다. 비스킷이 무언지 모르는 아이들도 있었다. 탁자를 옮겨다 놓고는 그 위에 비스킷을 담은 접시들을 미끼처럼 가져다 놓았다. 아이들이 빽빽하게 모여들어 군침을 삼키며 비스킷을 바라보고 있었다. 사진사가 나타나 아이들에게 웃으라고 말했다. 사진을 찍자마자 비스킷은 치워졌다. 이 모두가 홍보물 작성을 위한 장치이자 속임수였던 것이다. 비스킷 하나라도 손에 쥘 수 있었던 아이는 아주 운이 좋은 경우였다.

일본인이 저지른 가장 슬프고 가장 비인간적인 잔혹 행위는 열 살이 된 소년에게 어머니와 함께 지내던 여성 수용소를 떠나도록 한 일이다. 일본인들은 열 살이면 남성 수용소로 옮겨 갈 만큼 성숙했다고 간주했기 때문이다. 자연스럽게 어머니들은 아들의 나이를 속이려고 했다. 많은 어머니들이 아들이 어디로 가는지, 어느 수용소로 가는지 모른 채 떠나보내야 했다. 이런 일을 겪은 어머니들은 거의 히스테리 상태가 되었고, 소년들은 아무 것도 알 수 없는 상황에서 극심한 공포를 느꼈다.

잊을 수 없는 비극적 사건이 있었다. 한스여(Hansje)는 열 살밖에 안 되는 병약한 소년이었다. 손으로 짚어 갈비뼈를 셀 수 있을 정도로 마른 아이였다. 내 동생 핀과 셀레스트의 각별한 친구이기도 했다. 어느 날 아침 일본군 트럭이 우리 수용소로 들어와서는, 아이가 있는 어머니들은 운동장에 줄을 서라고 명령했다. 어머니들은 두려움에 떨며 줄을 섰다. 왜 그러는지 알 수 없었다. 아이들이 어머니 치마를 붙잡고 서 있었다. 이윽고 소장이 경비 두 명과 함께 앞으로 나왔다. 표정은 잔인하고 무자비해 보였다. 우리가 수용소로 들어올 때 모두 서류를 제출했기에, 일본인들은 소년들의 나이를 알고 있었다. 열 살이 된 소년들이 격분해 있던 어머니들로부터 강제로 한 사람 한 사람 격리되었다. 일본군들이 불쌍한 한스여에게로 다가가자 그는 어머니의 허리를 붙들고 울부짖었다. "가지 않을래요.

가지 않을래요." 가슴이 찢어질 정도로 아픈 장면이었다. 우리 모두 울었다. 어쩌면 저토록 잔인한가, 저들은 감정도 없단 말인가? 한스여는 거칠게 격리되었다. 그는 발버둥 치며 큰소리로 울었다. 그의 어머니는 절망감에 너무나 고통스러워했다. 우리 모두 그녀를 위로하려고 했다. 이 보다 더한 일이 어디 있겠는가. 어머니에게 가장 큰 고통이었다. 소년들은 기다리고 있던 군용 트럭에 실려 가면서도 어머니들을 향해 비명을 질렀다. 이것이 우리가 본 한스여의 마지막 모습이었다.

편과 셀레스트는 울음을 멈출 수 없었다. 놀이 동무인 한스여가 갑자기 눈앞에서 사라진 것이다. "신께서는 어떻게 이런 일을 보고만 계시는가?" 어머니들 중 한 명이 소리쳤다. 쉽지 않은 문제였다. 나는 어떻게든 대답을 해보려고도 했다. "당신네 아들들을 데려간 것은 신이 아닙니다. 일본군이 데려갔지요. 지금은 어느 때보다 우리에게 신이 필요한 시간입니다." 나는 우리 모두 소년들을 위해 함께 기도하자고 제안했다. 우리는 주기도문을 함께 읊조렸다. 어머니들 저마다 자기 아들의 이름을 부르며, 신께 사랑의 손길로 보살펴 달라고 애원했다. 놀랍게도 기도하는 과정에서 평정심을 되찾을 수 있었다. 함께 기도하는 것이 우리에게 큰 힘이 되었다. 밤마다 우리는 작은 단위로 모여 함께 기도했다. 묵주든 9일기도든 무엇이든 마음속에서 우러나는 대로 했다. 외로움, 두려움, 상처, 절망 등을 표현하고 나눌 수 있기 때문에 함께 기도하는 것이 우리에게 좋았다. 우리는 아픈 이들을 위해, 죽은 이들을 위해 기도했다. 서로를 위해 기도했고 멀리 있는 남편들을 위해 기도했다. 전쟁 종식과 평화를 위해 기도했다. 잔혹한 일본군 치하에서 3년 반 동안 포로 생활을 하면서도 살아남을 수 있었던 데에는 기도의 도움이 컸다고 생각한다.

어느 날 우리는 갖고 있던 책을 모두 제출하고 검열을 받아야 했다. 일부는 압수당했고, 나머지는 표지에 일본 스티커가 붙여진 상태로 되돌려 받았다. 내 성인전과 낡은 기도서에는 지금도 조그마한 일본 스티커가 표지에 붙어 있다. 지금은 헤지고 바래 스티커에 새겨진 내용은 잘 알아볼 수도 없는 상태이지만.

밤마다 잠자리에 들기 전에 나는 《신의 사랑을 받은 성인들의 삶》(The Lives of God's Beloved Saints for Every Day of the Year)에 실려 있는 이야기들을 읽었다. 핀과 셀레스트는 이 특별한 시간을 좋아했다. 나는 성인들의 삶에 관한 이야기가 독자 여러분에게도 절대 따분하지 않을 거라고 장담할 수 있다.

수용소에서 맞을 첫 크리스마스가 다가오던 무렵 나는 성 세르불루스의 이야기를 읽고 있었다. 몸이 불편하고 가난하고 구걸을 했던 세르불루스는 가진 것이 아무 것도 없었다. 우리는 이 이야기에 깊은 감명을 받았고 충분히 공감할 수 있었다. 어머니는 오래되어 여기저기 기운 실내복 윗도리를 가리키며, 어머니 특유의 우스갯소리를 했다. "봐라! 나도 성 세르불루스처럼 가난하지 않니!" 우리는 모두 배를 잡고 떼구루루 구르며 웃었다. 그 뒤로 어머니의 그 낡은 실내복은 '세르불르스 재킷'으로 통했다. 어머니는 이 옷을 절대로 버리지 않았고, 지금은 아마도 여동생 핀이 보관하고 있을 것이다.

어머니, 핀, 셀레스트, 그리고 나 사이에 유대감이 각별해졌다. 전쟁 기간 내내 우리는 기쁨과 슬픔, 고난을 함께했다. 우리는 서로에게 소중했고 가족에 대한 사랑으로 버텨 나갔다. 포로수용소에 감금되어 있던 남편과 아버지들은 상황이 달랐다. 그들은 자녀들과 함께 있을 수 없었다. 여성들은 자녀를 데리고 있었고, 자녀를 위해 살았고, 자녀를 위해 싸웠다. 그러나 남자들은 고립되어 있었고, 자녀들과 함께 있던 시간을 그리워했다. 수용소에서는 여성보다 남성 사망률이 더 높았다. 여성의 생존력이 좀 더 강하다는 것은 사실이다.

우리는 언니 앨라인을 걱정하고 있었다. 어디에 있는지, 무슨 일이 생겼는지 알 수가 없었다. 스마랑에서, 살던 집에서, 여전히 네덜란드 동인도철도회사에서 일하며 살고 있지 않을까 생각하고 바랄 뿐이었다. 일본인들이 철도 같은 주요 기간시설에서는 네덜란드인들이 계속 일하도록 허용하고 있었다.

어느 날, 젊은 여성들을 모아 삽을 던져 주고 구덩이를 파라고 했다. 채소를 심기 위해서라고 했다. 바위처럼 단단한 땅에 삽질을 하느라 허리가 부러질 것처럼 아프고 힘들었다. 그날 오후 내 손엔 물집이 잡혔고, 그러고도 계속 일을 하다 잘못하여 삽으로 발을 찍고 말았다. 상처가 깊었다. 게다가 수용소의 위생 조건이 열악했기 때문에 곧 패혈증으로 번질 수도 있었다. 나는 이 상처가 더 악화될까 봐 겁이 났다. 그렇게 다리 한 쪽을 잃은 여자들을 보았기 때문이다.

어린 시절 우리는 유리 조각으로 햇볕을 모아 불을 피우곤 했다. 나는 수용소에서 깨진 유리 조각을 구할 수 있는 곳을 알고 있었다. 유리 조각을 구해 내 발에 햇볕을 비추어 상처 부위를 태웠다. 끔찍하게 쓰리고 아팠지만 효과가 있었다.

삽을 들고 일하러 가는 길

당연한 말이지만 채소밭은 엉망이었다. 그렇게 척박한 땅에서는 아무 것도 자라지 않는다. 아무리 물을 줘도 소용이 없었다. 볼품없는 배추 싹이 고개를 내밀기도 했지만, 충분히 자라기 전에 배고픈 사람들이 모두 뜯어 먹었다.

"수용소 생활에서 기억나는 가장 끔찍한 일이 무엇인가?"하고 질문한다면, 나는 언제나 눈앞에서 벌어지던 죽음이었다고 대답할 것이다. 우리가 지내던 수용소에서는 날마다 사람이 죽어 나갔다. 아기를 잃은 어머니, 어머니를 잃은 아이. 너무 많은 이들이 아팠고, 슬펐다. 쓸 만한 약이나 의료 장비가 없는 조건에서 할 수 있는 게 거의 없었다.

여성이나 아이가 죽음을 앞두게 되면, 그들은 죽어 가는 이들을 따로 모아 놓은 특별한 막사로 옮겨졌다. 그 막사를 우리는 '죽음의 오두막'이라고 불렀다. 그곳에서 생을 끝내게 되지 않을까, 우리는 누구나 그런 두려움에 떨었다. 우리는 될 수 있으면 그 막사를 피해 다녔다. 그 주변으로까지 죽음의 냄새가 이미 진동하고 있었기 때문이다. 그런데 어느 날 아침, 나는 그곳에 가 봐야 할 것 같은 이상한 느낌이 들었다. 죽음의 오두막 안에 한 젊은 어머니가 매트리스 위에 누워 있었던 것이 기억났다. 전쟁 전 그녀는 아름답고 쾌활한 여성이었다. 그런데 이제 살이 다 빠지고 뼈만 앙상하고 생기가 하나도 없었다. 얼굴은 창백했고 천장을 향해 있는 눈에는 초점이 없었다. 그녀는 폐렴과 굶주림으로 죽어 가고 있었다. 어머니들은 어린 자식들을 조금이라도 더 먹이기 위해 하나도 먹지 못한 채 지내기도 했다.

이 젊은 어머니는 자기 아기를 보고 싶어 했다. 나는 그녀의 작은 딸을 팔에 안고 데려가, 매트리스에 살짝 걸쳐 앉았다. 그리고 그녀의 가슴에 아기를 올려 주었다. 그녀는 딸아이 얼굴을 사랑스럽게 보듬었다. 그러고는 곧 완전히 무력한 표정이 되었다. 나는 평생 그 표정을 잊지 못할 것이다. "엄마는 너를 사랑한단다." 그녀가 아기에게 속삭였다. 그리고 나에게 얼굴을 돌려 물었다. "누가 이 아기를 돌볼까요?" 나는 우리가 당신의 작은 딸을 돌보겠다고 말하며 안심시켰다. 오두막은 죽음에 임박한 이들에게서 나오는 악취와 습기로 가득하여, 숨을 쉴 수 없을 지경이었다. 나는 정말 무력감을 느꼈다. 뭐라고 말해야 할지 몰랐다. 그녀에게 위로가 될 만한 적당한 기도문도 생각나지 않았다. 나는 그녀의 머리카락을 부드럽게 쓸어 주었고, 그녀의 축축한 손을 두 손으로 꼭 잡았다. 이틀 뒤 그녀는 사망했다. 어머니를 기억하지 못할 또 다른 아이를 하나 더 남겨 둔 채로.

여성과 아이들은 영양실조로 설사, 이질, 말라리아, 각기병이 생겼다. 살짝 긁히기만 해도 열대 침식성 궤양으로 악화될 수 있었다. 아이들 몸에 기생충이 있었지만 치료할 방법이 없었다. 제대로 영양분을 섭취하지 못해 키가 잘 자라지도 않았다. 먹지 못해 사람들이 죽어 갔다.

누군가 사망하면, 일본인들은 나무로 얼기설기 관을 짜 시신을 담고 수용소 바깥에 묻었다. 장지까지 따라가는 것조차 가족에게 허용되지 않았다.

50년이 지나서야 나는 스마랑에 있는 전쟁 포로 묘소를 방문하게 되어, 수용소에서 죽어 간 사랑하는 친구들 무덤 위에 꽃을 바쳤다. 네덜란드식 이름이 새겨진 묘비들 가운데 몇몇은 아는 이름이었다. 그런 묘비들이 쭉 줄지어 있는 것을 보니 울컥 감정이 북받쳤다. 그 용감했던 여성들의 얼굴이 눈에 선했다.

우리는 아무리 아파도 점호에는 나가야 했다. 뜨거운 열대 태양 아래 쓰러지는 이들이 속출했다. 일본인들은 우리들을 이렇게 세워 두어 벌을 주곤 했다. 햇볕이 너무 뜨거웠기 때문에 아이들은 어머니들 발 위에 서 있었다.

이런 상황에서도 여성들은 유머 감각을 잃지 않았다. 우리는 일하는 동안 애국심이 충만한 네덜란드 노래를 불렀는데, 일본인들을 놀리려는 목적도 있었다. 우리는 이 힘든 시기를 견뎌 내고 사기를 충전하기 위해 음악회를 열기도 하고 합창단을 조직하기도 했다. 감사하게도 우리 수용소에는 전직 음악 교사가 있었다. 그녀는 가방에 소중한 악보를 몇 장 챙겨 왔다. 그녀가 합창단에 들어오라고 하면 우리는 기꺼이 응했다. 피아노는 없었지만, 다행히 그녀는 소리굽쇠 조음기를 갖고 있었다. 정말 신이 내린 선물이라고 할 만했다. 우리가 '미스 뮤직'(Miss Music)이라고 부른 그녀는 음악을 신성시할 정도로 사랑했다. 열정이 넘치는 긍정적인 이 여성의 기운이 함께 있는 이들에게도 전달될 정도였다.

우리가 처음 했던 합창 연습이 생생하게 기억난다. 우리는 아주 절박했다. 지겨운 수용소 생활에서 돌파구가 필요했다. 이런저런 논의를 하며 악보도 뒤지다가 '미스 뮤직'은 자기가 가장 좋아하는 노래 가운데 하나를 선정했다. 우리는 아연실색했다. 이탈리아 작곡가 팔레스트리나의 〈십자가 아래에 선 성모〉(Stabat Mater)였다.
"이걸 우리가 어떻게 불러요. 너무 어려워요!" 우리는 노래 제목을 듣자마자 이렇게 말했다. "예, 물론 어렵긴 해요. 그래서 배울 거고, 결국은 해낼 거예요!" 음악 선생님은 벌써 다 해낸 것처럼 득의양양한 표정이었다. "이 노래를 무반주 아카펠라로 할 거예요. 우리 정도 규모면 4부로 나누어 할 수도 있는 걸요."

그날부터 합창 연습이 집착이라고 할 정도로 열심히 진행되었다. 심금을 울리는 이 웅장한 노래에 즐겁게 도전했다. 우리는 야외에서 합창 연습을 했다. 우리가 금지된 비밀 모임을 갖고 있음을 경비들이 알아채지 못하도록 하기 위해서였다. 경비들이 멈춰 서서 우리 쪽으로 귀를 기울이기도 했다. 경비들에게는 지루한 업무에서 잠시 벗어날 수 있는 시간이기도 했을 것이다. 팔레스트리나는 아름다운 성가를 여러 곡 작곡했지만, 우리에게는 〈십자가 아래 선 성모〉가 가장 성스러운 노래였다. 이 노래를 배우고 있는 우리의 처지가 극한 상황이었기 때문이다. 마침내 수용소 음악회에서 우리가 이 노래를 선보였을 때, 청중은 눈물을 훔쳤고 '미스 뮤직'은 우레와 같은 박수를 받았다. 경비들까지도 박수를 쳤다. 그들 역시 우리 노래에 감명을 받았음에 틀림없다.

음악회나 발표회를 갖는 것만큼 우리에게 힘을 주는 일도 없었다. 그토록 암울했던 수용소 생활에서 음악을 통해 힘을 얻는 경험을 했기에, 나는 합창을 가장 소중한 취미 활동이자 내 인생의 중요한 일부로 삼게 되었다. 1964년부터 지금껏 나는 오스트레일리아 애들레이드에서 성당 성가대 활동을 하고 있다. 베토벤의 〈미뉴에트 G장조〉를 들을 때마다 수용소에서 함께하던 발표회 생각이 난다. 바로 이 선율에 맞추어 맨발로 춤을 췄다.

일본인들이 우리가 합창하는 것을 눈감아 주고 금지하지 않는 것을 보며, '미스 뮤직'은 대범하게도 수용소 소장에게 피아노를 구비해 달라고 요청했다. 운대가 맞아떨어져 절묘하게 일이 잘 풀렸다. 소장이 드물게 기분이 좋은 때였던 것 같다. 이틀 뒤 경비들이 피아노 대신 바이올린을 갖다 주었다. 버려진 네덜란드 집에서 훔쳐 온 것이었다. 그 무렵 흔한 일이었다.

음악 선생님이 바이올린으로 〈미뉴에트 G장조〉를 감미롭게 연주하는 동안 우리는 춤을 배웠다. 특별한 숙녀 두명이 없었다면 결코 할 수 없는 일이었다. 둘은 자매였다. 아마 이 둘을 직접 봤다면 도저히 자매라고 생각하지 못했을 것이다. 한 명은 뚱뚱했고 한 명은 말랐기 때문이다. 이 둘은 음악과 무용, 체육을 가르치는 선생님이었고, 수용소에서 기꺼이 수업을 맡아 주었다. 우리는 그들의 열정적인 수업에 감탄했다.

이런 특별한 상황에서 나는 다른 소녀들과 함께 전통 미뉴에트를 추기로 했다. 일부는 남자로, 일부는 여자로 역할을 나누었다. 나는 긴 파란 면 드레스 가운을 입고 머리에 리본을 달았다. 다시 차려입고 춤을 출 수 있다니, 꿈꾸는 것 같았다! 여성들 사이에서 재능을 발견해 내고 멋진 발표회를 갖게 된 것은 놀라운 일이었다. 우리에게 들키지 않으려고 했지만, 수용소 소장도 어쨌든 멀리서 우리의 공연을 보고 있었다.

발표회 다음 날, 우리는 바이올린을 뺏겼다.

†

　수용소에서는 전쟁이 거의 끝났다는 둥 미군이 상륙했다는 둥 독일이 패전했다는 둥, 이런저런 소문이 늘 돌고 있었다. 희망의 끈을 놓지 않기 위해서는 소문이라도 필요했다. 밖에는 아직 정상적인 세계, 진짜 집에 가족이 사는 세상이 남아 있을까? 이 전쟁이 끝나고, 남편과 아내는 다시 만날 수 있을까? 우리는 늘 배고픔에 시달리고 있었기 때문에 음식에 집착하고 있었다. 어제도 음식, 오늘도 음식, 언제나 더 많은 음식에 관해 이야기했다. 저마다 가장 좋아하는 요리법을 내놓았고 서로 공유하기 시작했다. 시간이 흐르면서 수용소 요리책이 만들어졌다. 나는 지금도 그 시절 즐겨 하던 몇몇 요리법을 기억하고 있다.

　수용소에 이질이 돌던 어느 날, 일본군 특별 수송 부대가 왔다. 우리는 그저 또 사찰을 하겠거니 생각했다. 우리는 점호를 위해 운동장으로 불려 나갔다. 방문한 일본인은 한 명 한 명에게 작은 비닐 봉투를 주었다. 그러고는 20분 안에 이 봉투에 각자의 대변을 담아 오라는 웃긴 명령을 했다. 우리는 뒤돌아서서 크게 웃음을 터뜨렸다.

　다행히도 한 여성이 일을 본 뒤 소리쳤다. "다들 이리 와서 내 걸 가져가!" 사람들은 대부분은 일을 볼 수가 없었기 때문에, 그 제안을 기꺼이 받아들였다. 그리고 그렇게 똥을 받은 이들은 아직 일을 보지 못한 이들과 다시 그 똥을 나누었다.

　15분 동안 열심히 애를 써 봤지만 결국 일을 보지 못했던 나에게 묘안이 떠올랐다. 밤이면 수용소 안으로 찾아들어 오던 길 잃은 개가 생각난 것이다. 마당 여기저기에 이 개가 다녀간 증표가 남아 있었다. "이리 와봐." 나는 친구를 불렀다. "좋은 수가 있어."

우리에게 배포된 작은 봉투는 어쨌든 이런저런 똥으로 채워졌다. 20분이 지나 우리는 봉투를 일본인 보건 관련 방문자에게 공손하게 제출했다. 그들은 무척 만족스러워 했다. 나중에 우리에게 검사 결과가 통보되지 않았다. 아무도 놀라지 않았다.

†

연고자가 없는 여성들은 수용소 생활을 훨씬 더 힘들어했다. 어떤 젊은 여성은 친척도 없이 혼자였다. 낯을 가렸고 혼자 있으려 했고, 그래서 훨씬 더 외로워보였다. 어느 날 그녀의 생일이라는 이야기를 들었고, 전에 근무에 나오지 않았던 적도 있고 해서 그녀를 찾아가 보기로 마음먹었다. 그녀는 구석에 있는 자기 매트리스 위에 누워 있었다. 고통과 절망의 더미 속에 누워 있었다. 너무 창백한 얼굴은 병색이 완연했고, 끔찍하게 말라 있었다. 나는 조심스럽게 좀 어떠냐고 물었다. 얼룩진 시트로 몸을 가리며 그녀가 나를 쳐다보았다. "계속 피를 흘리고 있어요. 암이 아닐까 싶어요." 거의 알아들을 수 없을 정도로 기어 들어가는 목소리였다. 그녀 옆에 앉아 살펴보니, 피가 잔뜩 묻은 헝겊 뭉치들이 있었다. 그 피 묻은 헝겊 뭉치를 바라보는 내 눈길을 의식하고 그녀가 말했다.

"저걸 빨아 줄 사람이 아무도 없네요. 내가 빨래할 기운이 없어요." 당황하는 눈치였다.

"내가 빨아 올게요. 어려운 일도 아닌데요, 뭘." 내가 말했다. "생일선물이라고 생각하세요."

"정말이요?" 곧 그녀의 얼굴이 환해졌다.

그날 이후 나는 피범벅이 된 헝겊 뭉치를 날마다 수거해서 깨끗하게 빨아 주었다. 이 피 뭉치 빨래 양동이를 들고 가면서 역한 냄새가 나서 고개를 돌렸던 기억이 지금도 생생하다. 그래도 이 사랑의 선물을 하면서 내 마음에 기쁨이 차올랐다. 이 가련한 여인이 표하는 감사의 마음이 나에게 전해졌고, 그런 마음은 나에게 100배의 답례가 되었다. 그녀가 수용소에서 마지막까지 살아남았는지 알 수 없는 게 가슴 아프다.

†

우리 중에 수녀들이 여럿 있었다. 6호 수용소 여성들에게는 큰 복이었다. 나를 가르쳤던 라에티샤 수녀님을 비롯해 암바라와 수녀원에서 오신 수녀님 몇몇은 내가 잘 아는 분들이었다. 수녀님들은 변함없이 하얀 수녀복을 입었다. 그분들이 어떻게 그렇게 깔끔한 복장을 유지할 수 있었는지는 하느님만이 아신다. 수용소 한 곳에 그들은 그들만의 작은 '수녀원'을 꾸렸다. 가까이 가면 여럿이 함께 기도하는 소리가 어렴풋이 들렸다. 나도 함께할 수 있다면 얼마나 좋을까 생각했다.

빨래해서 널고 있는 나

고된 노동도 서로 도우며 언제나 즐겁게 하는 수녀님들은 수용소를 떠받치고 있는 기둥이었다. 그토록 고통스럽고 절망적인 상황에서도 그들은 평화로운 분위기를 만들어 냈다. 어쨌든 그들은 수용소 생활을 한결 수월하게 해내고 있었다. 그들은 가난하게 살겠다고 맹세한 사람들이었고, 수용소로 오기 전에도 가난하게 살던 이들이다. 그들에게는 자기 것이라고 주장할 만한 소유물도 없었다. 남편이나 아이들이 살아 있는지 애타게 걱정할 일도 없다. 대신 그들은 자신이 가진 사랑과 에너지를 다 동원하여 수용소에 있는 여성과 아이들을 도왔다. 그들은 아주 귀한 존재였다. 일본인도 수녀님들은 존중했다. 아마도 수녀복 때문일 것이다.

우리 수용소에는 남성 노인들도 여럿 있었다. 나이가 너무 많아 여성 수용소에 있는 것이 허락된 사람들이었다. 이들 가운데 예수회 사제인 암바라와 성당의 디데리히 신부님도 있었다. 우리는 이 신부님을 존경했고, 그분이 함께 있다는 사실 자체만으로도 우리에게 힘과 안정감을 주었다. 신부님은 다정하고 자상한 분이었고, 늘 따뜻한 눈빛과 표정을 짓고 있었다. 신부님은 언제나 수단만 입었다. 비누가 부족해서 하얀 수단은 언제나 얼룩져 있었고, 특히 목 부분은 심하게 더러워져 있었다.

디데리히 신부님은 성사에 쓰는 빵과 포도주가 없어서 성찬식을 드릴 수 없는 것에 깊이 상심해 있었다. 어느 날 신부님은 담장 너머에서 어느 소년의 목소리를 들었다. 얼굴은 볼 수 없었지만, 그 소년이 이전에 성당에서 시중을 들며 복사(服事) 일을 했던 인도네시아 소년 아탄임을 금방 알았다. "너 아탄이구나?" 신부님이 담벼락에 귀를 대고 속삭였다. "예, 저에요, 아탄." 소년이 대답했다. "신부님을 찾고 있었어요." "아탄, 잘 들어라." 디데리히 신부님이 말을 이었다. "성구 보관실에 성사에 쓸 빵과 포도주가 있단다. 그걸 가져와 수용소로 몰래 들여보내 줄 수 있겠니?" 금방 답변이 돌아왔다. "그럼요. 할 수 있어요." 복사로 일했던 아탄은 그 물품들이 어디 있는지 정확히 알고 있었다.

아탄은 담벼락 아래 작은 구멍으로 약간의 빵과 포도주를 들여보내기로 약속했다. 그 일은 밤에나 가능했다. 경비가 어떤 지점을 돌아가자마자 순식간에 해치워야 하는 일이었다. 그 귀중한 빵과 포도주를 받은 뒤, 디데리히 신부님이 우리에게 성사를 드릴 수 있게 되었다고 말했다. 우리는 비밀리에 조금씩 모임을 만들어 동트기 전에 성사를 드릴 수 있었다. 일본군이 알아채기 전까지.

한동안 우리는 이런 방식으로 주일 미사를 드릴 수 있었다. 정말 멋진 경험이 아닐 수 없다. 미사의 의미와 가치를 그렇게까지 깊이 느낀 적이 없었다. 우리는 목숨을 걸고 기꺼이 성물들을 몰래 넣어 준 용감한 복사 소년을 위해서도 기도했다.

나는 신부님께 수녀가 되고 싶은 소명 의식이 있다고 말씀드렸고, 이후로 그는 나의 영적 조언자가 되었다. 명상법을 가르쳐 주었고, 갖고 있던 종교 서적들 가운데 몇 권을 빌려주기도 했다. 신부님은 내 영혼을 훌륭하게 인도해 주었다. 그를 통해 나는 종교적 삶을 살고 싶다는 지향성을 이전보다 훨씬 더 강하게 갖게 되었다. 고통스러운 수용소 생활이었지만, 그 속에서도 나는 새로운 행복과 영혼의 평안을 경험했다.

†

　누구든 인생에는 잊지 못할 순간들이 있다. 날짜, 시간, 장소, 우리가 했던 일들······. 요즘도 해마다 부활절이 다가오면, 나는 1943년 4월 25일 일요일 부활절이 생생하게 떠오른다. 점호를 하는 동안 디데리히 신부님이 아탄에게 새로 성물을 공급받았다. 그래서 부활절 미사를 집전할 수 있게 되었으며, 해뜨기 전 이른 새벽에 부활절 미사를 드릴 거라는 소식이 퍼졌다.

　우리는 원래 미사를 보던 곳에서 장소를 옮겨, 오래된 막사에 모이기로 했다. 누군가 '푸심반'(fushimban)이 되어야 했다. 누군가 망을 보아야 했다는 말이다. 내가 밖에서 망을 봐야 할 차례가 되었다. 나는 망을 보면서도 문 쪽으로 귀를 기울이며 미사의 진행 과정을 마음으로 따라가고 있었다. "악키피테 엣 만두카테 엑스 호크 옴네스"(Accipite et manducate ex hoc omnes, 너희들 모두 이것을 받아먹으라)" 하는 소리가 들리면, 곧 축성이 있겠구나 하고 알 수 있었다. 나는 문을 살짝 열고, 이 가장 성스러운 순간을 함께할 수 있음에 가슴이 두근두근했다. 나는 "호크 에스트 에님 코르푸스 메움"(Hoc est enim Corpus meum, 이것이 내 몸이니라) 하는 기도 말에 무릎을 꿇고 온전히 기도에 잠겼다.

　누가 말해 주기 전에, 나는 내 뒤에서 누군가 다른 사람이 무릎을 꿇고 앉아 있는 것을 느꼈다. 돌아보니 한 젊은 일본인 경비가 십자가를 긋고 있었다. 한 순간 우리는 서로 눈을 뚫어져라 쳐다보았다. 잠시 후 그는 일어나 조용히 나갔다. 부활절에 우리가 비밀리에 드렸던 미사는 전혀 보고되지 않았다. 일본에는 극소수의 기독교인이 있었는데, 경비가 그중 한 명이었던 것이다.

어느 날 우리는 담벼락 옆에서 계속 이어지는 호통과 비명소리를 들었다. 아탄이 몰래 성물을 반입하려다 들켜서 화가 난 경비들에게 끌려갔다. 우리는 덜컥 겁이 났다. 이 용감한 어린 소년이 어떤 벌을 받게 될 것인가? 얼마 뒤 우리는 아탄이 일본군 헌병에게 맞아서 사망했다는 이야기를 들었다. 교회 역사에는 찬미 받지 못한 성인들과 알려지지 않은 순교자들이 많다. 아탄 역시 그런 인물이다. 내 평생 아탄을 잊지 않을 것이다. 이 용감한 소년 덕분에 우리는 수용소에서 성찬 미사를 드리고 영성체를 받을 수 있었다.

우리는 일요일을 특별한 날로 만들려고 노력했다. 기독교의 여러 교파가 작은 모임들을 가졌다. 우리는 더 이상 미사를 올리지는 못했지만, 디데리히 신부님과 함께 모임은 계속 이어 가며 설교에 귀 기울였고, 성경을 읽고 찬송가를 불렀다. 수용소에서 찬송가는 완전히 다른 의미로 다가왔다. 찬송가의 노랫말을 비로소 그곳에서 좀 더 생생하게 이해할 수 있게 되었다.

디데리히 신부님은 설교의 기술을 아는 분이었다. 명료하면서도 심금을 울리는 목소리를 가진 신부님은 우리의 수용소 생활에 맞추어서 설교를 했다. 마태복음 5장 1-12절, 이른바 팔복 혹은 산상수훈을 설명했다.

심령이 가난한 자는 복이 있나니, 천국이 저희 것임이요.

온유한 자는 복이 있나니, 저희가 땅을 기업으로 받을 것임이요.

슬퍼하는 자는 복이 있나니, 저희가 위로를 받을 것임이요.

의에 주리고 목마른 자는 복이 있나니, 저희가 배부를 것임이요.

마음이 청결한 자는 복이 있나니, 저희가 하나님을 볼 것임이요.

화평케 하는 자는 복이 있나니, 저희가 하나님의 아들이라 일컬음을 받을 것임이요.

의를 위하여 핍박을 받은 자는 복이 있나니, 천국이 저희 것임이라.

나로 인하여 너희를 욕하고 핍박하고 거짓으로 너희를 거슬려 모든 악한 말을 할 때에는 너희에게 복이 있나니.

기뻐하고 즐거워하라 하늘에서 너희가 받을 상이 큼이라.

갑자기 예수님의 아름다운 말들이 현실이 되었다. 이제 나는 '심령이 가난하다'는 말의 의미가 무엇인지를 이해할 수 있었다. 가난하다는 것이 반드시 부정적인 것만은 아니었다. 나는 가난했고, 모든 것을, 모든 세상 물건들을 빼앗겼지만, 그래도 아니 그렇게 가난해졌기 때문에 나는 부자가 되었다. 이는 모든 면에서 신에게 완전히 의존함을 의미한다. 이를 통해 나는 신에게 훨씬 가까이 갔다고 느끼게 되었다. 나는 신의 보살핌 안에 있었다. 나는 신에게서 오는 내면의 힘을 인지하고 있었고, 이를 통해 어떤 역경과 고난도 헤쳐 나갈 수 있게 될 터였다.

암바라와 수용소에서 두 번째 크리스마스를 맞는 날이었다. 우리는 며칠 동안 배급된 식량을 모아 두었다가 크리스마스에 특별한 만찬을 열려고 준비했다. 일본인들이 우리에게 약간 상한 달걀들을 준 적이 있었다. 껍질 밖으로도 상한 냄새가 날 정도로 오래된 달걀이었다. 그렇지만 우리는 당연히 그걸 받았다. 그리고 그것으로 앙트레를 준비할 수 있었다. 우리는 이 첫 번째 요리를 '날개 달린 달걀'(Gevleugelde eieren)이라고 불렀다. 달걀을 삶아 껍질을 벗기자 노른자 속에서 막 돋아나기 시작한 날개가 보였기 때문이다.

일본인 쓰레기통에서 훔친 닭 뼈를 고아 거기에 야채와 아껴 둔 쌀을 넣어 수프를 끓였다. 디저트는 케텔라(ketela), 즉 인도네시아산 뿌리식물 카사바였다. 이것으로 우리는 자그마한 케이크들을 만들었다.

나는 나뭇가지를 모아 놓고, 핀과 셀레스트를 위해 크리스마스트리를 어떻게 만들어 줄까 고심하고 있었다. 그런데 마침 일본인 경비 한 명이 다 피운 담배 갑을 무심히 바닥에 던지는 게 보였다. 나는 그걸 급히 집어서 속을 들여다보았다. 안에 은박지가 있었다.

이런 포장재들은 버릴 데가 없었다. 은박지로는 빛나는 별을 만들었고, 딱딱한 종이로는 장식품들을 만들었다. 이렇게 손수 만든 수용소 크리스마스트리를 둘러싸고 앉아 우리는 캐럴을 몇 곡 불렀다. 그리고 있자니 체피랑 집에서 보내던 정말 좋았던 지난날의 크리스마스가 생각났다. 이마가 해주던 멋진 크리스마스 만찬, 차크가 켰던 크리스마스트리 위의 촛불, 그리고 당연히 크리스마스 예수님 구유. 아버지가 진짜 돌을 가지고 마구간과 구유를 만들었다. "내년에는 다시 집에서 크리스마스를 보낼 수 있을 거야." 나는 이렇게 말하며 식구들을 도닥였다.

늦은 밤 어머니와 나는 밖으로 나가 앉았다. 너무 약해진 몸이 한눈에 들어왔다. 한때 우아한 갈색이던 머리칼이 회색으로 변해 있

닭 뼈를 고아 야채를 넣고 수프를 끓였다.

었다.

아름답고 고요한 밤, 까만 밤하늘에 별이 빛나고 있었다. 어머니가 눈물을 흘렸다. 어머니는 그 모습을 들키지 않으려 했다. "야, 저기를 봐라." 어머니가 멀리 빛나는 곳을 손으로 가리켰다. "저기 우리 별 금성이 있네." 어머니와 아버지는 하늘에서 금성을 볼 수 있을 때마다 서로를 생각하기로 약속했다고 한다. 그날 밤 두 분은 서로를 생각하고 있었을 것이다. 어디 있든 아버지도 두 분만의 별 금성을 보았을 것이다. 나는 어머니를 껴안았다. 그 순간 나는 어머니와 아주 가까워졌다고 느꼈고, 어머니가 너무도 좋았다.

갑자기 모든 것이 비현실적으로 보였다. 우리 삶에 무슨 일이 벌어졌던 거야? 사랑하는 이들과 멀리 떨어져서, 바깥세상과 격리되어서, 세상에 우리가 지금 뭘 하고 있는 거야? 앞날이 보이지 않았다. 이 생활에 끝이 없을 것처럼 보였다. 우리가 일해 왔던 모든 것들은 어떻게 되었는지, 한때 소중하게 여기던 그 모든 것들은 어떻게 된 건지?

나는 철없던 어린 시절을 기억했다. 마치 꿈과 같았다. 망고나무를 올라가고, 벤얀나무의 기근(氣根, aerial root)을 흔들고, 따뜻한 비가 내리는 속에서 놀이를 하고, 지붕에서 내려오는 빗물을 받는 배수관인 판튜란(pantjoeran) 아래 서서 물을 맞던 일들이 기억났다. 우리 집 타일 마룻바닥을 맨발로 다니면 발이 아주 시원하던 기억도 났다. 목욕탕, 카마르만디(kamar mandi)에 물을 받아 재스민 꽃을 띄어 놓고 들어가 움푹한 놀이도구인 가종(gajong)을 갖고 첨벙거리며 놀기도 했다. 모기장 안에서 편안하게 잠이 들기도 했다. 한낮의 시에스타는 누구한테도 방해받지 않는 평화로운 시간이었다. 베란다에 놓여 있던 수숫대로 만든 안락의자에서 시원한 음료수를 긴 은수저로 저어 마시기도 했고, 마당에서 가져온 라임을 먹으며 휴식을 취하기도 했다. 모두들 조용조용 말했고 서두르는 법이 없었다. 정원사가 마당을 청소할 때면 빗자루 사푸리디(sapoe-lidi) 소리가 들릴 정도였다.

막사 안에서 어떤 여성이 나와 멀리 있는 화장실로 향하는 모습을 보며, 나는 갑자기 현실로 돌아왔다.

"조심하세요. 지금 팀이 오줌이 가득 담긴 요강을 옮기는 중이니까." 이렇게 말하면서, 그녀는 웃으며 우리 옆을 지나갔다.

요강은 귀중품이었다. 특히 노인이나 어린아이가 있는 어머니들에게는 필수품이었다. 요강 없이 수용소에 들어온 이들은 임시변통으로라도 만드는 법을 배웠다. 낡은 소스 팬이나 다 쓴 블루밴드 마가린 통이 주로 많이 이용되었다. 이른 아침이면 이 사람 저 사람 요강을 들고 멀리 있는 화장실까지 가면서 한 방울도 떨어뜨리지 않으려고 애쓰는 모습을 볼 수 있었다.

†

시간이 흐르면서 인내심도 바닥을 보이기 시작했다. 긴장 상태와 끝없는 배고픔이 계속되었다. 바깥세상 소식은 전혀 들을 수가 없었다. 이 상황이 과연 끝나기는 할 것인가?

아이들 사이에서 홍역이 돌았고 여러 명이 사망했다. 작은 관들이 수용소를 나가는 모습을 볼 때면 더없이 침울했다. 어머니들은 큰 문까지만 갈 수 있었다. 아이들이 어디에 묻히는지 알 수도 없었다. 수용소 소장은 감정이라고는 없는 인간 같았다.

대다수의 일본인과 마찬가지로 소장도 키가 작았다. 몸은 말랐고, 입매는 모질고, 눈매는 사나웠다. 화를 자주 내서 경비들도 그를 두려워했다. 일이 뜻대로 안 풀리면, 인도네시아인 경비인 헤이호(Heiho)에게 벌을 주었고, 수용소 여성과 아이들에게 화풀이를 하기도 했다. 기다란 지휘봉을 들고 다녔는데, 이를 통해 그는 우월감을 느꼈고, 아이들을 공포에 질리게 하기도 했다. 그는 사람들에게 굴욕감을 주면서 쾌락을 느꼈다.

어느 날 아침 점호 때 나는 깊숙이 허리를 숙여 인사하지 않았다는 이유로 벌을 받았다. 나는 늘 일본인에게 완벽하게 인사를 하고 있다고 생각했기 때문에 깜짝 놀랐다. 나는 줄 앞으로 나와서 소장을 따라 그의 집무실로 가야 했다. 그는 가정용 가위를 주면서 자기 집무실 앞 잔디밭을 다듬으라고 했다. 곧 손이 벌겋게 부풀어 올라 피가 났고, 허리는 끊어질 듯 아팠다. 이런 식으로 일본인은 모욕을 주었다.

식량 배급은 갈수록 줄어들었다. 식량 사정이 나아지지 않아 곧 굶어 죽을지도 모른다는 생각이 들었다. 식량을 배급받기 위해 줄을 서면, 모든 이에게 배급이 끝날 때까지 자리를 뜨지 않았다. 멀건 국물에 채소 건더기는 솥 바닥에 가라앉아 있었기 때문이다. 음식이 들어있는 그릇을 잘 들고 뒤로 가서, 핀과 셀레스트와 나는 우리

그릇에 담긴 채소 일부를 어머니 그릇에 숟가락으로 덜어 주었다.

어머니는 몹시 약해져 있었고, 순번에 따라 돌아오는 일을 더 이상 할 수 없는 상태였다. 그래도 어머니는 아무 내색을 하지 않고 우리에게 기운을 북돋아 주려고 애썼다. 일본인이 신체는 죽일 수는 있을지 몰라도, 우리의 정신, 하물며 영혼까지는 결코 죽이지 못했다. 우리는 유머 감각을 잃은 적이 없었고 희망을 포기한 적이 없다. 수용소에서 살아남아야 한다는 결의를 굳건히 다지며 지냈다. 여성들은 모두 전쟁이 끝나는 날에 입을 가장 좋은 옷을 저마다 간직하고 있었다. 그 옷은 절대 꺼내 입지 않고 고이 모셔 두었다. 남편을 다시 만나는 날을 위해서였다.

1944년 1월 18일, 나는 스물한 살 생일을 맞았다. 암바라와 수용소에서 2년 정도를 보낸 시점이었다. 어머니, 펀, 셀레스트는 이 날을 축하해 주기 위해 최선을 다했다. 어머니는 간직하고 있던 금팔찌를 생일 선물로 주었다. "전쟁이 끝나면 이걸 차고 다니렴." 어머니가 희망을 가득 담아 말했다. 이 팔찌는 꼭꼭 숨겨 두었고, 나는 지금도 이 팔찌를 간직하고 있다.

†

1944년 2월 26일, 무더운 날이었다. 수용소에서 지내는 여느 날과 마찬가지로 지루한 하루가 되겠지 싶은 날이었다. 이 날이 내 인생을 영원히 바꾸어 놓을 것이라고는 꿈에도 못했다. 점호 때 늘 벌어지던 소란이 일었다. 누군가 죽어 나갔고, 경비의 고함소리, 굶주린 아이들의 울음소리, 절망적 상황에 놓인 어머니들의 분노와 다투는 소리가 들렸다. 그리고 중노동과 수용소 생활에서 해야 하는 갖가지 의무들이 이어지던 날이었다.

나는 이런 날이 올 거라고는 생각도 하지 못했다. 엉망이던 위생 상태는 갈수록 악화되어 큰 문제가 되었다. 그날 아침 내가 '똥부대'(strontploeg)를 이끌고 넘쳐나는 오물 구덩이를 비울 차례였다. 양동이를 갖고 오물 구덩이를 비워야 했다. 그런 다음 악취가 진동하는 양동이를 들고 근처의 냇가로 가서 양동이를 씻어야 했다. 이 일은 젊은 여자들끼리만 했다. 나는 가장 낡은 옷을 꺼내 입고 큰 손수건으로 코와 입을 가렸다. 도저히 참을 수 없는 역한 냄새 때문이었다. 경비들이 멀리서 히죽거리며 지켜보고 있었다. 분명 즐기는 모습이었다. 가장 더럽고 하기 싫은 일을 한 시간 동안 한 뒤, 나는 병영으로 돌아왔다. 허리가 몹시 아팠다.

내 온 몸에서, 특히 손에서 악취가 났다. 비누가 조금만 있었다면. 얼마 전 마지막 남은 비누 조각을 초 두어 개와 성냥, 약간의 빵과 바꾸었기 때문에, 나는 손을 모래로 문지르고 나뭇잎을 구겨서 씻어 내야 했다. 냄새를 없애려면 오랜 시간이 걸렸다. 마지막으로 수도꼭지 아래서 손, 팔, 다리, 얼굴을 씻고, 그냥 햇볕 아래 젖은 몸을 말렸다.

그런데 경비 중 한 명이 나를 따라왔다. 그러더니 갑자기 내 앞에서 바지춤을 내리더니 오줌을 누었다. 일본 경비들이 자주 하는 가장 혐오스러운 짓거리 중 하나였다. 우리 앞에다 침을 뱉는 것 역시

양동이를 들고 가 구덩이를 파고 똥을 비우는 작업

모욕을 주기 위해 자주 하는 짓이었다.

막사로 돌아오는 것을 보고 셀레스트가 내 앞으로 뛰어왔다. 많이 말랐고 키가 제대로 자라지 못한 셀레스트의 모습이 새삼 내 눈에 들어왔다. 가장 아끼는 인형이 또 찢어졌다고 셀레스트가 말했다. "팔만 좀 다시 붙여 줘." 흐느끼며 인형을 내 손에 쥐어 주었다.

"금방 해줄게. 그 전에 옷 먼저 갈아입고." 내가 대답했다.

옷을 갈아입으니 좀 기분이 나아졌다. 나는 마루에 있는 침낭 위에 누웠다. 너무 피곤했다. 핀과 셀레스트가 나를 위해 아침밥을 보관해 두고 있었다. 매일 나오는 묽은 죽 칸지(kandji)였다. 하지만 당시로서는 도저히 먹을 수 없어, 나중에 먹으려고 보관해 두었다.

갑자기 밖에서 큰 소란이 벌어졌다. 일본군 트럭이 들어오고 경비들이 흥분해서 고함을 지르는 소리가 들렸다. 계급 높은 장교가 시찰하거나 새로운 지침을 하달하기 위해 왔을 거라 짐작할 수 있었다.

며칠 전 일본군 몇 명이 와서 17~28세 여성들의 이름과 나이, 결혼 여부, 국적 따위를 조사해 간 일이 있었다. 경종을 울리는 것 같았고, 어머니와 어린 소녀들이 크게 걱정했다. 그날 밤 나와 어머니는 그런 이상한 조사를 한 목적이 무엇일지 걱정이 되어 잠을 이루지 못했다.

우리는 곧 점호를 위해 모이라고 하겠고, 일본군 경비들이 늘 했던 것처럼 우리의 알량한 소지품들을 뒤지겠구나 하고 생각했다. 그러나 이번에 내려온 명령은 달랐다.

17세 이상의 미혼 여성들은 즉시 막사 밖으로 나와 줄을 서라고 했다. 뭔가 이상하다는 생각이 들었다. 여성들, 특히 어머니들이 큰 소리로 울부짖었다. 겁이 난 소녀들은 자기 어머니 쪽으로 뛰어갔다. 공포 분위기가 수용소를 휘감았다.

우리 수용소의 리더 격인 질데라 부인은 강하고 유능한 여성이었다. 그녀는 화가 나서 수용소 소장실로 달려갔다. 다른 여성들도 그 뒤를 바짝 뒤쫓았다. 여성들은 이런 명령에 거세게 항의했고, 젊은 여성들만 줄을 세우는 까닭이 무엇이냐고 따졌다. 질데라 부인은 거칠게 밀쳐졌고, 명령이 반복해서 내려졌다. 이전보다 더 심각한 비상 상황으로 접어들었다.

어머니도 놀라고 당황했다. "너구나, 얀." 어머니는 목소리가 떨렸고, 눈은 겁에 질려 있었다. 나는 갖고 있던 작은 거울을 보았다. 맘이 편치 않았다. 나는 될 수 있으면 흉하게 보이고 싶었다. 얼굴 쪽으로 머리카락을 흐트러뜨려 내리고, 가장 허름한 옷으로 재빨리 갈아입었다.

몇몇 소녀들이 숨으려고 했지만 여의치 않았다. 한 소녀가 화장실에 숨던 광경이 기억난다. 우리는 곧바로 줄을 서지 않고 우왕좌왕했고, 일본인의 고함 소리는 더 커지고 있었다.

수용소 소장이 앞으로 나왔고, 그 뒤로 높은 직위의 일본군 장교가 다가섰다. 우리는 그들이 고위직임을 금방 알아챘다. 허리에 찬 가죽 칼집 속에서 사무라이 칼이 흔들리고 있었다.

나는 본능적으로 명령에 복종하지 않으면 안 된다는 것을 알았다. 그렇지 않으면 수용소 사람 전원이 어떤 벌을 받을지 몰랐다. 우리 젊은 여성들은 공포에 휩싸인 채 앞으로 걸어 나갔다. 우리를 격정하는 어머니들이 바로 뒤에 서 있었다.

우리는 길게 줄을 섰다. 일본군 장교 여러 명이 우리 앞으로 다가왔다. 나는 두려움에 몸을 떨었다.

뒤를 돌아보았더니 어머니, 핀, 셀레스트가 서 있었다. 나를 곧 잃게 될 것을 이미 알고 있는 것처럼 그들은 울고 있었다. 그들과 헤어진다고 생각하니 눈물이 계속 뺨을 타고 흘러내렸다. 결국 우리는 그렇게 헤어지게 된다.

나는 이런 일본 남성들 표정이 싫었다. 무언가 달랐다. 그들은 아래위로 훑어보았고, 우리에게 손가락질을 하며 자기들끼리 키득거렸다. 온몸에 전율이 일었다. 겁에 질려 서 있으면서도 고개를 숙였다. 도무지 얼굴을 들고 쳐다보고 있을 수가 없었다.

일본군 장교들이 줄 서 있는 우리들 앞을 천천히 여러 번 왔다 갔다 했다. 마치 상품을 고르는 것처럼 젊은 여성들을 하나하나 유심히 살펴보았다. 그들 중 한 명이 막대기로 내 턱을 들어 올려 내 얼굴을 보았다. 그들은 웃으며 서로 이야기하며 내 다리와 얼굴, 몸을 훑어보았다. 아주 거만한 태도로 비웃으며 손가락질하고, 킥킥거리더니 우리 앞을 왔다 갔다 했다. 그동안 우리 젊은 여성들은 너무 무서워서 서로 눈길을 나눌 엄두도 못 내고 있었다. 그들은 자기들 쪽으로 얼굴을 들라고 하며 윽박질렀다. 그들은 다시 우리들 앞을 왔다 갔다 했다.

걱정이 되었다. 내가 징발되면 누가 우리 어머니를 돌봐 줄 것인가? 어머니는 너무 쇠약해져 있었다. 만일 돌아가시기라도 한다면, 핀과 셀레스트는 또 누가 돌볼 것인가? 어머니가 없을 경우 아이들은 수용소로 보내질 것인가? 거기 서 있는 동안 이런 온갖 생각이 머릿속을 지나갔다.

"신이시여." 나는 기도했다. "제발 나를 데려가지 않도록 해주세요. 제발, 제발. 그들이 나를 선택하지 않게 해주세요." 자동으로 주머니에 있는 묵주로 손이 갔다. 나는 마지막 희망으로 구슬을 만지작거렸다. "성모 마리아님, 저를 도와주세요. 제발."

일본 군인들 사이에서 숙의가 이루어진 뒤, 절반쯤 되는 소녀들에겐 해산하라고 했다. 그들은 안전한 어머니의 품속으로 달려갔다. 나는 길게 줄 서 있던 다른 소녀들과 함께 계속 남았다. 내 모습이 흉하고 보기 싫기를 얼마나 기원했던가. 일본군들은 우리들 몸을 보고 건드리고 가리키고 웃는 행위들을 다시 계속했다.

내 온 몸은 두려움에 타들어 갈 지경이었다. 이렇게 무서운 적은 처음이었다. 사지가 마비될 것 같았다. 다시 몇몇 소녀가 되돌아갔다. 이제 장교들이 내 정면에 섰다. 그러고는 다시 나를 아래위로 훑어보았다. 온 정성을 다해 기도했건만 신은 들어주지 않았다. 그것만이 아니었다.

남은 소녀들은 자연스레 서로의 손을 잡았다. 몸은 마비될 정도로 굳었고 심장은 쿵쾅거렸다. 으레 있던 시찰이나 작업할 사람들을 선별하는 것이 아님은 분명했다. 우리는 미동도 않고 그곳에 서 있었다. 마치 몇 시간처럼 느껴졌다. 서로서로 눈을 마주칠 엄두도 내지 못했다. 우리는 저마다 공포 속에 갇혀 있었다. 조금 뒤 선발 과정이 다시 새로 시작되었다. 마지막 과정이었다. 지휘관처럼 보이는 전형적인 일본 군인이 우리에게 고함을 쳤다. 그는 소녀 열 명을 가리키더니 앞으로 나오라고 했다. 나머지 다른 소녀들은 애타게 기다리고 있던 어머니들에게 돌아갈 수 있었다. 나는 바로 열 명 가운데 한 명이었다.

한 명이 줄에서 뛰쳐나가 도망치려고 했지만 곧 잡혀서 험하게 끌려왔다. 어머니들은 비명을 질렀고, 울부짖으며 군인들로부터 우리를 떼어내려 했다. 용감하게 맞서며 거칠게 저항하다가 폭행을 당했다. 여성들은 무력했다. 그들이 어떻게 일본 군인을 당해 낼 수 있었겠는가?

나는 가장 친한 친구 리스가 내 옆에 서 있다는 걸 알았다. 그녀를 보니 한편으로 반가웠고 우리는 서로를 껴안았다. 절박한 심정으로 꼭 안았다. 힘을 내고 희망을 갖기 위해서였다.

수용소에는 통역사가 있었는데, 이 예쁘장한 금발머리 네덜란드 여성은 일본어가 유창했다. 그녀는 일본인 사업가와 약혼했다. 통역사를 통해 우리에게 약간의 소지품을 챙겨서 곧 수용소 본부 앞으로 나오라는 명령이 떨어졌다. 그곳에 우리를 데려갈 트럭이 대기하고 있었다.

더 자세한 상황이나 우리를 어디로 데려갈 것인지는 말해 주지 않았다. 소녀들과 어머니들, 정말이지 수용소 전체가 온 힘을 다해 저항했다. 소리 지르고 울고불고 항의하며 아수라장이 되었다. 질데라 부인과 라에티샤 수녀가 이끄는 수녀님들 한 무리가 본부로 몰려가서 항의도 했고, 소녀들을 끌고 가지 말아 달라고 일본인들에게 탄원도 했다. 하지만 다 소용없었다. 우리는 도살장으로 끌려가는 양떼와도 같았다.

경비들이 다그치며 우리가 소지품을 챙기는 모습을 지켜보았다. 어머니는 애타는 마음을 부여잡으며 적당한 가방 하나를 찾았다. 나는 성경, 기도 책, 십자가, 묵주를 던져 넣었다. 그때는 그 물건들이 가장 귀해 보였다. 마치 무기처럼, 나를 지켜 주고 강하게 만들어 줄 것 같았다. 손이 떨렸다. 2년 동안 어머니, 핀, 셀레스트와 함께 지내며 집으로 사용한 비좁은 공간을 둘러보았다. 이제는 그곳도 천국처럼 보였다. 어머니는 담대해지려고 노력했지만, 두 동생은 울음을 터뜨리며 거의 발작을 일으킬 것 같은 상태였다. 나는 팔을 뻗어 동생들을 껴안았다. 그들의 눈물이 내 뺨으로 흘렀다. 나는 동생들을 너무나 사랑했다.

"곧 돌아올 거야." 될 수 있으면 가족들을 안심시켜 주려고 했다. "꼭 돌아오겠다고 약속해."

어머니와 나는 할 말을 찾지 못했다. 우리는 서로의 눈을 바라보았고 서로를 감싸 안았다. 그 순간 그곳에서 우리 둘은 서로의 품안에서 죽었다. 정말 죽은 것 같은 느낌이었다. 다시 볼 수나 있을까? 나를 어디로 끌고 가는 걸까? 앞으로 어떤 일이 벌어질까? 어머니 얼굴에도 두려움이 가득했다.

성모 마리아도 아들 예수가 갈보리 십자가에서 죽으러 가기 전 마지막 만남에서 비슷한 두려움을 느꼈을 것이라는 생각을 했다. 슬픔의 칼이 성모 마리아의 가슴을 후벼 팠을 것이다! 내가 떠나게 되었을 때 어머니가 느낀 슬픔과 고통이 바로 그런 것이었으리라. 어머니를 남겨 두고 떠나며 나도 말할 수 없는 연민을 느꼈다.

경비들이 한참 고함을 지른 뒤에야 소녀 열 명이 모일 수 있었다.

한 사람 한 사람 눈물을 흘리며 왔다. 우리는 잔뜩 위축된 불쌍한 소수가 되었고, 우리 뒤로 어머니와 자매 형제들이 따라왔다. 그리고 곧 수용소의 모든 여성과 아이들이 한 자리에 모여서 어쩔 줄 몰라 하고 있었다. 양 옆에 경비들이 서서 우리를 사무실과 위병소가 있는 정문으로 데려갔다. 트럭 한 대가 우리를 기다리고 있었다.

어리둥절한 채로 걸었다. 사람들이 우리에게, 잘 모르지만 겁에 질려 있는 우리에게 작은 선물을 전해 주려고 했다. 누군가가 나에게 손수건을 건네주었다. 또 다른 여성이 약간의 키니네 알약을 주었다. 친구들이 나를 안아주었다. 디데리히 신부님이 나를 향해 뛰어 왔다.

"얀, 여기 이걸 가져가거라." 작고 검은 책이었다. 토마스 아 켐피스의 《예수를 본받아서》(The Imitation of Christ)였다. 지금도 이 책을 갖고 있다. 나한테 남아 있는 가장 소중한 물건 가운데 하나다.

신부님은 무척 슬픈 표정으로 나를 바라보았다. 나에게 무슨 일이 일어날지 마치 알고 있다는 듯이. 나에게 작은 책을 전해 주며 내 손을 꼭 잡고 축도를 해주었다. 그런 뒤로 나는 그 분을 다시 뵙지 못했다. 이보다 몇 달 전 신부님은 나에게 1년 동안 임시로 서원(誓願)의 길을 갈 수 있도록 허락했었다. '종교인'이 되는 첫걸음이다. 나는 신부님께 수녀가 되고 싶다고 말했고, 신부님은 조용히 내 영혼을 인도했고, 묵상하는 법과 세상사로부터 스스로 거리 두는 법을 가르쳐 주었다. 신부님은 그리스도의 여인이 될 수 있도록 준비시켜 주었고, 나는 영혼이 충만하는 큰 기쁨을 경험했다.

그때까지 우리 소녀들은 모두 울고 있었다. 나는 어머니와 핀, 셀레스트를 찾아보려고 애썼다. 그들에게 하고 싶은 말이 많았다. 모든 것이 너무나 빠르게 진행되고 있었다. 일본군 고위 장교가 소리를 지르며 명령했다. 우리를 제압하기 위해 더 크게 고함 치고 더 세게 밀치며 폭행을 일삼더니, 강제로 트럭에 태웠다.

 암바라와에 있는 다른 수용소에서 소녀 여섯 명이 이 불쌍한 무리로 더 들어왔다. 모두 16명의 소녀가 암바라와 수용소에서 억지로 끌려 나왔다. 우리는 겁에 질린 짐승들처럼 서로 꼭 붙어 있었다. 짐 꾸러미를 방패처럼 부여잡고서. 어디로 데려가는지 우리에게 뭘 기대하는지 알 수 없었다. 수용소 정문은 여전히 열려 있었다. 어른 아이 할 것 없이 눈물을 흘리면서 손을 흔드는 장면을 볼 수 있었다. 내 눈은 어머니와 동생들을 찾느라 바빴다. 군중 속에 갑자기 그들이 보이더니 순식간에 정문이 닫혔다. 나는 달리는 트럭 안에서 한없이 울었다.

KAMP- AMBARAWA
30 DEC 1942/2602

3

칠해정
七海亭

막 열아홉 살이 되던 엘스.
위안소 '칠해정'(七海亭)에서 나는 다른 소녀들의 얼굴을 연필로 스케치했다.
언제나 그들을 기억하고 싶어서였다.

우리가 탄 트럭이 암바라와에서 중부 자바의 수도인 스마랑으로 가는 대로를 달리고 있었다. 지난날 가족들과 많이 다녔던 길이다. 주말이나 휴가철에 할아버지까지 우리 가족 모두가 차안에서 즐겁게 노래를 부르며 다니던 길이다. 1942년에 수용소로 들어간 뒤 바깥세상으로 처음 나온 참이었다. 길가의 농촌 풍경이 어딘가 달라 보였다. 늘 웃던 자바인들 얼굴에서 웃음기가 사라져 있었다. 가난하고 굶주린 것처럼 보였고 어딘지 모르게 위축되어 있는 것 같았다. 네덜란드인들이 모두 수용소에 억류되면서 수많은 인도네시아인이 일자리를 잃었다. 자바에는 그들이 일할 만한 거리가 거의 없었다. 입고 있는 옷도 헤어져 남루해 보였다.

바깥세상을 만나 집들과 나무, 거리 풍경을 다시 바라보면서 낯선 느낌이었다. 늘 보던 풍경이었지만 내가 기억하는 그 모습이 아니었다. 헐벗은 아이들이 우리를 실은 트럭이 지나가는 것을 보며 손을 흔들었다.

스마랑 시에 가까워지면서, 우리는 스마랑 비탈길에 있는 찬디

(Tjandi) 구릉지대를 지나갔다. 이곳은 지대가 높아 좀 더 시원했기 때문에, 인도네시아에서는 가장 살기 좋은 지역으로 꼽힌다. 나는 이 지역을 잘 알고 있었다. 학교 친구들 여럿이 이곳에 살았고, 간혹 그 친구들 집에서 주말을 보내기도 했기 때문이다. 이제는 그곳의 집들과 마당들이 어둡고 황폐해 보였다. 길을 따라 나란히 서 있던 나무들이 죄다 베어져 있었다. 집 창문은 굳게 닫혀 있었다. 일부 집에는 인도네시아인 가족들이 살았고, 일본군이 차지한 집들도 있었다. 길을 지나가며 과거 기억들이 한꺼번에 떠올랐다.

트럭이 속도를 늦추었고, 네덜란드 식민지 시대 건축 양식으로 지어진 커다란 집 앞에 멈추었다. 트럭 뒤쪽이 열리고 소녀 일곱 명을 세더니 이들에게 내리라고 했다. 리스, 게르다, 미프, 엘스, 애니, 베티, 그리고 나였다. 여기 나열하는 이름은 리스를 빼면 모두 내가 지은 가명이다. 지금도 자신의 이름이 알려지는 것을 원하지 않기 때문이다.

나머지 소녀들을 태운 트럭이 움직이자 다시 작별 인사를 하느라 눈물바다가 되었다. 그들이 떠나자 곧 저택 문이 굳게 닫혔다. 둘러보니 높은 담벼락과 철조망이 집과 마당을 완전히 둘러싸여 있었다. 우리는 집 안쪽으로 내몰렸다. 고개를 푹 숙이고 보따리를 꼭 쥐고 움직였다. 집 안에서 일본 남성의 날카로운 목소리가 들려왔다.

우리가 끌려온 저택이 어떤 종류의 집인지를 우리는 곧 알 수 있었다. 책임자로 보이는 일본군 장교에게 끌려 들어가면서 우리는 함께 꼭 붙어 있었다. 그는 천박해 보였고 얼굴에 냉소가 흘렀다. 그를 믿을 수 없었던 우리 마음은 의심으로 가득했다. 그는 소녀 한 명씩을 따로따로 각 방에 밀어 넣었다.

방을 둘러본 뒤, 나는 이 곳이 위험하고 피해야 하는 곳임을 즉각 알아차렸다. 모기장 클람부(klamboe)가 드리워진 더블 침대가 놓여 있었다. 상판이 대리석으로 된 탁자가 있었고, 거울과 세면기, 그리고 같은 종류의 물병이 있었다. 수건걸이와 옷장, 작은 탁자와 의자 두 개도 배치되어 있었다.

보따리를 풀어 소지품을 정리하고 얼마 안 되는 옷을 옷장에 걸었다. 옷장에서는 좀약 냄새가 났고, 선반 바닥에는 갈색 종이 시트가 남아 있었다. 창문을 통해 큰 마당이 보였고 나무 몇 그루와 담장 쪽으로 닭장이 보였다.

네덜란드인이 수용소로 끌려가자, 인도네시아인이나 일본인이 네덜란드인 집들에서 노략질을 하고 또 그 집들을 부정하게 취득하기도 했다. 하지만 일부는 계속 보존했는데, 일본인에게 필요했기 때문이었다. 우리가 도착한 이 특별한 집도 그런 경우였다. 집은 우리에게 저마다 침실을 배정할 수 있을 정도로 규모가 컸다. 자바에 있던 대부분의 네덜란드인 집과 마찬가지로, 이 집 역시 아주 긴 L자형 뒷마당이 있었다. 여기에 부엌과 음식 저장고, 하인들의 방과 욕실, 화장실, 빈 방 등이 있었다.

일본인들은 이 저택을 '칠해정'(七海亭)이라고 불렀다. 집에는 원래 네덜란드 가족이 쓰던 가구들이 그대로 놓여 있었다. 델프트 블루(Delft Blue) 장식품들과 에담 치즈 시장 그림이 있는 네덜란드 달력, 심지어는 즐겁고 행복한 가족사진들이 담긴 앨범도 있었다. 이런 모습을 보니 갑자기 울컥했다. 체피랑에 있는 우리 집은 지금 누야 차지하고 있을지 궁금해졌다. 누가 내 물건을 만지고, 우리 사진들을 쳐다보고, 내 머리빗을 사용하고, 우리 접시로 음식을 먹고 있을까?

그날 우리에게 훌륭한 나시고렝(nasi goreng, 인도네시아 볶음밥)이 나왔다. 수용소에 억류된 이래 처음으로 보는 음식다운 음식이었다. 하지만 우리는 식욕이 하나도 없었다. 너무 겁에 질려 있어 음식이 목으로 넘어가지 않았다. 인도네시아인 바부(하녀)와 종고스(하인)가 음식을 가져왔고, 우리에게 더듬거리며 자신을 소개했다. 그들의 이름은 사티나와 하산이었다. 두 사람이 우리를 위해 요리와 청소, 빨래에 이르기까지 온갖 집안일을 해주었다. 그들이 우리의 유일한 친구가 될 것임을 알았다. 나를 바라보는 두 사람의 표정에는 이해하는 마음, 미안해하는 것 같은 마음이 표현되어 있었다. 그렇다. 그들 역시 우리 모두가 두려워하는 것이 무엇인지 알고 있었던 것이다.

첫날 우리는 거의 우리끼리 남겨졌다. 우리는 한데 모여서 앞으로 무슨 일이 벌어질지에 관해서만 이야기했다. 어쩌면 식당이나 공장으로 보내서 일을 시키지는 않을까? 여전히 실낱 같은 희망을 놓지 않고 있었다.

우리는 서로를 알고 싶었다. 리스, 게르다, 엘스는 내가 이미 알고 있었다. 암바라와 수용소에서부터 친구였다.

금발의 리스는 나보다 한 살 어렸으며 엄격한 가톨릭 집안에서 자랐다. 나는 리스의 어머니를 특히 가슴 아프게 생각했다. 리스의 아버지는 1942년 일본이 침략하는 과정에서 사망했고, 남동생 둘은 여성 수용소에서 있다가 열 살이 되면서 1943년 2월 4일 다른 곳으로 징발되었다. 그런 상황에서 리스 어머니는 딸 리스마저 떠나보내게 된 것이다.

아주 순한 열여덟 살 게르다는 조금 통통했고, 풍성한 갈색 머리였다. 게르다는 어머니를 많이 걱정했다. 게르다 어머니는 수용소에서 오로지 딸에게 기대어 생활하고 있었다.

엘스는 열아홉 살이었다. 하얀 피부에 금발머리, 그리고 서글서글한 인상을 가진 딱 네덜란드 소녀 같은 모습이었다.

미프, 베티, 애니는 앰바라와의 다른 수용소에서 왔다. 미프는 스물두 살로 우리 가운데 가장 나이가 많았다. 아주 조용하고 혼자 있는 편이었다.

베티는 바느질에 재주가 있어서 나중에 옷을 만드는 디자이너가 될 거라고 말하곤 했다. 엘스와 마찬가지로 열아홉 살이었다.

애니는 네덜란드인 아버지와 인도네시아인 어머니한테서 태어났다. 아주 예뻤고 열일곱 살이었지만 그보다 훨씬 더 어려 보였다.

거의 즉각적으로 우리 모두는 서로에게 소울메이트가 되었다. 이제부터는 서로 도와야 한다는 것을 깨달았던 것이다.

이 이상하고 낯설고 무서운 곳에서 첫날밤 우리는 일찍 잠자리에 들었다. 그날 너무도 많은 일들이 일어났다. 누워서도 너무 많은 생각으로 마음이 괴로웠다. 잠을 이루지 못했다. 나는 일어나 리스의 방문을 두드렸다. "잠을 못자겠어." 리스가 말했다. 다른 소녀들도 마찬가지로 잠을 못자고 있었다. 우리는 결국 내 방에 있는 더블침대 위에 모여 앉았다. 두려움에 모여 들었지만, 너무 공포에 질린 상태라 말을 꺼내기도 힘들었다. 그저 함께할 누군가가 필요했던 것이다. 함께 있으면 안전할 것 같다는 절박한 심정이었다. 나는 함께 기도하자고 제안했다. 가방에서 기도서를 꺼내서, 아무 페이지나 펼쳤다. 시편 31장, '신에 대한 믿음의 기도'가 나왔다. 시련의 시기에 믿음을 노래한 시다. 떨리는 목소리로 내가 읽어 내려갔다.

> 당신께 갑니다, 주님. 보호해 주소서.
> 제가 좌절하지 않도록 해주소서.
> 당신은 정의의 하느님이십니다. 저를 구하소서, 기도합니다!
> 제 기도를 들어 주소서, 지금 저를 구하소서!
> 저의 안식처가 되어 주시고, 저를 보호하소서.
> 나의 방패시여, 저를 구하소서.
> 당신은 나의 반석이요, 저의 요새입니다.
> 당신이 약속하신 대로 저를 이끌고 인도하소서.
> 나를 잡으려고 놓은 덫을 피하여 내가 안전할 수 있게 해주소서.
> 당신은 저의 안식처입니다.
> 당신의 보살핌에 나를 맡깁니다.
> 당신은 저를 구원하실 겁니다, 주님.
> 당신은 약속을 지키는 하느님이십니다.
> 저를 불쌍히 여기소서, 주님.
> 제가 힘든 상황에 있나이다.
> 너무 울어 눈이 아플 지경입니다.
> 지칠 대로 지쳤습니다.

그러나 당신을 믿습니다. 주님.

당신은 저의 하느님이십니다.

제 나날은 당신 손안에 있습니다. 저를 구하소서.

나의 적들과 학대하는 자들로부터 저를 구하소서.

저를 자애롭게 보아 주소서.

당신의 끝없는 사랑으로 저를 구하소서!

나는 시편을 천천히 읽었다. 울음이 치받아 올라 목이 메었다. 다윗의 시편에 나오는 이 말들이 가슴에 와 닿았고, 얼마간 위로가 되었다. 이윽고 우리는 모두 다 아는 주기도문을 함께 읊었다. 그러다 결국에는 서로의 팔에 기대어 함께 잠이 들었다.

이튿날 아침 나는 가정 먼저 일어나 조심스럽게 침대에서 빠져나왔다. 다른 이들을 깨우고 싶지 않았다. 마당에서 아침 기도를 하려고 했다. 새벽 공기가 좋았다. 풀밭에 이슬이 맺혀 있었다. 새들이 날아왔고 닭장에서는 수탉이 울기 시작했다. 잠시 동안이나마 정상적인 세계로 다시 돌아온 것 같았다. 이 집에서 도망칠 수만 있다면. 만약……. 성경 이사야의 한 구절이 생각났다. "두려워 마라, 내가 너와 함께함이니라." 나는 큰 믿음을 갖고 기도했다. 신이 언제나 나와 함께 한다는 것을 알았다.

방으로 돌아오니 다시 현실이 펼쳐졌다. 거울을 보니 제대로 잠도 못자고 계속 흘린 눈물 때문에 눈이 통통 불어 있었다.

갑자기 내 몸 전체로 극도의 공포가 엄습했다. 이 극한의 공포를 그때부터 나는 매일 밤낮으로 겪었다.

방 탁자 위에 물이 담긴 유리병이 놓여 있는 것을 보았다. '고마운 사티나.' 유리병을 덮고 있던 망사를 여는데, 작은 물방울들이 조르르 흘러내리는 소리를 들은 것 같다. 나에게 기운을 내라고 해주는 소리 같았다. 물이 마른 내 입을 타고 들어갔다. 물맛이 좋았다. 나는 전날 밤에 입었던 옷을 그대로 입고 있었다. 우리 모두 옷을 단단히 입고 침대로 들어갔기 때문이다. 옷이 심하게 구겨져 있었다. 사티나에게 빨래를 맡길 수 있으면 좋겠다고 생각했다. 이를 통해 사티나와 하산에게 말을 걸 계기가 될 수도 있을 터였다.

한동안 칠해정은 다른 소녀들의 목소리로 활기가 돌았다. 하산은 식당에서 소박한 아침 식사를 마련해 주었다. 우리는 식탁에 빙 둘러앉았다. 자동차 소리가 나더니 군인들 발자국 소리가 들렸다. 지금부터 이 집은 더 이상 사적인 공간이 아니며, 일본군이 내킬 때면 낮이든 밤이든 가리지 않고 쳐 들어오게 될 것이라는 사실을 우리는 알게 되었다.

그날 오후, 네덜란드 여성이 둘이 더 들어왔다. 우리보다 나이가 많은 기혼 여성이었다. '돌리'와 '이본'이라고 부르기로 하자. 도착한 첫날 두 여성은 그들끼리만 있었다. 그런데 꽤 편안해 보였다. 그들은 자원해서 이 집에 일하러 왔다고 말했다. 그 말을 들으니, 일본인들이 우리를 '칠해정'으로 끌고 온 이유가 무엇일지 걱정은 더욱 커져 갔다.

다음날, 고위급 일본 장교 몇 명이 와서 우리를 거실로 불렀다. 일본인과 의사소통은 힘들었다. 교육을 좀 더 받았거나 지위가 좀 더 높은 군인은 영어를 조금 했고, 그들 가운데 몇이서 지역 언어를 이용해 의사를 표현했다.

어쨌든, 그들은 우리가 그 집에 있는 이유는 단 하나라는 사실을 알려주었다. 우리가 그곳에 끌려온 것은 일본 장교들의 성적 쾌락을 위해서였다. 일본군이 섹스를 할 수 있게 하기 위해 우리를 데려왔다는 것이었다. 우리는 언제나 복종해야 했고, 그 집 밖으로 나가서는 안 된다고 했다. 결국 그 집은 매음굴이었다. 그 집엔 24시간 경비가 세워져 있었다. 도망치려고 시도해도 소용이 없었다. 우리는 군대의 '성노예'가 되었다.

소스라치게 놀라는 소녀들의 표정을 보았다. 나도 내 귀로 들은 내용을 믿을 수 없었다. 온 몸이 떨렸고, 순식간에 내 인생이 발 아래로 꺼져 내렸다. 이건 아니야, 절대 이럴 수 없어! 어머니가 생각났다. 마음만은 어머니의 안전한 품 안으로 질주하고 있었다. 그 순간 어머니가 너무 보고 싶었다. 우리 사랑하는 식구들의 중심이었고, 선하고 순수하고 안전한 모든 것의 중심인 어머니!

소녀들은 모두 그 자리에 서서 벼락을 맞은 것 같았다. 곧 우리는 거세게 저항했다. 생각할 수 있는 모든 제스처를 다 동원하여 우리는 그런 일을 절대 할 수 없다고 분명히 표현했다. 인권을 완전히 짓밟는 것이고, 제네바조약을 위반하는 것이며, 그런 일을 당하느니 차라리 죽겠다고 소리쳤다. 군인들은 그 자리에 서서 그냥 우리를 비웃고만 있었다. 우리가 자기네 포로이며, 내키는 대로 우리에게 뭐든 할 수 있다고 했다.

우리는 우선 탈출 가능성을 생각해 보았다. 하지만 집과 마당은 경비가 철저히 지키고 있었고, 어떻게 해서 밖으로 나간다 하더라도 백인 여성인 우리는 금방 눈에 띄어 다시 잡혀 올 수 있었다.

책임자로 보이는 장교가 서류 몇 장을 내밀며 서명하라고 했다. 일본말로 되어 있었고 당연히 우리는 읽을 줄 몰랐지만, 그들이 하려는 짓이 무엇인지는 어렴풋이 짐작하고 있었다. 우리는 서명을 거부했다. 윽박지르며 위협하고 두들겨 패기도 했지만 우리는 끝내 서명하지 않았다!

그날 이후 그 집의 전체 분위기가 변했다. 모든 방이 무서운 곳이 되었다. 우리는 덫에 걸려들었다. 앞쪽 베란다가 일본인들이 와서 앉아 이야기를 나누며 일본 술 '사케'를 마시고 원하는 소녀를 고르는 응접실이 되었다.

사진을 찍으라는 명령이 내려졌다. 나는 가장 허름한 옷을 입었다. 우리는 다시 줄을 섰다. 사진사가 한 사람 한 사람 웃게 하려고 애썼지만, 오히려 우리는 사진사를 노려보았다. 분노에 찬 표정으로, 비통한 얼굴로.

우리들에겐 저마다 일본 이름이 부여되었다. 사진 아래 메모판에 이 이름이 쓰여 있었다. 아쉽게도 나에게 부여된 이름이 기억나지 않는다. 사실은 당시 그 이름을 알고 싶어 하지 않았다. 내가 아는 거라고는 꽃 이름에서 따 왔다는 것뿐이다. 집으로 꽃들이 배달되었고, 우리는 저마다 화병을 하나씩 받았다. 화병에 꽃을 꽂아 침실에 두라고 했다. 내 꽃은 흰색 난초였다. 우리는 그 꽃을 방에 두지 않고 마당에 내다 버려 일본인들을 화나게 만들었다. 마당에 기어 다니던 달팽이들이 그 꽃들을 밤새 갉아먹었다.

나에게 주어진 꽃 이름 때문에, 내 방에 놓였던 꽃들 때문에, 나는 그 뒤로 50년 동안 꽃을 좋아하지 않았다. 생일이나 어머니날에도 가족들에게 절대로 꽃을 갖고 오지 말라고 했다.

한 일본인 여성이 왔다. 매음굴 운영을 책임지러 온 여성이라는 것을 한눈에 알았다. 표정이 딱딱한 여성이었다. 꽤 젊고 안짱다리에 안경을 쓰고 있었다. 흰색 제복을 입고 있어서 간호장교처럼 보이기도 했다. 첫날 그녀는 자신이 책임자라는 점을 분명하게 보여 주었다. 그래도 그 집에서 여성을 볼 수 있어 우리는 반가웠다.

"그래, 여자가 왔어!" 나는 생각했다. "여자라면 분명 우리를 이해해 줄 수 있을 거야. 우리의 호소에 귀 기울이고 도와줄 수도 있을 거야." 그러나 이 여성은 그렇지 않았다. 일본의 전시 체제는 여성을 냉정하고 잔인하고 무자비하게 만들었다. 나는 그녀에게 우리를 대변하여 높은 자리에 있는 사람들에게 항의해 달라고 부탁했다. 우리가 매음굴에 강제로 억류되어 있는 상황을 상부에 보고해 달라고 했다. 하지만 이 여성은 어떤 연민도 보이지 않았다. 그녀는 나를 화난 표정으로 쏘아보면서 일본말로 고함을 쳤다.

하산과 사티나도 그녀를 무서워했다. 그녀가 하산의 뺨을 때리던 모습이 기억난다. 하산이 특별한 일본 찻잔이 아니라 일반 컵에 차를 담아서 갖다주었기 때문이다. 우리는 그녀를 '가드'(Guard)라고 불렀다.

어쨌든 집 전체가 매음굴로 작동할 준비를 갖추고 있었다. 욕실에 이상하게 생긴 물건들이 들어왔다. 무엇인지, 어디에 쓰는 것인지 도통 알 수가 없었다. 가장 두려운 것은 앞으로 벌어질 일이었다. 매음굴의 문을 여는 밤이 다가오고 있었다. 너무 두려워서 너도 나도 잘 수가 없었기에, 우리는 침실을 함께 쓰고 있었다. 신이시여, 어떤 공포가 이보다 더할 수 있을까요?

이윽고 벌어진 일은 이후 송두리째 남은 내 인생을 휘몰아쳤다. 그 기억들이 나를 계속 괴롭혔고, 상처와 흉터가 너무 깊어 나는 전과 같은 존재로 결코 돌아갈 수가 없었다.

매음굴은 밤에 문을 열었다. 문을 여는 날은 아침부터 일본인들이 흥분해 있었다. 그들은 수시로 왔다 갔다 하며, 모든 게 제대로 돌아가고 있는지를 점검했다. 이미 집 전체가 일본 군인들로 가득 차 있었다. 그들은 메모판에 걸려 있는 우리 사진들을 들여다보았고, 우리를 잠깐이라도 보려고 기웃거리기도 했다. 어디로 가야할지, 어디에 숨어야 할지, 무엇을 해야 할지 몰랐다. 도망칠 수만 있다면. 얼마나 좋을까. 하산과 사티나는 몹시 걱정스러운 표정이었다. 우리가 처해 있는 상황을 보며 그들이 가슴 아파하고 있음을 알 수 있었다. 나는 그들 가까이에 있는 방에 숨기로 했다. 안전한 곳에 있고 싶은 절박한 몸짓이었다. 우리 방문에는 잠금장치가 없었다. 느닷없이 불쾌한 얼굴의 일본인이 불쑥 들어왔다. 그는 비틀거렸고 만취 상태로 보였다. 문에 기대어 그는 나를 가리켰고, 거칠게 나를 잡아끌었다. 이 모든 일이 너무나 갑자기 벌어졌다. 나는 크게 소리를 질렀고, 화가 난 '미스 가드'가 달려왔다. 그녀는 고함을 치고 때리면서 끌어내 그 침입자를 질책했다. 밤에 매음굴이 공식적으로 개방되기 전까지는 소녀들에게 손을 대지 말라는 명령이 사전에 있었음이 명확해 보였다. 나에게 이 사건은 앞으로 벌어질 일을 암시하고 있었다.

어둠이 내리자마자, 가만히 방에 앉아 대기하라는 명령이 떨어졌다. 나는 괴물처럼 방 안에 버티고 있는 침대를 바라보았다. 그 순간부터 지금껏 평생 침실로 들어갈 때마다 불안감이 엄습한다. 누군가 방문을 두드리며 식당으로 모이라고 했다. 우리는 모두 정말 순결했다. 결혼하지 않은 우리는 처녀였고, 섹스에 대해 아무 것도 알지 못했다. 우리는 서로를 쳐다보며 앞으로 무슨 일이 닥쳐올지 알아내 보려고 애썼다.

우리가 처녀였기 때문에, 일본인들은 크게 흥분하고 있었다. 우리는 완전히 겁에 질렸고, 울음을 터뜨렸다. 게르다는 거의 발작 상태가 되었다. 나는 게르다를 안정시키기 위해 꼭 껴안았다. 내 심장도 쿵쾅거렸다. 온몸이 얼어붙는 이런 공포는 처음이었다. 덫에 걸린 우리는 어찌할 방법이 없었다. 우리는 그곳에 앉아 기다리면서 몸을 부들부들 떨며 흐느꼈고, 서로를 꼭 안았다.

오늘날까지도 나는 그때의 공포를 잊지 못한다. 그 공포를 내 인생에서 떨쳐 버릴 수가 없다. 요즘도 날이 어둑해지고 거실의 커튼을 닫을 때면, 그때의 공포가 나를 엄습해 오곤 한다. 어두워지면 몇 번이고 강간을 당해야 했던 경험 때문이다.

나는 다른 소녀들을 바라보았다. 그리고 우리가 도움 받을 수 있는 유일한 것은 기도뿐이라고 생각했다. 당시 소녀들은 나를 쳐다보며 이끌어 주길 기대했다. 나는 성경을 지니고 있었다. 성경을 탁자 위에 놓고 아무 페이지나 펼쳤다. 떨리는 목소리로 사도 바울이 쓴 로마서 8장을 읽었다.

주님 속에서 힘을 찾도록 해주소서. 이 생에서 겪는 고난은 우리를 기다리고 있는 영광과 비교할 수가 없습니다. 우리가 예수님의 영광을 나누려면 예수님의 고난도 함께해야 합니다. 우리가 고난에 처해 있거나, 시름에 잠겨 있거나, 박해를 받거나, 굶주리거나, 헐벗거나, 심지어 칼로 위협을 당하거나 공격을 받아도, 우리와 그리스도의 사랑 사이에는 어떤 것도 끼어들 수 없습니다.

구약성서는 이렇게 말합니다. 당신을 위하여 우리가 매 순간 죽음에 직면했고, 도살장에 끌려갈 양처럼 취급받았습니다. 그러나 이는 우리가 마침내 승리하기 위한 시험들에 불과합니다. 우리는 우리를 사랑하시는 그분의 힘을 통해 이 시험들을 이겨 낼 것입니다.

나는 이를 확신하기 때문입니다. 죽음이나 삶이나, 천사나, 국가나, 권력이나, 존재하는 어떤 것이나, 미래에 올 어떤 것이나, 어떤 힘이나, 우리보다 높거나 우리보다 깊은 어떤 것이나, 다른 어떤 피조물도 우리를 하느님의 사랑에서 떼어 놓을 수 없을 것입니다. 하느님의 사랑은 우리 주 예수 그리스도 안에서 우리에게 옵니다.

소녀들은 열심히 귀를 기울였다. 나는 그리스도가 믿음과 사랑의 말을 통해 이들 각각의 마음을 어루만지고 계심을 느낄 수 있었다. 시편은 나에게 언제나 힘과 위안을 주는 말로 가득했기 때문에, 곧 나는 시편 27장을 펼쳤다. 우리는 이 아름다운 구절을 통해 함께 기도를 드렸다.

주님은 나의 빛이요 구원이니, 내가 두려워할 것이 없으리라.

주님은 나를 모든 위험에서 보호하시니, 내가 겁낼 것이 없으리라.

악인이 나를 해하고 죽이려 한다면, 그들은 넘어져 떨어지리라.

군대가 나를 대적해도, 무섭지 않으리라.

적들이 나를 친다고 해도, 나는 여전히 하느님을 믿네.

곤경에 처할 때, 그는 나를 그의 쉼터에서 보호하시리.

그가 나를 그의 사원에서 안전하게 지켜 주시리.

나를 안전하게 높은 바위에 놓으시리.

나를 둘러싼 적들을 물리치고 나는 승리하리.

주님, 내가 당신을 부를 때 들어주소서.

자비롭게 응답하소서.

"내게로 오라." 당신이 말했습니다.

당신께로 가겠습니다, 주님.

제게서 당신 모습을 숨기지 마옵소서.

당신은 지금까지 저를 도왔습니다.

저를 떠나지 마소서, 저를 버리지 마소서.

신이시여, 저의 구원자시여.

우리는 시편 전부를 읽으며 기도했다. 한 구절 한 구절 읽을 때마다 마음에 위로가 쌓였다. 주기도문도 암송했다. 기도를 통해 우리는 좀 더 차분해졌다. 우리는 모여 앉아서 서로의 손을 잡았다. 서로에게 힘이 되어 줄 필요가 있었다. 우리는 더 많은 군인이 이 집으로 들어오는 소리를 들었다. 거칠고 무서운 일본인들의 목소리와 마루를 울리는 군홧발 소리가 들렸다.

내 몸은 공포에 타 들어갔다. 팔과 다리로 전기 충격이 지나간 것만 같았다. 뭐라고 표현할 수가 없지만 결코 잊을 수 없는 느낌이었다. 50년이 지난 지금도 내 온 몸과 팔다리로 번져 나가던 극도의 공포가 그대로 느껴진다. 이런 감정은 아주 이상한 시간에도 느닷없이 엄습해 오곤 한다. 텔레비전에서 옛날 전쟁 영화를 볼 때면 자주 그때의 감정이 되살아난다. 악몽에서 깨어나 침대 위에 누워 있을 때도 그때 그 느낌이 다시 엄습해 온다.

그 집은 일본 군인들로 득실거렸다. 그들이 흥분해 있음을 알 수 있었고, 그들이 웃는 소리가 들렸다. 우리는 서로 붙어 앉아 기다리고 있었고, 마침내 최악의 사건이 일어났다. 그들이 왔다.

리스가 맨 먼저 불려 나갔다. 그녀는 의자에서 일어나지 않으려 온 힘을 다해 몸부림쳤다. 리스는 악착같이 거부했지만 결국 침실로 끌려갔다. 나는 그 순간을 결코 잊을 수 없다. 이윽고 군인들이 한 명씩 들어와, 자기가 선택한 소녀 앞으로 곧장 걸어갔다. 소녀들은 울고, 저항하고, 비명을 지르고, 발로 차고, 온 힘을 다해 싸웠다. 소녀들은 누구 할 것 없이 침실로 끌려갈 때까지 저항을 멈추지 않았다.

네 명이 끌려간 뒤 나는 식탁 아래로 숨었다. 침실 여기저기에서 비명과 울음소리가 들려왔다. 공포로 심장이 쿵쾅쿵쾅 뛰었다. 나도 모르게 허리춤에 끼고 있던 나무 십자가를 꽉 움켜잡았다. 나는 이 십자가가 달린 벨트를 계속 하고 있었다. 적에게 어떤 메시지를 전할 수 있지 않을까 하는 생각도 했고, 또 이것이 나를 강하게 지켜줄 것이라는 생각도 들었다.

결국 나는 발각되고 말았다. 식탁 아래 쪼그리고 앉아서 다가오는 군홧발들을 보고 있었다. 나는 곧 끌려 나갔고 대머리에 역겹고 덩치가 큰 재프가 앞에 섰다. 나를 내려다보며 히죽히죽 웃었다. 나는 정강이를 세게 걷어찼지만 꿈쩍도 하지 않았다. 곧 그는 거칠게 내 팔을 잡아끌었다. 벗어나려고 했지만 불가능했다. 울고 대들고 발길질까지 했지만 다 소용없었다.

"안 돼, 안 돼!" 나는 비명을 질렀고, 다시 인도네시아어로 "잔간, 잔간!" 하고 외쳤다. 그는 계속 저항하는 나를 잡아서 침실로 끌고 갔다. 침실로 일단 들어간 뒤 그는 문을 닫았다. 나는 방구석으로 도망갔다. 이번엔 영어와 인도네시아어를 섞어 통 사정을 했다. 나는 강제로 이곳에 억류된 것이며, 나를 이렇게 대할 권리가 당신한테 없다는 말을 하려고 했다

"잔간, 잔간!" 나는 계속 외쳤다. 나는 사냥꾼의 덫에 걸린 들짐승처럼 구석으로 들어가 몸을 움츠렸다. "아, 하느님, 당장 저를 도와주세요!" 나는 기도했다. "제발, 하느님, 나에게 그런 일이 일어나지 않게 해주세요."

장교는 그곳에 서서 나를 내려다보았다. 그는 상황을 완전히 장악하고 있었다. 밤이 오기를 고대하고 있던 그는 분명 몹시 화가 나 있었다. 쪼그린 상태에서 그를 올려다보았기 때문인지 그는 아주 키가 커 보였다. 그는 칼집에서 칼을 꺼내더니 나에게 겨누며 윽박지르고 고함을 질렀다.

못하는 인도네시아어와 영어를 섞어서, 그가 소리쳤다. "마티, 마티, 죽여 버리겠어, 너를 죽이겠다고." 그는 극도의 증오와 결의가

담긴 표정을 지었다. 나는 그가 하는 말을 다 알아들었다. 이상하게도 나는 죽는 게 하나도 겁나지 않았다. 그 순간 정말이지 죽고 싶었다. 이런 사람에게 굴복하고 강간을 당하느니 죽는 편이 낫겠다고 생각했다.

갑자기 나는 내 속에 있는 거대한 힘을 느꼈다. 미처 알지 못했던 강력한 힘이었다. 바로 그리스도께서 내 존재의 모든 것을 가져가신 것 같았다. 그리스도가 힘을 주시고 나를 주관하시는 것 같았다. 나는 일본 군인에게 나를 죽일 순 있겠지만, 나는 죽는 것이 무섭지 않으며 결코 굴복하지 않겠다고 말했다. "티닥, 티닥, 안 돼, 안 돼!" 나는 이 말을 계속 반복했다.

그는 내 바로 위에 서서 칼로 내 몸을 가리켰다. 나는 몸짓으로 죽기 전에 기도라도 할 수 있게 해달라고 부탁했다. 그가 칼로 내 살을 건드리자, 난 곧 기도하려고 무릎을 꿇고 앉았다. 그 순간 나는 어느 때보다, 누구보다, 다른 어떤 것보다 하느님을 사랑했다. "나의 신이시여, 저는 당신을 사랑합니다. 이제 내 가까이 머무르소서." 나는 기도를 했다. "사랑하는 주님, 내 모든 죄를 용서하소서. 예수님께서 저를 강하게 만들었고, 이제 제가 당신을 위해 죽습니다. 예수님, 당신을 사랑합니다. 제 마음을 다해 당신을 사랑합니다."

기도에 빠져들면서 평화롭고 고요하고 거룩한 느낌이 나에게로 왔다. 나중에 어머니와 재회했을 때, 어머니는 그날 밤 그 시간에 침대에 누워 있었는데 갑자기 큰 빛이 보였다고 했다. 눈이 멀어 버릴 것 같은 밝은 빛이었다고 했다.

일본 장교는 안달이 났다. 나를 침대에 던지고 내 옷을 갈기갈기

찢어 누더기로 만들어 버렸다. 나는 옷이 벗겨진 채 침대에 누워 있었고, 그가 칼끝으로 내 몸을 훑어 내렸다. 나는 목과 가슴, 배, 다리를 긋는 차갑고 예리한 쇠의 감촉을 느낄 수 있었다. 나는 벗겨져 알몸이 되었다. 수치심이 일었다.

고양이 앞의 쥐처럼 그는 나를 갖고 놀았다. 한동안 게임이 이어진 끝에 그는 옷을 벗기 시작했다. 그가 나를 죽일 생각이 없음을 알았다. 죽어 봐야 그에게 좋을 것이 없다. 그는 내 위로 올라와 무거운 몸으로 내리 눌렀다.

정말 역겨웠다. 땀 냄새와 썩은 입 냄새가 났다. 온 힘을 다해 밀쳐 내려고 했다. 발로 차고 할퀴고 했지만 너무 막강한 적이었다. 내 눈에서 눈물이 줄줄 흐르는 가운데, 그는 짐승처럼 나를 겁탈했다. 그가 계속 그러고 있을 것 같았다.

이 가장 치욕적이고 야만적인 강간을 뭐라고 표현해야 할지 모르겠다. 어떤 순교가 이보다 힘들 수 있을까? 나에게는 죽는 것보다 더 고통스런 일이었다. 내 온 몸이 떨렸다. 나는 쇼크 상태였다. 온 몸이 추워 떨리고 마비될 것 같았다. 얼굴을 베개에 파묻었다. 수치스럽고 더렵혀졌다는 느낌이었다. 내 몸, 나의 순결하고 아름다운 몸, 신이 머무는 성전인 내 몸을 그들이 범했고 사악한 쾌락의 자리로 만들어 버렸다.

잠시 후 그 장교는 옷을 입더니 문을 닫고 나갔다. 그가 나가자마자 나는 침대에서 내려와 마룻바닥에 주저앉았다. 온갖 복잡한 생각이 머릿속에서 맴돌았다. "이 방을 나가야만 해." 나는 남은 옷을 챙겨 목욕탕으로 달려갔다. 모든 것을 씻어 내고 싶었다. 더러움, 수치심, 상처를 모두 씻어 버리고 싶었다. 씻고 또 씻었다.

　목욕탕에서 다른 소녀들도 보였다. 우리는 모두 울면서 같은 행동을 했다. 모든 더러움과 수치, 상처를 씻어 버리려고 했다. 우리에게 벌어진 일들까지 마치 씻어 버릴 수 있을 것처럼. 완전한 절망과 극심한 공포 속에서 우리는 서로를 바라보았다. 지금 이 집은 '손님들'로 가득 차 있다. 세상에, 이제 우리는 어디로 가야 하나? 우리는 식당이나 침실로 돌아가지 않기로 했다. 우리가 할 수 있는 것은 숨을 곳을 찾는 것뿐이었다. 저마다 흩어져 다른 곳으로 숨었다. 될 수 있으면 조용히 목욕탕에서 나와 나는 뒷마당에 있는 방으로 숨어들었다. 하산과 사티나가 있는 곳과 가까운 방이었다. 나는 침대 아래로 기어 들어갔다. 심장이 두근거렸다. 몸은 떨렸고 두려움에 진이 빠졌다. "아, 하느님, 아무도 나를 보지 못하게 하소서!" 나는 기도했다. "제발, 하느님. 다시 또 그런 일을 당할 수 없습니다." 어두운 곳에서 웅크리고 앉아 있자니, 밖에서 흥분해서 질러 대는 고함 소리가 들렸다.

　소녀들 모두 집과 마당 여기저기에 숨어 있었고, 일본인들은 우리를 찾으려고 돌아다녔다. 상황은 그들의 계획대로 진행되지 않았다. 곧 화난 목소리와 무거운 군홧발 소리가 가까이 왔다. 그들은 내가 숨은 방으로 들이닥쳤고 나는 곧 끌려 나갔다. 얼굴로 주먹이 날아왔다. 다시 내 침실로 끌려갔다. 나는 그곳에 그냥 서 있었다. 울면서 내 떨리는 몸을 감싸고 있는 수건을 손으로 잡았다. 아직 초저녁이었다. 끝난 게 아니었다. 더 많은 일본인이 줄을 서 있었다. 그 무서운 일이 계속 반복되었다.

그날 밤 벌어진 일은 그때부터 계속 견뎌야 했던 일의 시작일 뿐이었다. 이보다 고통스러운 일은 알지 못했다. 나는 이 모든 것을 예수 그리스도에게 맡겼다. 일본인들이 저지른 모든 죄악을 하느님께 고했다. 그러나 하루하루를, 그렇게 이어진 몇 달을 어떻게 살아남을지에 대해서는 나 자신에게 물었다. 그 집이 처음 문을 연 날 밤의 기억들 때문에 나는 오늘날까지도 평생 고문을 당하고 있다.

†

그 무서운 첫 개장일 밤이 끝났을 때, 그러니까 다음날 새벽에 우리 일곱 명은 함께 껴안고 우리의 잃어버린 처녀성이 억울하여 울었고, 서로에게 위안과 힘을 주었다. 우리는 서로 이렇게 물었다. "지난 밤 몇 번이나 강간을 당했니?" "어떻게 해볼 수 있는 방법이 없을까?" 우리는 너무 무력했다.

하산이 뜨거운 차를 갖다 주고 아침을 준비했다. 나는 그도 분개하고 있는 것을 알 수 있었다. 그는 쑥스러워하는 듯했고, 간밤에 우리에게 벌어진 일에 대해 얼마나 안타깝게 생각하는지를 우물우물 마치 자신이 사과라도 하는 듯 말하는 것처럼 보였다. 보호해 줄 수 없는 처지가 그에게도 무척 힘들었던 것 같다.

우리가 식탁에서 일어나려고 할 때, 우리가 '자원자'(Volunteer)라고 불렀던 돌리와 이본이 들어왔다. 둘은 기분이 나쁘지 않아 보였다. 나는 그들이 왜 매음굴에서 일본인을 상대하는 창녀가 되려고 했는지 궁금했다. 기회가 생겼을 때, 그들에게 물어보았다. 대답은 간단하고 분명했다. 수용소에서 어린 소녀들을 징발했는데, 그들 가운데 두 명이 겨우 열여섯 살이었다고 한다. 돌리와 이본은 이 어린 소녀들이 성노예로 끌려가는 것이 안타까워서, 자신들이 대신 가겠다고 나섰다. "어쨌든, 굶어 죽고 싶지도 않았거든. 나는 이 전쟁에서 꼭 살아남을 거야." 돌리가 덧붙였다. 돌리와 이본 덕분에 수용소에 남을 수 있게 된 두 소녀를 생각해 보았다. 나는 그날 아주 중요한 교훈을 배웠다. 사람을 성급하게 판단해서는 안 된다는 것이다.

침실로 돌아오니 사티나가 침대보를 갈고 있었다. 사티나는 슬픈 표정으로 나를 바라보았다. 갈색 눈에 눈물이 고여 있었다. 사티나는 낡은 케바야(kebaya) 소매 끝으로 눈물을 훔쳤다. 나는 다가가서 팔을 뻗어 포옹을 했다. 그렇게 우리는 서로를 위로했다. 나는 사티나와 많은 이야기를 나누고 싶었다. 그녀를 보니 체피랑에서 가족으로 지내던, 내가 너무 사랑한 이마와 소피가 생각났다. 침대에 함께 걸터앉아 나는 사티나에게 어떻게 여기서 일하게 되었는지를 물어 보았다. 그녀는 이곳에서 멀지 않은 곳에서 네덜란드 가정의 일을 봐 주고 있었다고 했다.

"그때가 좋았어요." 그녀가 내게 말했다. "먹을 것도 많았고 일거리도 많았어요. 지금은 새 케바야 하나 살 돈도 못 벌고 있어요. 제 아이들도 제대로 먹이지 못하고 있네요." 인도네시아인들도 일본인 치하에서 고생하고 있었다.

리스가 내 방으로 들어왔다. 그녀는 묵주 알을 손에 쥐고 있었다.

리스는 그곳에서 내가 아는 이들 중 유일한 가톨릭 신자였다. 다른 소녀들은 개신교 교육을 받으며 자란 이들이었다. "이제 우리 해볼까?" 그녀가 묵주 알을 높이 들며 말했다. 그날 이후 리스와 나는 함께 묵주를 굴리며 아침마다 함께 기도했다. 하루에 몇 번씩 하는 날도 있었다. 묵주를 함께 굴리며 기도하는 것이 그렇게 우리에게 위안을 줄지는 몰랐다.

놀라운 일이었다. 50년이 지나 네덜란드에서 우리가 다시 만났을 때, 그녀가 처음 한 말은 이랬다. "거기서 우리 함께 기도하며 묵주를 굴렸는데, 기억나니?"

†

우리는 충분히 휴식을 취한 적이 없다. 그러다 보니 늘 만성 피로 상태였다. 낮 동안이라도 편안하게 있어야 했지만, 그 집은 언제나 일본인들로 득실거렸다. 그들은 오고가며 환담을 나누고 우리를 아래위로 훑어보았다. 사생활이라곤 전혀 없었고 심지어 낮에도 수시로 강간을 당했다. 어둠이 내리기기 시작하면 우리는 더욱 더 겁에 질렸다. 해질 무렵부터 내 안에 화가 서서히 쌓이기 시작했고, 마침내 온 몸이 분통으로 터져 버릴 지경이 되었다.

밤마다 그 집 대문이 열렸다. 나는 다른 곳에 숨었지만 번번이 들켰고, 그럼 또 다른 곳으로 도망을 갔다. 절박한 마음에 숨을 곳을 새로 계속 찾아 다녔다. 뒷마당 구석에 있는 큰 나무 위로 올라간 적도 있다. 어린 시절 늘 과실수를 타고 올라가며 놀았기 때문에 나무 위로 오르는 데는 아무 문제가 없었다. 나무를 타고 올라가 자리를 잡고 가지와 나뭇잎 사이에 숨었다. 나무 위에서 내려다보니 바깥 세상도 보였다. 사람들이 거리를 오가고 있었고, 아이들이 옷을 벗은 채 뛰어 놀고 있었다. 밖으로 나갈 수 없다는 사실이 더 참을 수 없는 현실로 다가왔다.

어느덧 모든 사람들이 나를 찾고 있다는 것을 알았다. 찾아볼 만한 곳은 다 뒤졌을 것이다. 그러다 화가 나서 고함을 치고 있었다. 아무 소리도 안 내려고 안간힘을 썼다. 심장이 쿵쾅거렸다.

그들은 이제 밖으로 나가서 찾아보기 시작했다. 내가 도망쳤을 거라고 생각한 것 같다. 나무 위에 적어도 30분은 앉아 있었던 것 같다. 한 번의 강간은 피한 것이 아닌가 하는 생각으로 기뻤다. 마침내 어떤 사람이 횃불을 들고 가까이 왔고, 나는 운이 다했음을 알았다.

횃불이 나무 가까이 오더니 내 얼굴을 정면으로 비추었다. 게임은 끝났다. 일본인들은 화가 나 있었고, 나는 심하게 구타를 당한 뒤 내 방으로 끌려갔다. 방에는 이미 재프 한 명이 기다리고 있었다. 맞은 것도 보람이 있었다. 그렇게라도 시간을 보내는 것이 구원이 될 수 있었다. 무서운 밤의 시작이 조금이라도 늦추어졌기 때문이다.

시간이 지나고 우리는 이 상황을 놓고 열심히 논의를 했다. 이 상황을 잘 헤쳐 나갈 수 있는 가장 좋은 방법을 도출해 내려고 노력했다. 우리는 공포와 고통, 굴욕을 함께 경험했다. 때로는 다시 어린애가 되어 보려고 일부러 조금 웃어도 보고, 전쟁 전 시절 이야기를 해 보기도 했다. 우리는 서로를 간절하게 필요로 했다. 우정과 사랑의 연대가 우리 안에서 만들어 졌고, 큰 힘이 되었다. 소녀들은 영적 힘을 키우기 위해 나에게 기댔다. 날마다 나는 기도를 이끌었고, 성경의 시편을 함께 읽고 찬송가를 불렀다. 이런 기도의 시간이 우리 모두에게 필요했다.

때로는 그것이 내가 이곳에 있는 이유인가 싶기도 했다. 신에 대한 나의 깊은 믿음, 내가 받아 온 가톨릭 교육이 내가 그곳에서 살아남는 데 큰 힘이 되었다. 공포스러운 밤이 지나가면 나는 늘 예수가 했던 기도를 했다. 십자가에 매달려 예수는 이렇게 기도했다. "아버지, 저들을 용서하소서. 저들은 자신이 하는 일을 알지 못하나이다."(누가복음 23장 34절) 가장 힘든 시절을 버텨 낼 수 있게 해준 것이 바로 이 기도문이다. 구타와 굴욕을 당하고 줄지어 선 자들에게 강간을 당한 뒤, 나는 이 기도문을 되내었다. 나를 욕보인 군인들을 위해 기도했다. 나는 계속 나무 십자가를 허리띠 안에 넣어 차고 있었다. 그걸 본 일본인이 나를 '십자가를 가진 여자'라고 불렀다.

암바라와 수용소에서 끌려오던 날 어떤 여성이 내 손에 흰 손수건을 쥐어 주었는데, 나는 그걸 지금도 간직하고 있다. 우리가 뒷마당에 모여 앉았던 어느 날 아침, 소녀들 모두에게 연필을 주며 그 손수건에 자기 이름을 쓰라고 했다. 그리고 가운데다 "26-2-'44"라고 적었다. 1944년 2월 26일을 의미한다. 우리가 수용소에서 강제로 칠해정에 끌려온 날짜다. 나중에 나는 소녀들이 저마다 쓴 이름들 위에 이름마다 색을 달리하여 실로 수를 놓았다. 나는 일곱 소녀의 이름이 새겨진 이 흰 손수건을 50년 동안 꼭꼭 숨긴 채 보관해 왔다. 식구들이 "이 손수건에 있는 이름들이 누구냐?"고 물을까봐 두려웠기 때문이다. 이 손수건은 나에게 가장 간절하고 정이 담긴 소중한 물건이지만, 가장 깊숙이 숨겨 온 물건이기도 하다. 우리가 당했던 잔혹한 범죄를 증언해 주는 증표이기도 하다.

나이가 들어 갈수록 이 손수건은 나에게 거의 성스러운 의미를 갖게 되었다. 깊숙이 숨겨둔 곳에서 가끔 꺼내 볼 때마다 얼굴에 가져다 대고 울었다. 그 손수건이 상징하는 그 시절이 떠올라서.

†

한 달이 지난 뒤에도 나는 여전히 두려움 속에 살고 있었다. 너무 끔찍한 공포로 내 몸에서 기가 다 빠져 나갔다. 공포 속에서 미쳐 있던 셈이다. 밤낮을 가리지 않고 두려움에 떨었다. 절박해졌다. 강간을 당하지 않기 위해 할 수 있는 방법이라면 뭐라도 시도했다. 어느 날 아침, 나는 스스로에게 물었다. "이제 다시 무얼 할 수 있을까?"

거울을 보았다. 하나의 사물이 있을 뿐이었다. 나는 스스로를 흉하게 만들어 일본인에게 저항하는 것을 생각했다. 서랍 안에 가위가 하나 있었다. 당장 그날 아침 거울 앞에 앉아 머리카락을 잘랐다. 거의 대머리가 될 때까지 자르고 또 잘라 냈다. 두피 가까이까지 바짝 잘랐다. 울퉁불퉁, 머리가 정말 끔찍해 보였다. 거울 속에 있는 무표정한 나를 노려보았다. '못나게 보이고 싶어!' 나는 생각했다. '그럼 그들이 나를 원하지 않게 될 거야.'

마루에 흩어져 있는 갈색 머리카락 한 줌을 집어 한동안 손에 쥐

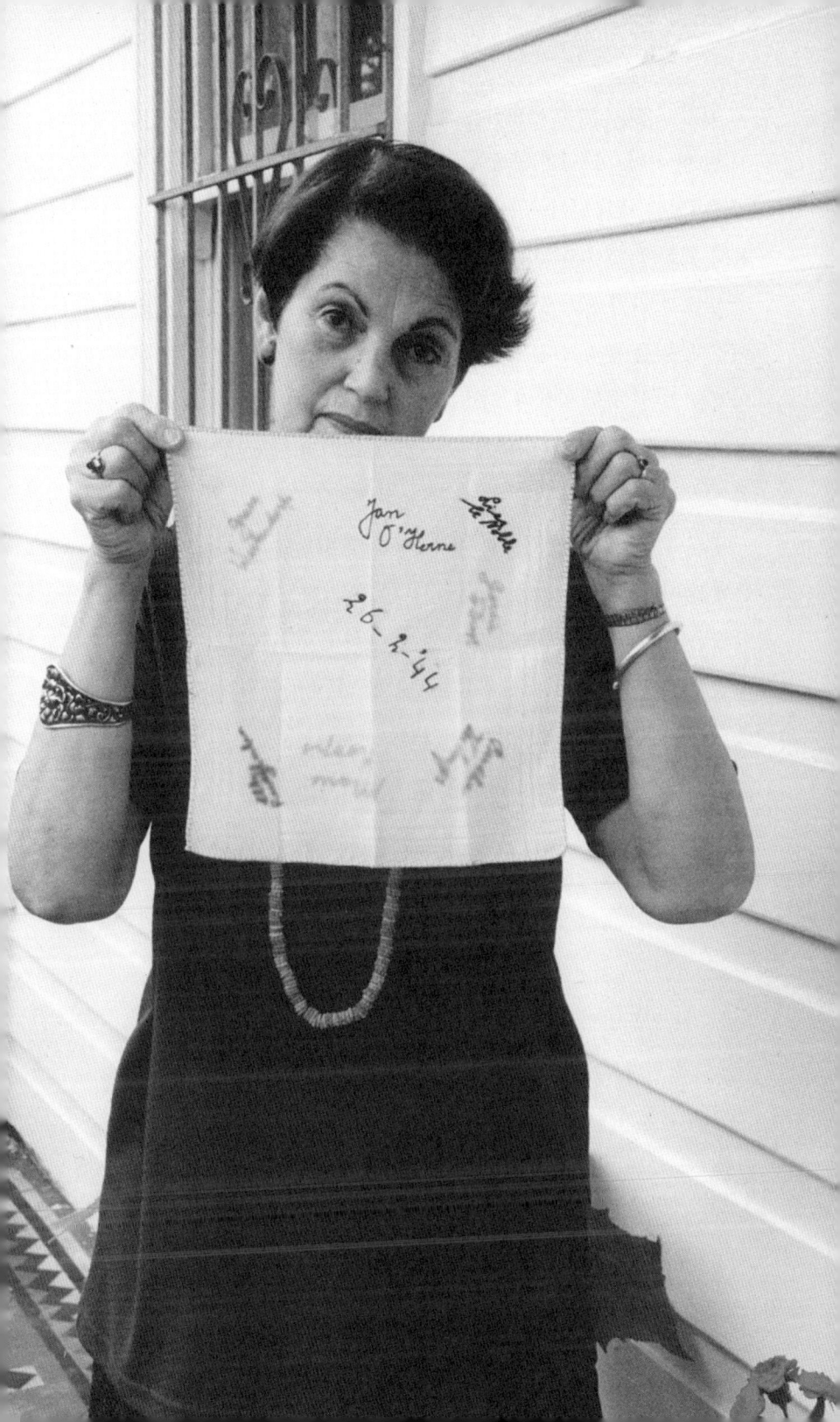

고 있었다. 그때 방문 두드리는 소리가 났다. 게르다였다. "야니, 대체 뭘 한 거야?" 그녀가 말했다. 다른 소녀들도 나를 보고 경악을 했다. "어떻게 이런 일이…… 야니, 그 아름다운 머리칼을!" 그들이 눈물이 흘렸다. 그들은 분명 상황을 이해하지 못하고 있었다. 엘스는 방 밖으로 나가 스카프를 가져와 두피가 드러난 내 머리통을 감싸주었다. 나는 뿌리쳤다. 그들에게 나는 "대범해지고 싶고, 흉해 보이고 싶었어" 하고 말했다. 리스는 나를 보더니 편안한 목소리로 말했다. "그래 야니, 이건 효과가 있을 거야. 그러면 나도 너처럼 머리를 잘라 볼까?"

나는 흉한 머리를 드러내고 지냈다. 될 수 있으면 흉측해 보이기 위해 소녀들 중 한 명이 직접 머리카락을 잘랐다는 소문이 번졌다. 나는 구경거리가 되었다. 그러다 보니 일본인들을 물리치기 위해 했던 내 의도와 달리, 나는 오히려 관심을 더 끌게 되었다. 많은 일본인이 머리카락을 모두 잘라 버렸다는 여자가 누구냐고 찾았다. 그래도 나는 여전히 내가 올바른 행동을 했다고 확신했다.

†

잽스는 카드놀이를 즐겼다. 우리는 강간의 시작을 늦추기 위해 카드들을 이용했다. 잽스가 올 때마다 나는 기묘한 의식을 치렀다. 첫째는, 그들에게 내가 이 집에 강제로 억류되어 있는 것이며, 성행위를 강요당하고 있는 것이며, 내 몸에 손대는 것을 허용하지 않는다는 뜻을 전달하려고 노력했다. 이렇게 간청을 해도 달라지는 것은 거의 없었다. 다음 전략은 어떤 핑계든 대며 시간을 버는 것이다. 그럴 때 카드 게임이 요긴했다. 30분 정도는 강간당하는 것을 미룰 수 있었는데, 이는 중요했다. 한 명의 잽이 끝나기를 뒤에서 다른 잽이 기다리고 있었기 때문이다.

이런 지연작전이 오래가지는 못했다. 그들은 곧 따분한 듯 짜증을 내고, 갑자기 화를 내기도 했다. 그들은 카드를 탁자 위로 던지고 알아들을 수 없는 말로 투덜거렸다. 그러고는 나를 침대로 몰아넣었다.

언제나, 방으로 들어오는 군인마다 번번이 나는 밀쳐내면서 대들었다. 이런 상황에서 저항하지 않는 것은 죽을죄가 될 거라고 생각했다. 그래서 군인이 나를 강간하려면 한바탕 난폭한 싸움을 치러야 했다. 그들은 죽이겠다고 위협을 하기도 했다. 잽스가 어쨌든 이겼기 때문에 계속 싸움을 하지 않는 것이 더 쉬웠을 것이다. 그래도 싸움을 포기할 수는 없었다. 나는 온 힘을 다해 맹공격을 했고, 주먹을 날리고 발길질을 하고 할퀴었다. 이렇게 계속 싸웠기 때문에 일본인에게 상처를 내는 일도 꽤 자주 있었다. 그러면 나는 사무실로 불려갔다. 싸움을 포기하지 않는다면, 나를 시내에 있는 일반 사병들의 매음굴로 보내 버릴 거라고 협박을 했다. 장교가 아니라 일반 사병을 위한 매음굴에는 현지 인도네시아 소녀들이 있었다. 그곳의 조건은 더 열악했고, 그곳에 가면 낮에도 밤처럼 '일'을 해야 한다고 겁을 주었다.

나는 사무실을 나오면서 공포에 휩싸였다. 눈물이 뺨을 타고 흘러내렸다. 무력감과 피로감으로 녹초가 되었다. 다른 소녀들의 도움이 필요했다. 우선 미프를 만나야 했다. 미프는 가장 나이가 많았고 도움을 줄 수도 있었다. 한편으로는 미프가 걱정되기도 했다. 최근 그녀는 혼자 있으려 했고 대화에도 잘 끼지 않았다. 무력감에 힘들어하는 것처럼 보였다. 식욕도 없어 보였고 몸무게도 많이 줄었다. 너무 비통해 보였다. 갑자기 미프를 빨리 봐야겠다는 느낌이 들었다. 그녀의 방문을 두드렸다. 대답이 없었다.

문이 약간 열려 있기에 그냥 밀고 들어갔다. 미프가 마룻바닥에 누워 있었고 옷이 온통 피로 물들어 있었다. 얼굴이 너무 창백했다. 나는 소리를 질러 도와달라고 요청했다. 미프는 언제나 우리들 중 가장 강하고 현명한 여성처럼 보였다. 그녀가 말을 하면 우리는 귀를 쫑긋 세우곤 했다. 그런 미프가 한계에 다다른 것일까. 미프는 죽을 결심으로 칼로 손목을 그었고, 마침 내가 방에 들어간 것이다.

우리의 일본인 '미스 가드'가 나타나서 간호사로서 능력을 선보였다. 붕대로 응급조치를 한 뒤 미프를 병원으로 보냈다. 미프를 다시 볼 수 있을지 걱정이 되었다. 며칠 뒤 미프가 돌아 왔다. 얼굴이 하얗게 질려 있던 미프는 말을 아꼈다. 그 사건에 대해서 우리는 다시 입 밖에 내지 않았다. 미프한테 별로 물어보지도 안았다. 더 많은 사랑과 도움만 건넸다.

돌리와 이본은 자기들끼리만 어울렸지만, 우리는 그들을 반기기도 했다. 잔혹하기로 악명이 높아 모두 무서워했던 한 일본 군인이 어느 날 밤 내 방에 왔다. 그를 보고 공포에 질린 나는 방을 뛰쳐나와 도망쳤다. 이본이 그 상황을 보았다. 그녀는 내가 그 일본인을 상대할 수 없을 거라고 생각했다. "이놈은 나에게 맡겨." 이본이 상냥하게 말했다. "너 대신 내가 상대해 볼께."

이본이 그 '후레자식'을 꼬드기고 비위를 맞춰 자기 방으로 끌어들였다. 우리는 그 자를 '후레자식'이라고 불렀다. 이본은 벨기에인 조상을 두었고, 프랑스-플랑드르 지역 억양을 갖고 있었다. 나는 그녀를 좋아했다. 두 여성 중에 이본이 좀 더 착했고, 내가 숨을 장소를 찾고 있을 때 여러 번 나를 도와주었다. "빨리 와서 내 침대 아래 숨어." 이본이 속삭였다. "거기 있으면 좀 더 안전할거야."

나는 그렇게 했다. 그리고 나 자신은 이본이 일본인을 다루는 방법을 엿본, 당황스럽지만 고마운 증인이 되었다. "이제 나가 보는 게 좋을 거야." 시간이 좀 지난 뒤 이본은 이렇게 말했다. "더 큰 곤경에 처하기 전에 나가는 게 나을 거야." 그녀가 나를 침대 아래 숨겨 준 덕분에, 나는 적어도 그 시간 동안 한 번의 강간은 면할 수가 있었다.

†

어느날 아침 '칠해정'에 여느 때보다 더 많은 꽃이 배달되어 왔다. '미스 가드'가 조금 흥분한 것처럼 보였다. 그녀는 거만한 표정으로 모든 사람에게 명령을 내렸다.

대개 그녀의 이런 행동은 중요한 손님이 올 예정임을 뜻했다. 손님은 의사였고, 우리는 의료 검진을 받게 될 것이라고 했다. 그 말을 듣자마자 그 의사가 우리를 도울 수 있을지도 모른다는 생각이 스쳐 지나갔다. 의사라면 우리를 안타깝게 여기고, 우리가 처한 상황에 작은 변화라도 가져다줄 수 있을 게 틀림없다. 마침내 의사가 방문했다. 나는 면담 요청을 하고 조심스럽게 그가 있는 방문을 두드렸다.

늘 하는 것처럼 정중하게 인사를 하고 들어가서, 의사한테 이 집에서 일어나고 있는 일들을 최선을 다해 설명했다. 우리 뜻과 상관없이 여기 끌려와 있는 것이며, 강제로 수용소에서 징발되었다고 이야기했다. 그는 인도네시아어를 조금 할 줄 알았고, 그래서 대화가 가능했고 나의 간청이 훨씬 쉽게 진행되었다. 나는 이런 처사가 제네바협정 위반이라고 강조했고, 이 추악한 범죄를 상부에 보고해 달라고 간청했다.

나는 의사 표정을 살피며 그가 내 말을 제대로 듣고 있는지 의심스러웠다. 그는 거구였고 안경을 쓰고 있었다. 그는 머리 뒤로 깍지를 낀 채 의자에 등을 기대고 앉아 나를 위아래로 유심히 훑어보았다. 느낌이 안 좋았다. 그는 내 이야기에 아무 관심을 보이지 않았고, 안타까움이나 미안한 표정도 보이지 않았다. 낙담했지만 그래도 시도는 한 셈이다.

그런데 의사가 불쑥 일어나서 걸어왔다. 표정을 보고 그가 무슨 짓을 하려는지 직감했다. 그는 나를 붙잡으려고 했지만 나는 꽤 민첩했다. 나는 방에서 빠져나와 뒷마당으로 가서 숨었다. 나는 작고 낮은 닭장으로 갔다. 그는 몸집이 크고 뚱뚱해서 그 안쪽까지 나를 따라올 수 없을 터였다. 나는 닭들 사이에서 웅크리고 있었다. 닭들이 크게 울고 깃털이 날렸다. 몇 분 뒤 이 크고 뚱뚱한 의사는 헉헉거리며 따라와 닭장의 좁은 문으로 들어오려고 했다. 저쪽에서 그 꼬락서니를 보고 있던 사람들이 킥킥 웃고 있었다.

일본인 두 명이 나타나 닭장에서 끌어내려고 내 다리를 잡아 당겼다. 늘 그랬듯이 나는 끌려 나올 수밖에 없었다. 의사는 내 양 손을 등 뒤로 세게 결박하여 내 방으로 끌고 갔다. 그 자리에서 의사는 무자비하게 나를 강간했다. 그가 이 집에 온 첫날 벌어진 일이다!

의사가 어떻게 그런 짓을 저지를 수 있는지 이해할 수가 없었다. 그날 이후로 나는 의사를 무서워했다. 아주 불가피한 경우가 아니면 진료실에도 가지 않았다.

그 뒤로 그의 방문이 계속 이어졌고, 뒷마당에 있는 어떤 방에 산부인과 진료기가 설치되었다. 그곳에서 우리는 성병 검진을 받아야 했다.

검진이 시작되는 아침이 왔다. 서로 돕기 위해 우리는 함께 검진을 받으러 갔다. 이 일본인 의사가 검진하는 동안 나는 몹시 수치스럽고, 무서웠다. 그는 이곳을 정기적으로 방문했고, 올 때마다 낮에 나를 강간했다. 마치 업무의 일부인 것처럼.

진료실에는 문이 달려 있지 않았다. 우리를 더 참혹하고 황당하게 한 것은 다른 일본인 남성들이 늘 안을 들여다보고 있었다는 점이다. 그들은 언제든 들어와 옆에 서 있어도 된다는 권유를 받았고, 우리가 검진 받는 모습을 지켜보았다. 이런 검진은 강간만큼이나 끔찍했다.

이런 모욕을 어떻게든 감당해야 했다. 예수가 십자가에 못 박히기 전 강제로 옷이 벗겨질 때 겪었을 모욕을 나는 비로소 처음으로 충분히 이해할 수 있게 되었다. 의사가 올 때마다 나는 내 방으로 가서 십자가의 길 제10처, 예수의 옷이 벗겨질 때의 기도문을 외웠다.

마침내 십자가 앞에 당도했다. 그들은 예수를 십자가에 매달 준비를 한다. 피가 흐르는 예수의 몸에서 옷이 찢겨져 나갔다. 성스러운 이들 중에서도 가장 성스러운 예수가 무례하고 비웃는 다중의 천박한 시선 앞에 맨몸을 그대로 드러내게 되었다.

나는 기도를 이어 갔다.

사랑하는 주님…… 그들이 나를 발가벗길 수 있습니다. 그들이 내가 가진 것을 모두 앗아 갈 수 있습니다. 나를 모욕하고, 학대하고, 내 젊음을 짓밟을 수 있습니다. 내 청춘, 내 자유, 내 소유, 내 가족, 나의 자존심, 나의 긍지를 앗아갈 수 있습니다. 하지만 당신에 대한 내 사랑을 가져갈 수는 없습니다. 절대로 내 믿음까지 가져갈 수는 없습니다. 그것은 제 것입니다. 저의 가장 소중한 것입니다. 누구도 이를 저에게서 앗아갈 수 없습니다. …… 내 고통에 대한 영광을 당신께 평생토록 바치겠습니다.(이사야 38:15)

선지자 이사야와 함께 나는 기도했다.

†

일본이 네덜란드령 동인도를 점령한 전쟁 시기에 내가 만난 괜찮은 일본인은 단 한 사람이었다. 고통스러운 이 몇 달 동안 그는 나에게 잠시 숨 쉴 공간을 주었다.

언니 앨라인이 여전히 스마랑에 살고 있었다. 언니가 일했던 네덜란드 동인도철도회사는 일본인에게도 소중했기 때문에 건드리지 않고 있었다. 소수의 유럽인, 즉 독일인, 프랑스인, 네덜란드인과 함께, 앨라인은 수용소에 감금되지 않았다. 하지만 밖에서 지내던 이 사람들의 생활도 수용소 생활만큼이나 힘들었다. 전쟁 말기에 가면 이들까지도 모두 감금되었다.

어느 날 집안일을 돕는 하산에게 물었다. 나를 위해 어려운 부탁을 들어줄 수 있는지, 시내에 있는 언니한테 편지를 갖다줄 수 있는지, 혹시 몰래 편지를 밖으로 갖고 나갈 수 있는지를 물었다. 이 일을 하다 발각되면 잡혀 죽을 수도 있다. 그는 앨라인에게 편지를 갖다 주겠다고 했다. 그는 '유럽 소녀들'(nonni blanda)이 너무 안타깝다고 했다. 그는 어떻게든 나를 돕고 싶어 했고, 기꺼이 위험을 감수해주었다. 나는 그 큰 용기와 사랑에 감사하며, 언니가 후하게 답례할 거라고 했다. 하산은 얼굴이 크게 주름이 생길 정도로 크게 웃었다.

앨라인은 내 소식을 듣고, 내가 당한 일들을 읽고 큰 충격을 받았다. 그녀는 나를 도울 방책을 찾기 시작했다. 앨라인은 독일인 부부와 집을 함께 쓰고 있었다. 남편은 의사였다. 앨라인은 적십자에서 간호사로 일한 경험이 있었고, 필요할 때면 그 의사를 돕기도 했다.

또한 동인도철도회사에서 일하고 의사와도 일하면서 여러 일본인과 알고 지내기도 했다. 누구에게 부탁을 할 것인가? 믿을 만한 일본인이 있을까?

앨라인은 '요지'라는 남성을 찾아갔다. 믿을 만하다고 느낀 일본인이었다. 앨라인이 내 사정을 이야기하자 요지는 정말 분개했고, 언제든 기꺼이 돕겠다고 했다. 그들은 요지가 칠해정에 와서 나와 하룻밤을 지내면서, 이곳에 있는 동안 다른 일본인들이 나를 강간하지 못하게 만든다는 계획을 세웠다. 다시 한 번 하산의 도움으로 언니의 답장을 받았다.

하산은 신나서 언니의 편지를 건네주고는 언니가 준 선물을 보여주며 자랑했다. 언니가 나와 많이 닮았고, 아주 친절한 숙녀였다고 했다. 앨라인이 손으로 쓴 글씨를 보니 봉투를 열기 전부터 눈물이 났다. 이 편지를 가슴에 얹고 사랑스럽게 꼭 눌렀다. 앨라인이 갑자기 가까이 다가온 것 같았다. 그러나 여전히 그녀는 멀리 있었다. 그렇다. 멀리 있지는 않았지만 내가 닿을 수 없는 곳에 있었다. 그러나 이제 앨라인은 나의 고통을 알게 되었고, 그것만으로도 나에겐 큰 위로가 되었다. 앨라인이 편지에, 요지가 곧 방문할 것이라고 적혀있었다.

하산이 조그만 꾸러미를 내밀었다. 앨라인이 보낸 것을 하산이 옷 속에 숨겨 갖다 준 것이다. 비상 약품, 키니네 알약, 비누 몇 조각, 그리고 가톨릭 미사전서가 있었다. 당시에는 아주 귀한 것이었다. 미사전서 첫 페이지에 앨라인이 〈그리스도 십자로의 부름〉(De roeping tot het kruis van Christus)이라는 시를 써 놓았다.

다음 페이지에도 네덜란드어로 이렇게 썼다. "낮이나 밤이나 나는 너와 함께 있어. 온 마음과 온 힘을 다해, 신께 우리를 도와달라고 간청하고 있단다." 나는 이 책을 지금도 갖고 있다. 그 힘든 전쟁 기간 동안 크나큰 위안과 힘이 되었다. 앞으로도 언제나 소중하게 간직할 것이다. 나는 이 책을 밤 기도 시간에 사용하고 있다.

나는 밤만 되면 요지라는 남자를 애타게 찾았다. 어떻게 알아볼 수 있을까. 며칠 뒤 누군가 나를 찾는다는 전갈이 왔다. 요지일지도 몰라, 아니 다른 남자일지도 몰라, 이런 어지러운 생각 속에 고통스러웠다. 마른 체격의 일본인이 나 쪽으로 다가오는 모습이 보였다. 친근한 얼굴이었다. 피부색은 일본인치고 검은 편이었고, 덥수룩한 검은 머리카락을 갖고 있었다. 나는 금방 요지일거라고 알아봤다. 요지는 그날 밤 나를 안전하게 지켜 주었다. 내 마음은 기쁨으로 요동쳤다. 모든 공포에서 벗어나 몸도 한결 가벼워진 것 같았다.

이 절박했던 시기에 그의 존재가 너무도 컸기 때문에 나는 이 남자의 얼굴을 평생 기억할 것이다. 나는 그에게 내 방으로 오라고 했고, 그가 나를 따라왔다. 그는 어색해 하며 주춤거렸다. 하지만 나에게 그는 온 세상을 구한 사람처럼 보였다.

그는 일본인들이 우리에게 한 짓을 잘 알고 있었고, 몹시 부끄러워했다. 겸손한 몸짓으로 사과하면서, 겁낼 필요 없으며 밤새도록 함께 있어 주겠다고 했다. 나는 그에게 악수를 건네며 고마움을 표현했다.

둘이서 한참을 이야기했다. 우리가 어떻게 의사소통을 했는지 지금 생각해도 의아하다. 그러나 어쨌든 이런저런 언어들을 조금씩 써 가며 몸짓으로 그림으로 대화를 이어 갔던 것 같다.

"카드를 주신 하느님 감사합니다." 나는 그와 밤새도록 무엇을 할까 고심을 했었다. 나는 그에게 몇 가지 네덜란드 카드 게임을 가르쳐 주었고, 그는 나에게 일본식 카드 게임 몇 가지를 가르쳐 주었다. 그리고 당연히 나는 그를 가톨릭으로 개종시키려고 노력했다. 나는 오랫동안 밤에 잠을 제대로 자지 못했는데, 그날은 편안하게 푹 잘 수 있었다. 신께 감사했다. 자야 할 시간이 되었을 때, 나는 요지에게 내 침대에서 자라고 하고 나는 마루에서 자겠다고 했다. 그러나 요지는 끝끝내 자기가 마루에서 자겠다고 고집했다.

나는 모기장 속으로 들어가 베개를 베고 누웠다. 얼마나 피곤했던지, 내 몸이 얼마나 지쳤는지를 처음으로 느낄 수 있는 시간이었다. 이른 아침, 요지는 한마디도 없이 떠났다. 그가 또 밤에 다시 올 수 있기를 희망했다.

한 주 동안 요지는 나를 안전하게 지켜 주기 위해 매일 밤 찾아왔다. 시간을 보내기 위해 나는 어린 시절 친구들과 하고 놀던 게임을 모두 생각해 냈다. 어느 날 밤은 3목 두기처럼 그림판을 가지고 하는 게임들을 하며 시간을 보냈다. 요지는 언니의 더 많은 편지들을 나에게 보내 주었고, 언니가 다른 소녀들을 위해 보낸 선물 꾸러미도 전달해 줄 수 있었다. 그 캄캄하던 시절에 언니 앨라인은 보석 같은 한줄기 빛이었다.

리스도, 자기를 도와주고 밤 동안 자유롭게 해줄 수 있는 사람을 잠시 동안이었지만 만날 수 있었다. 그 일본인은 기독교인이었고, 미국에 생활한 경험이 있었다. 리스가 자신이 수용소에서 강제로 징발되어 억지로 이곳에 억류되어 있다는 내용을 전달했을 때, 그 사람은 그녀에게 미안함을 느꼈다. 그는 리스를 몇 차례나 찾아왔고, 적어도 방문한 동안은 강간을 당하지 않도록 해줄 수 있었다.

불행히도 요지가 무한정 방문할 수는 없는 일이었다. 그는 자기가 매일 매음굴에 가서 밤새도록 있다 오는 것 때문에 일본인 친구들로부터 놀림과 비웃음을 당한다고 말했다. 나를 손끝 하나 건드리지도 않았는데도 그런 소리를 들어야 하는 처지가 분명 힘든 일이었을 것이다. 요지가 한동안 나를 도와주다가 언제부터인가 오지 않았다. 그에게 무슨 일이 생긴 것은 아닌지 걱정이 되었다. 그가 방문해서 한동안 나는 대단한 특권을 누리는 기분이었다. 오래 지속되기에는 너무 큰 혜택이었다.

그가 와 있는 밤 동안은 안전했지만, 낮에는 수시로 강간을 당했다. 일본군이 낮에는 사교 활동만 하게 되어 있었지만 이런 규율은 자주 깨졌다. 나는 하산에게 한 가지 더 부탁을 했다. 나는 요지가 왜 오지 않는지를 알고 싶었다. 이 심부름 때문에 하산이 위험해질 수 있음을 알았다. 이것이 내가 하산에게 언니를 찾아가 달라고 한 마지막 부탁이다. 앨라인은 요지가 다른 부대와 함께 스마랑을 떠나 이주했기 때문에 다시 방문하지는 못한다고 답했다.

아침이면 밤새 나를 안전하게 지켜 주어서 감사하다고 늘 말하곤 했지만, 그래도 나에게 베풀어 준 그 모든 일에 감사하고 또 작별 인사를 할 기회가 전혀 없었던 점이 못내 안타까웠다.

몇 달이 지나면서 우리 소녀들의 체중이 줄었다. 사티나가 정성껏 요리해서 보살피려 애썼지만, 우리는 음식을 잘 먹지 못했다. 하산과 사티나의 사랑과 도움이 없었다면 우리는 어떻게 되었을지 상상할 수도 없다. 그들은 언제나 웃는 얼굴로 자리를 지켰고, 우리가 숨는 것을 기꺼이 도와주었다. 사티나는 자기 방에 나를 여러 번 숨겨 주었고, 일본군이 나를 찾을 때 하산은 엉뚱한 방향을 가리켜 곤경에 처한 나를 구해 주곤 했다. 우리는 지쳐 있었고 신경은 극도로 날카로워져 있었다. 고위 장교가 올 때마다 항의를 했지만, 그들은 언제나 모른 체했다.

우리는 저마다 기운을 유지하고 희망을 놓치지 않기 위해 노력하면서 나름대로 상황을 견뎌 나갈 방법을 찾아야 했다. 내면의 힘은 신앙과 기도, 신으로부터 나왔다. 나는 신에게, "왜 나에게 이런 일이 생기나요? 왜 나인가요, 주님?" 하고 물어본 적이 없다. 나는 이 모든 게 틀림없이 신의 뜻이며, 일어난 모든 일은 나의 믿음을 강하게 만들어 줄 뿐임을 알고 있었다.

남은 것이 아무 것도 없었을 때, 모든 것을 빼앗겼을 때, 오직 신과 나만 있었다. 그래서 그 어느 때보다 나는 신이 필요했다. 나는 신에게만 기대고 있었고, 그런 마음가짐을 통해 신에게 더 가까이 갈 수 있었다. 그런 일은 인생에서 좀처럼 일어나지 않는다. 그러나 그런 환경에 부닥치면서 나는 신에게 가까이 가는 경험을 할 수 있었다.

하루하루 새로 시작하는 것이 그렇게 힘들었던 것은 오늘 무슨 일이 벌어질지 모른다는 사실 때문이었다. 여태껏 벌어지던 일이 또 벌어진다는 것, 곤경에서 내가 대처할 방법이 없다는 사실을 나는 알고 있었다. 더 이상 숨을 곳도 없고 이미 할 수 있는 게임이나 잔꾀는 다했고, 불쌍히 여겨 달라고 호소도 해봤지만 모두 부질없었다. 나를 겁탈하던 그 많은 일본인의 얼굴을 일일이 다 기억하지도 못한다. 번번이 저항하며 밀쳐내던 끔찍한 몸뚱이만 보았을 뿐이다. 매음굴에서 일본인들은 나를 학대하고 모욕했다. 내 온 몸이 찢기고 부서져 상처가 없는 곳이 없었다.

어머니와 두 여동생이 몹시 그리웠다. 내가 수용소를 떠날 때 어머니는 건강이 좋지 않았고 너무 약해져 있었다. 어머니가 돌아가시지는 않을지 걱정되었다. 어머니가 돌아가시면 핀과 셀레스트는 어떻게 되는가? 그러나 신에 대한 나의 믿음은 깊었고, 어쨌든 그들을 다시 볼 수 있을 거라고 어느 정도 예감하고 있었다. 상상 속에서 나는 우리 어머니와 아버지가 다시 만나고, 온 가족이 다시 모이는 모습을 그리고 또 그렸다. 내가 계속 살아남을 수 있었던 것은 사랑하는 가족과 만나 행복을 다시 찾을 수 있으리라는 꿈 덕분이었다. 행복한 가정생활과 유복한 어린 시절의 경험이 이 모든 고난을 겪고 살아남게 된 밑바탕이 되었다.

어느날 혹시 임신이 아닌가 하는 생각이 들면서 더 큰 절망이 밀려왔다. 생리가 없어졌다. 성병의 위험도 무서웠지만, 늘 임신에 대한 두려움이 있었다. 일본인들은 콘돔을 사용해야 했지만, 대부분이 규정을 무시했다. 나는 임신일지도 모른다는 생각에 무서웠다.

공포스러운 첫날의 강간, 새벽까지 계속된 그날 밤 일로 임신이 되지 않았을까 걱정했다. 너무 무서웠다. 이 전쟁 시기에 일본인의 아이를 갖게 된다면, 앞으로 내 인생과 꿈, 희망은 어떻게 될 것인가? 나는 종교인이 되겠다는 소명 의식을 갖고 있다. 그 꿈은 어떻게 될 것인가? 사람들은 나보고 뭐라고 할 것인가? 이런 폭력과 공포 속에서, 그 결과로 생긴 아이를 내가 사랑할 수 있을까? 이런 걱정으로 머릿속이 혼란스러웠다. 그날 밤 나는 절망의 눈물을 흘렸다. 늘 그랬듯이 내 삶을 신에게 맡겼다. 무슨 일이 일어나든 신은 나를 버리지 않을 거라고 확신하고 있었다.

이튿날 아침을 먹은 뒤, 다른 소녀들에게 내 걱정을 털어놓았다. 이야기를 듣고 그녀들 역시 나만큼이나 놀란 표정들이었다. 그들은 나에게 지지와 사랑을 보내는 이야기를 해주었다. 내가 가장 필요로 하던 것이다. 저마다 다 다른 의견을 내 놓았다. 결국은 내가 처한 곤경을 그렇게 무서워하던 '미스 가드'에게 말하는 것이 좋겠다는 생각으로 의견이 모였다. 임신했다면 수용소로 되돌아갈 수 있게 해줄 지도 모를 일이었다.

사무실로 찾아가 그 여자한테 갔다. 아침 이 시간이면 그녀는 늘 사무실에 있었다. 그녀는 왜 귀찮게 찾아왔냐는 화난 표정으로 나를 쏘아보았다. 나는 방에 들어가면서 공손히 고개 숙여 인사를 했지만, 그녀는 허리를 더 숙여 다시 하라고 했다. 상황을 설명하는 것이 그리 어려운 일은 아니었고, 그녀는 분명 내 말을 알아들었다. 그녀는 방을 나갔다가 다시 들어와서는 대답으로 알약 한 병을 내밀었다. 내 얼굴에 대고 그 약병을 흔들더니 손을 내밀라고 했다. 그러더니 알약을 한 움큼 주고는 그 자리에서 삼키라고 했다.

나는 그 약이 무슨 약인지 알 수 없었지만, 아마도 낙태를 유도하는 약이었을 것이다. 나는 머리를 흔들며 먹지 않겠다고 했다. 이런 상황에서 생긴 태아라고 해도 아이를 죽일 수는 없었다. 갑자기 보호 본능 같은 것이 내 안에서 발동했다. 나는 내 몸 안에 생명을 키우고 있고 신성하고 귀한 일이다. 내가 원한 적은 없지만, 결국 내 아기로 자라날 것이다. 나는 계속 알약 복용을 거부했다. 결국 그들은 억지로 내 입을 열어 약을 밀어 넣었다. 그 일이 있은 뒤 곧 생리가 시작되었다. 아무 일 없었던 것처럼 매음굴 생활을 다시 시작해야 했다. 훗날 나는 그 약병에 들어 있는 것이 키니네 알약임을 알았다. 키니네를 다량으로 복용하면 유산을 할 수도 있고, 잘못하면 사람이 사망할 수도 있다.

그 알약들을 먹고 죽지는 않았으니 나는 운이 좋은 셈이다. '미스 가드'에게 한 주 정도 쉬면 안 되겠냐고 물었더니, 그녀는 매정하게 머리를 저었다. 그녀에겐 그 정도 사건이 예삿일 뿐이었다.

†

뒷마당에 나무줄기로 만든 안락의자가 몇 개 놓여 있었다. 기회만 되면 우리는 본능적으로 침실에서 멀리 떨어진 그곳에 모여 앉아 이야기를 나누곤 했다. 어느 날 아침 우리가 나누던 이야기를 우연히 듣고 있던 돌리와 이본이 다가왔다. 흔한 일이 아니었다.

"좋은 방법 하나 알려줄까?" 돌리가 말했다. "친타(tjinta, 애인) 하나를 만드는 게 좋을 거야. 너를 너무 힘들지 않게 하는 일본인들 중에서 골라 봐. 그들에게 잘 보이고 구슬려서 매일 밤 찾아오게 만드는 거야. 매일 다른 사람이 오는 것보다 같은 사람이 오는 편이 훨씬 낫지. 이런 식으로 하면 너희들 자신이 정말 훨씬 편해질 거야."

돌리와 이본이 몇몇 잽스와 어울려 다니는 것을 본 기억이 난다. 이 모든 것이 즐거운 놀이인 양 웃고 농담하면서 다녔다. 나는 그 모습이 얄밉고 싫었다. 그 조언이 아무리 현명하다 해도, 나는 결코 할 수 없는 일이었다.

†

스마랑 매음굴에서 우리가 얼마나 오래 있었던가? 정확히 기억할 수는 없지만, 적어도 석 달은 되었던 것 같다. 갈수록 낮에 그 집을 방문하는 군인이 많아졌기 때문에, 우리끼리 지낼 수 있는 귀한 시간이 점차 줄어들었다. 조직적으로 자행된 강간이 우리에게 영향을 미치고 있었다.

어느 날 땅거미 지는 늦은 오후 베란다에 앉아 있는데, 하산이 어디선지 나타나서 불을 켰다. 하산은 맨발로 그렇게 인기척 없이 다녔다. "테리마 카시(Terima kasih, 고마워), 하산!" 내가 말했다. 매미들의 단조롭고 새된 울음소리를 들으며 내가 말했다. 작은 치착(tjitjak, 도마뱀)이 불빛에 끌려 숨어 있던 장소에서 나와 벽을 가로질러 기어갔다. 두꺼비 몇 마리가 베란다 안으로 정답게 뛰어들어 노래하고 벌레 사냥을 하는 대열에 끼어들었다. 이 모든 게 밤이 온다는 신호다. 나는 이 아름다운 소리들과 함께 자랐지만, 이제 이 밤이 오는 소리는 온 몸이 녹초가 되도록 나를 떨게 만들었다.

나는 무릎에 놓인 그림들을 내려다보고 있었다. 리스, 게르다, 미프, 엘스, 베티, 애니의 모습을 연필로 스케치해 두었다. 나는 이 소녀들을 영원히 기억하고 싶었다. 손수건에 수놓은 이름만이 아니라 그 모습까지도. 이런 우정과 유대가 우리의 큰 자산이었다. 나는 지금도 그들의 초상화를 갖고 있다. 참 다행이다. 그 친구들 하나하나가 그들만의 방식으로 나에게 영향을 끼쳤다. 우리 모두는 서로서로 도움을 줄 수 있는 개성을 갖고 있었지만, 이제는 누구 할 것 없이 이 모두 완전히 지쳐 있었다.

리스와 나는 묵주를 들고 더 많이 기도했다. 게르다는 신경과민이었고 갈수록 더 자주 울었다. 미프는 혼수상태에서 주변을 돌아다녔다. 베티는 마음을 달래기 위해 끊임없이 뜨개질을 하며 작은 매트를 만들었다. 엘스와 애니는 현실을 잊기 위한 방편으로 음식과 요리에 애착을 갖고 수많은 요리법을 교환했다.

그러던 어느 날 이 집의 분위기가 갑자기 바뀌는 듯했다. 일본인들이 신경질적으로 명령을 내렸다. 계급 높은 장교들이 많이 와서 사무실에서 오랫동안 논쟁을 벌였고, 소리를 높이는 경우도 많았다. 뭔가 달랐고 심상치 않았다. 한 일본군 고위 장교가 어떤 명령을 내리겠다고 우리를 소집했다. 그는 의자에 기대어 앉아서 우리를 한 사람 한 사람 바라보았다. 우리를 세워 놓고 그 남성은 한동안

시계 방향으로 게르다(18세), 미프(22세), 리스(20세), 애나(17세)

입을 열지 않았다. 나는 그 추잡한 얼굴을 알고 있었고, 그가 자신의 더러운 쾌락을 위해 우리 중 하나를 불러 낼까봐 겁을 내고 있었다.

일본인들은 명령을 내릴 때 그냥 말하는 법이 없었다. 언제나 소리를 질렀다. 이번에도 그는 소리를 지르며 우리에게 짐을 챙기라고 했다. 내일 이 집을 떠나야 한다고 했다. 이유는 말하지 않았다. 우리가 어디로 갈 것인지도 말하지 않았다. 우리는 무서웠다. 도대체 무슨 심산인가? 지금보다 더 열악한 조건에서 종말을 맞게 될 것인가? 다른 매음굴로 보내려는 건가? 스마랑에 네덜란드 소녀들이 있는 매음굴이 몇 군데 더 있다는 사실을 우리는 알고 있었다. 우리를 따로 떼어 놓을 것인가? 우리가 가진 것이라고는 함께 있다는 것뿐인데.

하산과 사티나에게 이야기를 하니, 그들도 내일 떠난다고 했다. 그들은 이 집을 영원히 떠나게 되서 기쁘다고 했다. 하산은 앨라인 언니한테 우리 소식을 전해 주겠다고 말했다. 나는 급하게 편지를 써서 언니에게 전해 달라고 하산에게 부탁했다. 일본인들이 우리를 그 집에서 옮기려고 하는데, 어디로 데려갈지는 모른다고 썼다. 이것이 전쟁이 끝날 때까지 내가 언니와 주고받은 마지막 교신이었다.

이튿날 아침 충직했던 친구 하산과 사티나와 작별하게 되면서 우리는 많이 울었다. 우리는 이들을 사랑하게 되었고, 헤어지려니 가슴이 찢어지는 것 같았다. "슬라맛 팅갈!" 그들을 꼭 안고 말했다. 다시는 못 만날 것임을 직감했다.

우리는 군용 트럭이 집 앞에 와 있다는 소리를 들었다. 다시 한 번

겁에 질린 어린 소녀들이 이송되었다. 이번에는 이틀이나 걸리는 여정이고 끔찍한 기차 여행이었다. 스마랑 역을 출발하자마자, 열차 창문을 판자로 가렸다. 우리를 어디로 데려가는지는 여전히 몰랐다. 열차 안의 상황은 열악했다. 참기 힘들 정도로 덥고 숨이 막힐 것 같았다. 창문을 막았으니 어디로 가고 있는지 내다볼 수도 없었다. 우리가 타고 있는 칸을 벗어나지도 못했다. 용변은 뚜껑 달린 양동이에 보아야 했다. 기차를 타고 가는 일은 너무 힘들었고 아무도 잠을 자지 못했다.

기차는 우리를 보고르(Bogor)로 데려다주었다. 자바 섬 서쪽에 있는 바타비아(자카르타)에서 남쪽으로 53킬로미터 떨어진 곳에 있는 도시였다. 우리는 보고르 수용소에 도착했다. 스마랑 매음굴에서 왜 갑자기 이곳으로 옮겼는지에 대한 설명은 없었다. 우리가 아는 것이라고는 다른 수용소로 왔다는 사실뿐이었다. 일본인 매음굴에서 성노예로 살던 시절은 끝났다. 새로 정착하게 된 곳이 또 다른 매음굴이 아니라 수용소라는 사실을 알고 우리는 큰 안도감을 느꼈다.

4

가족을 다시 만날 수 있을까

톰은 내가 어머니를 방문할 때면 병원에 무사히 도착했는지를 꼭 챙기곤 했다.
이런 톰의 배려로 전쟁 기간에 사랑이 싹트기 시작했다.

1944년, 우리는 보고르에 도착했다. 수용소에 당도했을 때, 한 일본인이 그동안 우리가 겪은 일을 누구에게도 말하면 안 된다고 했다. 만약 발설했다가는 가만 두지 않을 것이며, 가족들까지 죽게 될 것이라고 했다. 그때부터 침묵은 시작되었다. 그렇게 강요로 시작된 침묵이 이후 50년 동안 이어졌다.

보고르에 있는 수용소는 임시 수용소였다. 전에 네덜란드인들이 살던 여러 집의 담장을 허물어 포로수용소로 바꾸어 놓은 것이었다. 이곳에서 다른 소녀들과 함께 지내게 되었다. 그녀들 역시 여러 수용소에서 강제로 징발되어 일본인을 위한 매음굴로 끌려간 이들이었다. 보고르에 와서야 우리는 인류를 짓밟은 이 어마어마한 범죄의 심각함을 제대로 깨닫게 되었다. 이 수용소에는 100명이 넘는 네덜란드 소녀들이 있었다. 모두 일본군에게 강간당한 전쟁 피해자였다. 놀랍게도 여기서 나는 학창 시절 친구들을 많이 만났다. 눈물의 재회였다. "너를 이렇게 만나면 안 되는데!" 나는 고등학교시절 친구들을 껴안으며 말했다.

얼마 뒤에 어머니와 핀, 셀레스트, 그리고 다른 강간 피해자의 어머니와 동생들이 보고르 수용소로 왔다. 기차를 타고 우리처럼 똑같이 힘든 이틀간의 여행을 거쳐 도착했다. 그들도 마찬가지로 어디로 가는지 모르는 채 여기까지 왔다.

다음 날 트럭 몇 대가 새 수용자들을 싣고 도착했다. 나는 다른 소녀들과 함께 누가 오는지 보려고 뛰어 나갔다. "어머니들이다!"(Het zyn onze moeders!). 누군가 소리쳤다. 얼마나 기뻤는지, 우리는 펄쩍펄쩍 뛰었다. 어머니와 동생들과 재회하는 소녀들을 한 명 한 명 바라보며 나는 초조했다. 마침내 우리 어머니, 핀, 셀레스트를 발견하곤 가슴이 벅차올랐다. 이후 내 인생에서 길이길이 잊지 못할 소중한 순간이었다. 이 순간 우리 세 사람 사이의 유대는 더욱 단단해졌다. 우리는 다시는 떨어지지 않을 것처럼 오랫동안 껴안고 있었다. 어머니를 안으니 앙상한 뼈가 느껴질 정도였다. 셀레스트 역시 작고 말라서 내 품속에서 사라져 버릴 것 같았다. 핀과 셀레스트는 내가 암바라와 수용소를 떠난 이래 더 야위어 있었다.

오랫동안 우리는 기쁨의 눈물을 흘렸고, 믿을 수 없어 그대로 선 채로 서로를 계속 쳐다보았다. 어머니 모습은 말로 표현할 수 없을 지경이었다. 눈에 띄게 말랐고 머리는 거의 백발이 되어 있었다. 눈 가장자리가 거무죽죽했는데, 그동안 겪었던 근심과 질병의 징후였다. 낡고 헤진 수용소 옷을 입은 어머니의 모습이 무척 가련해 보였다. 우아하게 차려입고 지내던 몇 년 전의 모습과 너무나 대조되었다.

늘 그랬듯이 셀레스트는 인형을 안고 있었다. 그런데 셀레스트가 가장 아끼던 인형 욜란다가 아니었다. 나는 놀라서 물었다. "욜란다는 어디 갔니?" 어머니가 재빨리 끼어들었다. "내가 나중에 말해 줄게." 전쟁으로 인해 어머니가 어머니답지 않은 언행을 한 유일한 사건이었다. 암바라와 수용소에서 짐을 챙길 때, 어머니는 셀레스트가 아끼는 욜란다를 가방에 챙겨 넣지 못하게 했다. 욜란다 때문에 다른 필요한 것을 넣지 못하게 되기 때문이었다. 셀레스트는 울면서, 욜란다는 그렇게 크지도 않고 낡지도 않았다고 어머니를 설득하려고 했다. 그러나 어머니는 자기가 욜란다를 '분실'했다고 말했다. 셀레스트는 오래전에 어머니를 이해했고 당연히 마음도 풀렸다. 그러나 우리 어머니는 자기 자신을 결코 용서하지 못했다. 셀레스트에게 그렇게 말할 수밖에 없었던 자신을 결코 용납할 수 없었던 것이다.

언제나 기민했던 핀은 나를 쳐다보면서 호기심 가득한 말을 쏟아냈다. 핀은 내가 머리에 두르고 있는 스카프를 유심히 살폈다. 내가 설명할 차례였지만, "이제 곧 너희를 위해 학교를 열 수 있을 거야" 하고 다른 말로 화제를 돌렸다. 학교라는 말을 듣자 핀과 셀레스트는 마음이 들떴다. 나는 그들과 함께 우리에게 배당된 집으로 들어갔다. 그 집을 다른 네 가족과 함께 공유했다.

비좁은 암바라와 수용소와 비교하면 이 집은 사치스럽게 느껴질 정도였다. '부엌과 목욕탕, 진짜 화장실이 있는 집이라니!' 게다가 약간의 가구도 있었고, 한때 여기서 행복하게 살던 네덜란드 가족의 물건들이 몇 가지 남아 있었다. 네덜란드인들이 수용소로 끌려간 뒤에도 이 집들은 인도네시아인의 약탈을 면할 수 있었다. 일본인들이 이 집들을 확보했기 때문이다. 그리고 포로수용소로 전환되었다.

이 집에서 나온 서류들을 통해 이 집에 살던 가족의 성이 플레이(Pley)임을 알았다. 남아 있던 사진들을 통해 그들에 대해 좀 더 알 수 있었다. 우리는 그들이 쓰던 접시를 사용했는데, 그중 하나는 지금도 내가 간직하고 있다. 그들의 손톱깎이를 이용해 손톱을 깎기도 했다. 우리는 그 손톱깎이를 '플레이 씨의 손톱가위'라고 불렀다. 그들의 물건을 사용할 때마다 미안했다. 우리 역시 쓰던 물건을 살던 집에 거의 그대로 남겨 두고 나왔다는 것을 생각하면 한없이 슬퍼지기도 했다.

보고르 수용소에서 지낼 수 있게 되면서, 어머니는 겨우 생기를 되찾기 시작했다. 음식이 훨씬 나아졌기 때문이기도 했다. 제공되는 음식에 놀라기도 했다. 일본인들이 그동안 저지른 학대를 보상하고 싶어 하는 것처럼 보일 정도였다.

우리는 첫날 일찍 잠자리에 들었다. 핀과 셀레스트는 긴 기차 여행 탓에 몹시 지쳐 있었고, 곧 깊이 잠이 들었다. 밤에 가족과 나란히 함께 누워 있으니 큰 안도감이 밀려왔다. 나는 어머니 품속으로 깊숙이 파고들었다. 내가 당한 일을 어머니한테 아직 다 말할 수는 없었고, 또 그렇게 할 필요도 없었다. 어머니도 알고 계신 것 같았다. 밤이 깊어지자 어머니는 박박 밀어놓은 내 머리통을 손으로 계속 쓰다듬었다. 부드럽고 사랑스럽게, 다 이해한다는 듯한 몸짓으로 내가 잠들 때까지 계속 어루만져 주었다.

이튿날 어머니와 단 둘이 있게 되었을 때, 나는 일본 군인들한테 끌려가 당했던 일을 모두 말씀드렸다. 말하면서 어머니의 표정을 보니 울음을 억지로 참고 있는 기색이 역력했다. 이렇게 딱 한 번 이야기했을 뿐이다. 어머니가 더 이상은 감당할 수 없으리라는 것을 알 수 있었고, 그 뒤로 어머니와 나는 이 이야기를 다시는 꺼내지 않았다. 침묵은 다시 깊어졌다.

다른 소녀들의 상황도 비슷했다. 어머니들에게 실제 있었던 일을 제대로 이야기하지 못했다. 너무 큰 충격을 받을 것이기 때문이다. 매음굴에서 우리 소녀들은 서로 이야기할 수 있었다. 하지만 이제는 모두들 침묵했다.

우리는 상담할 사람도 없었고, 누구도 우리에게 도움의 손길을 내밀지 않았다. 그저 아무 일도 없던 것처럼 우리는 일상을 살아야 했다. 당시 우리 어머니가 얼마나 큰 심리적 충격을 받고 힘들어했는지 나는 알고 있었다. 나는 그녀의 딸이었다. 딸에게 그런 일이 발생했다면! 어머니와 두 여동생에게 나는 이전과 똑같은 얀이라고, 나는 바뀐 것이 없다고, 늘 그랬듯이 충만한 기쁨을 간직하고 있고, 우리는 다시 함께 웃을 수 있다는 것을 보여 주고 싶었다. 그때부터 나는 머리에 스카프를 두르고 다녔다. 많은 친구들이 내 머리를 감출 수 있는 천 조각들을 모아서 갖다 주었다.

다음 날 아침 '덴코'(점호 소리)를 듣고 나는 바뀐 게 없음을 실감했다. 우리는 여전히 일본인의 포로였다. 우리는 여전히 포로수용소에 있었고, 수용소 소장의 변덕과 아량에 좌우되는 신세였다. 이번 수용소 소장은 코에 수염을 길렀기 때문에 우리는 곧 '콧수염'을 뜻하는 '드스노르'(de snor)라는 별명을 붙였다. 이 소장도 마찬가지로 야비하고 잔혹한 인상이었다. 나에겐 모든 일본인이 다 그렇게 보였다.

　우리를 하나하나 세면서, 소장이 나를 유심히 쳐다보았다. 분명 장교 클럽, 이른바 '위안소'에서 온 한 소녀가 자기 머리카락을 밀어 버린 일이 있다는 말을 들었을 것이다. 그가 내 앞으로 다가왔다. 그는 스카프로 감싼 내 머리를 들여다보고 싶어 했다. 화난 목소리로 앞으로 나오라고 명령했다. 앞으로 나가는데, 뒤에서 어머니가 나를 보호하려는 본능적 몸짓으로 당기는 것이 느껴졌다. 모든 여성이 숨을 죽이고 있었고, 일부는 어머니를 말려서 줄에 서 있도록 했다. 어머니가 구타를 당할까봐 걱정했던 것이다. 나는 겁에 질려 서 있었다.

　소장은 칼집에서 칼을 뽑아 잽싸게 휘둘러 내 스카프를 벗겼다. 여성들, 아이들, 일본군 경비들 앞에서 나는 민머리로 서서 경멸의 대상이 되는 모욕을 당했다. 이들은 내게 가해진 잔혹한 학대의 증인들이 되었다. 내 두 여동생은 지금도 그때 일을 말하곤 했다. 소장이 자기 머리카락을 밀어 버렸다는 소녀에 대한 소문이 사실인지를 확인하고 싶어서, 내 머리를 보고 싶어서 스카프를 베어 내던 순간을 두 동생은 결코 잊을 수 없을 거라고 한다.

†

　보고르 수용소에서는 돈이 있으면 야채, 쌀, 달걀, 바나나, 기름 등 몇 가지 물품을 구매할 수 있었다. 이런 거래가 경비들을 통해 이루어졌다. 경비들은 용돈을 벌 수 있기 때문에 만족스러웠을 것이다. 원칙적으로는 남은 돈이 없어야 했지만, 어쨌든 여성들은 돈을 만들어 냈고 그것을 일본 돈으로 교환했다. 나는 어머니가 마지막 남은 네덜란드 금화 10길더를 일본인들이 당시 사용했던 화폐 299 루피아로 바꾸었던 것을 기억한다.

당시 인도네시아인들은 무척 가난했다. 그들은 음식을 갖고 와서 옷이나 돈으로 기꺼이 교환해 갔다. 우리는 담장을 사이에 두고 철조망 사이로 선별된 물품들을 교환했다. 이 과정에서 나는 닭 한 마리를 얻게 되었고, 요리해서 어머니한테 드릴 수 있다는 생각에 좋아하고 있었다. 닭은 산 채로 담장 위로 던져졌다. 나는 어찌할 바를 몰랐다. 죽이고 깃털을 뽑아야 했다. 요리사 이마 생각이 간절했고, 그녀가 하던 방식을 기억해 내려고 했다. 핀과 셀레스트가 우러러보는 가운데, 나는 닭을 잡고 털을 뽑아 요리해서 결국 맛있는 닭고기 수프를 만들어 냈다. 여동생 핀과 셀레스트는 지금까지도 웃으면서 이 이야기를 한다. "전쟁이 나고 처음 닭고기를 먹게 되었을 때, 얀이 이걸 어떻게 요리했는지 아니!"

암바라와에 있을 때와 마찬가지로, 우리는 거의 아무 것도 버리지 않고 싹 먹어 치웠다. 바나나 껍질은 기름에 튀겨 먹었고, 달걀껍질도 으깨서 칼슘 영양제로 섭취했다. 채소를 좀 길러 보려고도 했다. 집에는 여전히 커튼이 걸려 있었다. 어느 날 나는 커튼을 모두 떼어 내 가위로 자르고 한때 플레이 부인의 것이었을 반짇고리 바구니에 들어 있던 도구들을 이용해 직접 옷을 짓기도 했다.

먼저 아이들을 위한 학교를 다시 열었고, 수용소 운영을 위해 작업반을 조직했다. 그러나 곧 발생한 끔찍한 사건 때문에 이렇게 새로 만들어 가던 질서가 그대로 무너졌다. 일본군 경비 중 한 명이 밤에 어떤 집으로 들어갔다. 그곳에서 한 여성을 보고 처음에는 그냥 물물교환하면서 이야기나 나누려고 왔다고 거짓말을 했다가, 갑자기 돌변하여 그녀를 강간하려고 했다. 그 경비는 분명 우리 중 일부가 매음굴에서 왔다는 이야기를 들었을 테고, 쉽게 다룰 수 있을 거라 생각했을 것이다. 여성의 비명에 모두들 나와 소리를 질러 댔고, 그 군인은 우물쭈물하다가 어둠 속으로 도망가 버렸다.

이 강간 미수 사건은 곧 소장에게 보고되었다. 아침 점호 시간에 일본군 경비 중 한 명이 불려 나와 수용소 한 가운데 세워졌다. 소장은 그 앞으로 뚜벅뚜벅 걸어가 우리는 알아들을 수 없는 말로 심하게 질책했다.

경비는 겁에 질려 서 있었다. 소장은 자신의 권총을 꺼내서 그의 손에 쥐어 주었다. 이윽고 이 불쌍한 사람은 강제로 총을 입속에 넣고 방아쇠를 당겼다. 피가 마당에 흩뿌려졌다. 여성과 아이들이 이 끔찍한 장면을 모두 지켜보았다. 아이들은 비명을 질렀고, 내 옆에 섰던 소녀는 그만 기절했다. 무섭기는 했지만, 그래도 앞으로 강간당할 일은 없겠구나 하는 생각도 들었다. 어쨌든 일본인들의 그 이상한 정신세계를 우리로서는 이해할 수가 없었다. 얼마 전만 해도 우리는 일본 천황 히로히토, 일본 헌병대, 일본 최고 군 당국의 승인 아래 하루에 최소 열 명의 일본인들에게 강간을 당했다. 그런데 똑같은 일을 저지르려고 한 이 경비는 이제 강제로 스스로에게 총을 쏘아야 했다.

이 사건과 별개로, 보고르 수용소에서 좋은 시절은 오래가지 않았다. 그 몇 달 동안 어머니는 약간 살이 올랐다. 그러나 우리는 채소밭에서 뭔가가 조금씩 올라오던 바로 그 시기에 다시 한 번 다른 수용소로 이송되었다. 늘 그랬듯이 이번에는 또 무슨 일이 발생할 것인지 두려움이 다시 시작되었다. 어디로 가는 것인가? 이것이 우리에게는 마지막 이송이었다. 1944년 9월 우리는 크라마트라는 대규모 여성 포로수용소로 이송되었다. 오늘날의 자카르타인, 바타비아에 있는 수용소였다.

†

크라마트 수용소에서 우리는 다른 사람들과 멀찍이 떨어져 있는 곳에 숙소를 배정받았다. 수용소 안에 있는 또 하나의 수용소에 갇혀 있는 셈이었다. 일본인 장교들은 소문이 번지고 우리가 당한 일이 밝혀지는 것을 두려워했다. 그들은 우리를 고립시켜서 우리가 당했던 사실이 밖으로 새 나가는 것을 막으려고 했다. 죽고 싶을 정도로 잔혹하게 학대를 당한 우리가, 이제는 그 경험을 누구에게도 발설하지 말라는 입막음을 또 당했던 것이다. 그렇게 침묵이 또 이어졌다. 우리의 치욕과 고난은 아직 끝나지 않았다. 크라마트 수용소 내 다른 구역에 있던 여성들은 우리와 접촉하지 말라는 명령을 받았다. 그러나 우리를 왜 따로 고립시켰는지, 우리가 있는 수용소를 잔인하게도 '회렌 캄프'(Hoeren Kamp, 창녀촌)라고 불렀는지에 대한 소문은 어쨌든 퍼져 나갔다. 다른 여성들 중에는 우리가 자원해서 일본인들을 상대하는 매음굴로 들어갔다고 여기는 이들도 있었다. 그래서 특별한 대우와 음식을 제공받고 있을 거라고 믿기도 했다. 이 모든 게 사실이 아니다. 식량은 전보다 훨씬 형편없었고, 크라마트 수용소의 다른 여성이나 어린이들과 마찬가지로 우리도 겨우 굶어 죽지 않을 만큼만 배급받고 있었다.

이따금 수용소 내 다른 숙소에서 지내던 여성들이 우리 쪽으로 욕설을 퍼붓고, 욕을 쓴 종이를 돌에 매달아 담장 너머로 던지기도 했다. 우리를 창녀, 배신자 심지어는 '코네이넨'(konijnen, 토끼처럼 틈만 나면 섹스만 하고 있다는 부정적이고 모욕적인 말)이라고 했다.

우리 이야기를 믿어 준 사람은 가톨릭 수녀님들밖에 없었다. 나는 수녀님들과 담장에 난 구멍을 통해 은밀하게 연락을 주고받고 있었다. 그들과 소통할 수 있는 것 자체가 큰 위로가 되었다. 얼굴은 볼 수 없었지만, 담장을 사이에 두고 이야기는 할 수 있었다.

우리 수용소에 있던 어떤 여자의 별명은 '블론디'였다. 하얀 피부와 금발의 머리카락 때문이었다. 블론디는 스마랑 매음굴에 있던 소녀들 가운데 한 명이었고, 이곳 수용소로 돌아왔을 때는 임신한 상태였다. 뱃속 아이의 아버지가 누구인지는 블론디도 알 수 없었다. 분명한 건 매음굴에서 당했던 일의 결과라는 것뿐이었다.

블론디는 선량하고 쾌활한 젊은 여성이었고, 아이를 가진 것을 자랑스러워했다. 아이들이 그녀를 좋아했고, 배가 불러 오자 아이들 모두 출산을 기대하고 있었다. 블론디는 칠삭둥이 쌍둥이를 낳았다. 일본인을 닮은 멋진 쌍둥이였다! 태어난 아기는 지루하던 수용소 생활에서 다른 아이들에게 큰 기쁨을 주었고, 모두가 블론디의 쌍둥이 출산을 축하했다. 아이들이 앞 다투어 아기에게 관심을 표현했다. 이런 관심은 산모에게 큰 힘이 되었고, 쌍둥이 아기를 돌보는 데도 도움이 되었다.

†

치욕을 당했던 모든 소녀들의 어머니들은 보고르 수용소에서 만났을 때부터 우리의 건강을 몹시 염려했다. 누구든 성병에 걸렸을 가능성이 있었다. 어머니들은 우리가 병에 걸렸을 경우, 정기적으로 치료할 수 있도록 산부인과 전문의를 수용소로 불러 달라고 요구했다. 뜻밖에도 이 요구가 받아들여졌다. 어느 날 부근에 있는 남성 포로수용소에서 어떤 네덜란드인 의사가 크라마트 수용소로 왔다. 그의 이름은 스미스였다.

스미스 박사는 좋은 사람이었고 이해심이 깊었다. 수용소에 의료 장비들이 도착했고, 스미스 박사가 진료실을 마련했다. 어머니들은 무척 안도했고 소녀들도 마찬가지였다. 나만 빼고는……. 산부인과 의사가 오면 몸을 보여야 하는 그 수치스러운 과정을 다시 되풀이해야 한다는 점이 못내 불쾌했고 받아들이기 힘들었다.

처음에 나는 단호하게 진료실에 안 가겠다고 했다. 어머니가 가보라고 여러 번 졸랐다. 의사에게 갈 때마다 다시 한 번 강간당하는 기분이라는 것을 어떻게 설명할 수 있을까? 진료실에 갈 때마다 번

번이 나를 강간한 그 일본인 의사에 대한 기억을 떨쳐 버릴 수 없다는 것을 다른 사람이 어떻게 이해할 수 있을까? 그 끔찍한 경험 때문에 나는 모든 의사가 무서웠다.

모든 소녀가 의사의 진료를 받았다. 채혈도 했다. 검진을 받고 그 결과를 애타게 기다렸다. 의사가 온 것이 천만 다행이었다. 100명 중에 25명의 소녀가 성병에 감염된 것으로 드러났다. 감사하게도 나는 병에 걸리지 않았다.

크라마트의 생활 조건은 암바라와 시절보다 더 열악했다. 암바라와의 생활도 물론 끔찍했지만, 사정이 갈수록 더 나빠지고 있었다. 식량은 더 귀해졌고 우리는 늘 배가 고파 죽을 지경이었다. 쥐가 득실거렸는데, 결국 우리는 쥐를 잡아먹기까지 했다. 크고 검은 달팽이를 잡아먹기도 했지만, 인후통을 유발했기 때문에 계속 그걸 먹지는 못했다. 이질균으로 많은 사람들이 사망했다. 수용소 마당에는 늘 오물이 넘쳐났다.

어머니는 점점 쇠약해졌다. 뼈가 앙상하게 드러날 정도로 말라서 어린아이처럼 두 손으로 들어 올릴 수 있을 정도였다. 어머니는 폐렴에 걸렸다. 벽에서 물이 뚝뚝 떨어지는 방에 눅눅한 매트리스 위에서 지내야 했던 환경 탓에 생긴 병이다. 상태가 심각해져 어머니는 죽어 가는 이들을 위해 마련한 임시 병동으로 옮겨졌다. 곧 의식이 혼미해진 어머니는 나만 알아보았고, 내가 주는 음식만 받아 드셨다. 어머니한테 음식을 드리기 위해 여동생들과 나는 거의 먹지 않고 지냈다.

약품, 정제, 말라리아 알약 등이 수용소 생활에서 가장 긴요하고 귀한 물품이었다. 생명을 구할 수 있는 필수품이기 때문에 누구든 이런 의약품을 손에 넣게 되면 끝까지 간직하려고 했다. 그런데 스마랑 매음굴에 자원해서 들어갔던 이본이 우리 어머니가 아프다는 소문을 듣고 찾아와서 자기가 갖고 있던 마지막 알약 몇 개를 건네주었다. "나는 늘 네 어머니가 좋았어." 그녀가 말했다. "이게 도움이 될 거야."

그걸 받아야 할지 망설이고 있는데, 이본이 내 손을 낚아 채서 쥐어 주었다. "이건 비타민이야. 요건 키니네 알약이고." 그녀가 설명했다. 따뜻한 배려에 어찌나 감동했던지. 사랑스러운 이본. 이본은 언제나 수정 같은 순수한 마음을 갖고 있었다.

비타민을 먹었음에도 어머니의 상태는 나아지지 않았다. 사실 너무 약해져서 버틸 수 있는 날이 얼마 안 남았음이 분명해 보였다. 어머니는 몸무게가 37킬로그램밖에 안 되었다. 어떤 음식도 거의 삼키지 못했다. 핀과 셀레스트에게 어머니가 죽어 가고 있다는 얘기를 꺼낼 엄두가 나지 않았다.

죽어 가는 이들이 지내는 병동에서 무력하게 누워 있는 자그마한 어머니를 보고 있자니 가슴이 찢어졌다. 그러나 마음을 다잡고 어머니는 돌아가시지 않을 것이라는 신념을 가지려고 했다. 나는 신을 믿었고, 내 친구 모두에게 어머니를 위해 기도해 달라고 했다. 수용소 안 여러 사람이 거주하는 구역에 있던 수녀님들께 소식을 전했다. 진흙 속을 뛰어다니며 담벼락에 귀를 갖다 대고 도와달라고 했다. "사랑하는 얀" 수녀님 한 분이 하는 말씀을 들었다. "희망의 끈을 놓으면 안 돼. 어머니를 위해 우리 모두 함께 기도의 폭풍을 일으켜 하늘로 전할거야." 우리는 9일 기도를 했고 묵주 기도를 했고, 호칭 기도를 했다. 끝내 어머니는 돌아가시지 않았다. 전쟁이 끝날 때까지 여전히 병든 상태였지만, 그래도 살아남았다.

†

 1945년 1월 18일, 내 스물두 번째 생일이었다. 핀과 셀레스트가 배급받은 식량을 모았다가 어떻든 생일 케이크 비슷하게 생긴 것을 만들어 주었다. 이맘때쯤 머리카락은 다시 정상으로 돌아와 있었다. 생일이니 가장 멋진 옷을 꺼내 입기로 했다. 모든 여성은 전쟁이 끝나면 입을 옷을 한 벌 마련해 두고 있었다. 남편과 다시 만나게 되는 날 아름답게 보이기 위해서였다.
 수용소에서는 전쟁이 끝났다는 소문이 돌기 시작했다. 내 생일이 지나고 얼마 안 되서 우리는 아침에 하늘을 나는 비행기 한 대를 보았다. 수용소 위를 아주 낮게 날고 있었다. 일본 전투기가 아니라는 것을 확인한 우리는 흥분하며 소리를 지르고 펄쩍펄쩍 뛰었다. 동체에 빨간 동그라미 문양이 없어서 일본군 비행기가 아니라는 것을 분간할 수 있었다. 비행기에서 전단이 떨어졌다. 하늘이 내려주신다는 맛있는 음식, 만나처럼! 전단이 여기저기 흩어졌고, 우리는 그것을 집어 읽어 내렸다. 전단에는 이렇게 쓰여 있었다. "용기를 갖고 견디십시오. 전쟁은 곧 끝납니다!"
 전단지는 곧 압수당했지만, 용감한 나의 네덜란드인 친구는 연합군이 뿌리던 그 전단 하나를 지금도 보관하고 있다. 지금 그 친구는 오스트레일리아 애들레이드에 살고 있다. 일본인들은 전단지를 당장 내놓으라고 했지만, 그 친구는 놀라운 소식을 담은 그 종이를 계속 몰래 보관하고 있었던 것이다.

전단지를 읽고 여성들 사이에서 사기가 올랐지만, 그래도 누군가 죽어 가는 것을 막지는 못했다. 6개월이 지났고, 계속 사망자가 나오고 있었다. 날마다 여성과 아이들이 사망했다. 특히 아주 어리거나 나이가 많은 이들의 사망률이 높았다. 여동생 셀레스트는 수용소에 들어올 때 입었던 것과 똑같은 사이즈 옷을 입고 있었다. 식량이 부족하여 거의 성장이 멈춰 버린 것이다.

1945년 8월 6일, 히로시마에 원자폭탄이 떨어졌다. 자바에 있던 우리에게도, 전쟁은 그해 8월 15일 일본군이 무조건 항복을 선언하면서 끝났다. 다시 비행기가 우리 수용소 위로 날아왔다. 연합군 비행기였다. 그걸 확인하고 우리가 얼마나 흥분했던가!

비행기에서 식량과 페니실린을 비롯한 의약품, 갖가지 비스킷이 떨어졌다. 마침 그 무렵 페니실린이 처음으로 널리 사용되기 시작하던 시기였다. 바로 이 페니실린이 우리 어머니의 생명을 구했다. '어머니가 살아났어!'

식량이 배급되었고, 나는 동생들과 둘러앉아 처음으로 '자유의 저녁'을 만끽했다. 첫날은 밥을 너무 많이 먹어 복통을 앓기까지 했다. 몇 년 동안 위장이 쪼그라들었는데, 갑자기 폭식을 하니 감당하지 못했던 것이다. 우리는 곧 진정을 되찾고, 한 번에 너무 많이 먹지 않도록 주의했다.

전쟁이 정말 끝났다고 실감한 순간은, 우리 수용소에 누군가가 네덜란드 깃발을 가져왔을 때였다. 아무도 그 깃발이 어디서 나왔는지 몰랐다. 3년 반 동안 일본인 치하에서 있다가 '빨강, 파랑, 하양' 사랑스러운 깃발이 공중에 휘날리는 것을 보는 순간, 온 몸에 전율이 일어났고 주루룩 눈물이 흘렀다.

수용소에 있던 모든 사람들이 어찌할 바를 몰랐고, 친지들이 살아 있는지 확인하고 싶어 했다. 그 과정에서 적십자가 큰 역할을 했다. 우리는 그 뒤로도 다섯 달가량을 더 크라마트에서 지냈다. 달리 갈 곳이 없었기 때문이다. 식량이 보급되었고 의료진이 와서 환자들을 돌봤다. 어머니를 비롯해 중환자들은 외부 병원으로 이송되었다. 너무 창백하고 작고 늙고 약해진 어머니가 실려 나가는 것을 지켜보았다. 우리는 다시 떨어지게 되었지만, 잘 치료받은 뒤 다시 만나게 될 거라는 확신이 들었다. 나는 두 여동생을 돌보기 위해 수용소에 남았다. 이제 열세 살, 열 살이 된 동생들이었다. 그들은 3년 반 동안이나 소중한 아동기를 포로수용소에 묻어야 했다.

바깥세상으로부터 소식이 더 많이 들어오기 시작했고, 더러는 남편과 아버지들 소식도 날아왔다. 신은 우리를 보살피고 계셨다. 우리 가족 모두가 전쟁 내내 살아남았다. 아버지는 수마트라에서 일본군 포로로 잡혀 있었고, 워드 오빠는 유럽에서 독일군 포로가 되어 있었다. 할아버지 앙리도 앨라인도 다 생존해 있었다.

적십자의 도움으로 할아버지와 언니를 만날 수 있었다. 보고 만지고 목소리를 듣고 포옹을 하는 것 자체가 이루 다 표현할 수 없는 큰 기쁨이었다. 할아버지의 휴일 리조트인 '루스티카나 파크'와 아름다운 집, 휴일에 가던 방갈로들 모두가 전쟁으로 파괴되었다. 할아버지는 돌아갈 곳이 없었다. 네덜란드인들이 본국으로 귀향할 때 할아버지는 병원선에 실려 자바를 떠났다. 앨라인이 할아버지와 함께 있었다. 하지만 할아버지는 네덜란드에 정착하지 못했다. 자바가 안전해지자, 할아버지는 사랑하는 자바로 다시 돌아왔다. 암바라와 수녀원에 있는 프란체스코 수녀님들이 할아버지에게 머물 곳을 마련해 주었다. 할아버지가 돌아왔다는 소식을 듣고 전쟁 전에 함께 지내던 인도네시아인 하인들이 와서 할아버지가 돌아가실 때까지 보살펴 주었다. 1951년 7월 28일, 향년 87세로 할아버지는 세상을 떠났다.

언니, 할아버지와 재회한 뒤로도 한참을 더 기다려서야 우리는 아버지를 만날 수 있었다.

†

전쟁이 유럽을 휩쓸 때, 많은 예술가가 네덜란드령 동인도로 왔다. 그중에 한 명인 유명한 피아니스트 릴리 크라우스는 1942년에 일본 침공했을 때 자바에서 순회공연을 하고 있었다. 그녀 역시 크라마트 포로수용소에 감금되어 있었다. 3년 반이라는 공백을 넘어 이제 릴리 크라우스는 간절하게 다시 건반을 만지고 싶어 했다. 마침 피아노 한 대를 구할 수 있었고, 수용소로 들여오게 되었다. 그녀는 기뻐했고, 이후 몇 달 동안 우리는 쇼팽, 리스트, 슈만의 선율을

들을 수 있었다. 그렇게 달콤한 소리는 처음이었다. 릴리가 손을 풀기 위해 음계 연습을 하는 동작조차 우리 귀에는 감미로운 음악으로 들렸다. 큰 고생일 치른 뒤였기에, 릴리가 들려주는 음악에 우리는 더 큰 행복감을 느낄 수 있었다.

†

전쟁은 끝났고, 수용소의 정문이 열렸기 때문에 크라마트 내부에도 더 이상 장벽은 없어졌다. 우리는 수용소 다른 구역에 있는 여성들과도 자유롭게 어울릴 수 있었다. 나는 담장 사이로 대화를 나누던 수녀님들을 직접 대면하고 싶었다. 수용소를 가로질러 가면서 한 여성에게 길을 물었더니 여성은 차갑게 등을 돌렸다. 다른 여성들이 수군거리는 소리가 들렸다. "저기 봐, 창녀촌에서 나온 여자잖아." 나는 창피했고 모욕감이 들었다. 이런 일을 겪으며 내 침묵은 더 단단해졌다.

설명한들 무슨 소용이 있겠는가? 아무도 우리를 신뢰하지 않았다. 여동생들도 내가 겪은 일 때문에 고초를 겪었다. 하지만 존경하는 수녀님들은 팔을 벌려 나를 받아주었다. 전쟁 내내 어떻게 그들이 옷차림을 비롯한 생활방식을 거의 그대로 지켜 갈 수 있었는지 궁금하고 놀라울 따름이었다. 물론 전처럼 티끌 없이 하얀 옷은 아니었지만.

수녀님들이 좋은 소식을 알려 주었다. 다가오는 일요일에 가톨릭 신부님이 우리 수용소로 오셔서 미사를 집전한다는 소식이었다. 나는 무척 기뻤다. 마침내 나는 미사를 다시 드릴 수 있게 되었고, 영성체를 받을 수 있게 되었다.

당시 나는 신부님께 고하고 싶은 절박한 마음이 있었다. 그래서 미사 뒤에 신부님과 면담할 약속을 미리 잡아 두었다. 다른 신부님들보다는 디데리히 신부님을 다시 뵐 수 있기를 고대했지만 그렇게 되지는 않았다. 다소 부끄러워하며 나는 신부님께 다가가 앉아서 일본인 치하에서 겪은 고난을 모두 말씀드렸다.

너무 아프고 힘든 일이었다. 나는 중간중간 목이 메어 말을 멈추기도 했고 눈물을 삼키기도 했다. 내 얘기를 다 마칠 때까지 신부님은 미동도 않고 앉아 있었다. 나이가 꽤 든 분이었지만, 많이 놀랐고 어떻게 응대해야 할지 당황하는 눈치였다. 신부님 역시 그동안 일본인의 포로로 억류되어 있었고, 얼굴의 깊은 주름을 통해 그가 겪었던 고난을 짐작할 수 있었다.

마침내 나는 신부님께 수녀가 되고 싶다고 말씀드리면서 지도와 조언을 부탁했다. 이윽고 적막한 침묵이 흘렀다. 나는 긴장해서 아랫입술을 물어뜯고 손가락을 꼬물거렸다. 마침내 신부님이 입을 열었고, 내 마음은 쿵하고 가라앉았다. 나는 지금도 그가 했던 말 한 마디 한 마디를 다 기억하고 있다.

"나의 사랑하는 아이야." 그가 말했다. "이런 조건에서, 그리고 네가 겪은 일을 생각할 때, 나는 네가 수녀가 되지 않는 것이 낫겠다고 생각한다." 지금 생각하면, 그가 했던 조언은 완전히 잘못된 것이고 너무도 잔인했다. 그 말을 듣고 나는 무너져 내렸고 절망감에 슬품을 가눌 수 없었다. 그 말을 듣고 나는 심한 열등감에 사로잡혔다. 종교인의 삶을 택할 수 없을 만큼 내가 선량하지 않은 상태인가? 내가 갑자기 변하기라도 한 것인가? 내가 때 묻고 더러운 존재가 되어 버렸는가?

신부님을 찾은 것은 이해받고 지지받기 위해서였지만 나올 때는 너무도 혼란스러운 상태가 되었다. 무시당하는, 달갑지 않은, 사랑받지 못하는 존재가 되어 있었다. 나는 언제나 사제의 말씀을 절대적으로 신봉해 왔기 때문에, 그 의견에 의문을 제기하지 못했다. 신부님의 조언은 수녀원이 나한테 어울리는 자리가 아니라는 것을 내가 현실로 받아들여야 한다는 의미였다. 그러나 예수도 비난받고 거부당하고 오해받는 삶을 살았다는 점을 생각하며 나는 용기를 냈다. 내 믿음은 여전히 굳건했다.

†

전쟁은 끝났지만, 바타비아의 크라마트 수용소에 있던 우리 여성들에게는 여전히 공포가 남아 있었다. 일본이 항복한 뒤 몇 달 동안 인도네시아에서 독립운동이 일어나 네덜란드에게 전쟁을 선포했다. 인도네시아인은 네덜란드 지배 체제로 돌아가는 것을 원하지 않았다. 전쟁 내내 일본인이 했던 반네덜란드 선전에 고무된 인도네시아인들은 우리에게 적대적이고 폭력적인 태도를 취했고, 심지어 우리를 죽이려고까지 했다.

수용소에 모여 있던 네덜란드인들은 인도네시아 독립투사들이 벌이는 공격의 손쉬운 타깃이었다. 공격은 주로 밤에 일어났다. 테러리스트들이 담을 넘어 수용소 안으로 들어와 칼을 휘두르고 수류탄을 던지기도 했다. 3년 반 동안 일본인 치하에서 고생하며 살아남은 여성과 아이들이 다시 잔혹한 폭력에 죽는 모습을 보는 것은 정말 무서운 일이었다.

암바라와 수용소 시절부터 나와 가장 친하게 지냈고, 스마랑 매음굴에서도 함께 지낸 친구가 내 옆에서 같이 웅크리고 있다가 칼에 찔려 사망했다. 나도 같이 죽지 않은 것이 기적이다. 테러리스트는 창문을 통해 뛰어 들어왔다. 그는 내 친구 쪽으로 가서 친구를 칼로 베었다. 테러리스트는 도망갔고 나는 그대로 멍하게 서 있었다. 온통 피가 넘쳐났다. 놀란 나는 그가 다시 올까봐 한동안 아무 소리도 내지 않고 가만히 있었다. 공포가 너무 커서 나는 지금까지도 그때 일이 그대로 재현되는 악몽을 꾸곤 한다.

훗날 50년이 지나 수용소에서 사망한 여성과 어린이 묘소를 방문했을 때, 나는 그때 그 소녀의 무덤에 작은 꽃다발을 놓을 수 있었다.

그 다섯 달 동안 수용소 밖으로 나가는 것은 상당히 위험했다. 수용소 밖으로 나갈 경우 신변은 자기가 책임져야 한다는 말을 들었다. 그러나 나는 병원에 있는 어머니한테 가 보기로 결심했다. 걸어서 20분 거리에 있는 병원이었다. 병원을 갈 때마다 자객의 손에 죽을 수도 있는 위험을 감수해야 했다. 그러나 이미 수많은 죽음을 보아온 터라 그런 위험을 크게 개의치 않았다.

어느 날 나는 어떤 인도네시아인 남성이 옆구리에 칼을 끼고 나무 위에 숨어 있는 것을 보았다. 나는 그냥 못 본 척했다. 심장이 두근거렸지만 태연하게 걸었고, 그 남성은 나를 공격하지 않았다. 병원에 도착해서도 충격은 이어졌다. 병원은 부상당해 실려 온 네덜란드인으로 넘쳐났다. 인도네시아인들에게 칼이나 총으로 공격당해 피투성이가 된 사람들이었다. 상황이 심각해지자 영국군 23사단이 네덜란드령 동인도로 파견되었다. 이 군인들은 싱가포르에 주둔해 있다가 막 버마 전투를 마치고 영국으로 귀환하던 중이었다. 고향으로 가지 못하고 우리를 보호하기 위해 자바로 방향을 바꾼 것이다.

영국군이 도착하자 크게 환호하는 분위기였다. 이런 분위기에는 영국군뿐 아니라, 구르카(Gurkha) 병사들로 구성된 인도인 사단에 대한 환영도 포함되어 있었다. 기관총이 수용소 곳곳에 배치되었고, 부리부리하게 생긴 구르카 병사들이 불침번을 섰다. 4년 만에 처음으로 정말 안전한 느낌이 들었다!

영국군은 우리 수용소에 큰 즐거움을 가져다주었다. 군인들은 배급받은 식량을 우리와 나누었다. 복숭아 통조림 캔 따는 장면을 상상해 보라! 신들이 마신다는 넥타르 맛 같았다. 아이들에게는 초콜릿도 나누어 주었다. 그중에는 초콜릿 조각을 태어나 처음 맛본 아이도 있었다.

여성과 아이들을 위한 파티도 마련되었다. 특히 어린 소녀들, 사실은 모든 여성들이 춤과 파티를 즐겼다. 바타비아에 있는 옛 네덜란드 고등학교에 주둔하던 영국 군인들이 숙소 일부를 댄스홀로 만들어서 제공한 파티였다. 아이들이 다시 웃음을 터뜨렸고, 여성들도 저마다 자태를 뽐냈다. 영국인은 우리 생명을 구해 주었을 뿐 아니라, 많은 것을 넉넉하게 베풀어 주었다. 그들이 우리에게 얼마나 큰 힘이 되었는지, 그들도 아마 다 알지는 못할 것이다.

어머니가 계신 병원에 가려고 수용소 앞문을 나서다가 어떤 군인과 마주쳤다. 잘생긴 이 사내는 다가오더니 경호 없이 수용소 밖으로 나가는 것은 너무 위험하다고 말했다. "어디로 가는지 말하세요. 내가 지프차로 데려다 드리겠습니다."

'톰 루프.' 그때부터 그이는 어머니한테 갈 때마다 내가 안전하게 병원에 도착했는지 마치 의무라도 되는 양 확인했다. 조수석 앉은 동료 운전병이 소총을 언제든 발사할 수 있게 실탄을 장착한 상태에서, 빗발치는 총탄을 뚫고 빠른 속도로 운전했다. 나는 군용 지프차 뒷좌석 바닥에 웅크리고 앉아 있었다. 이런 과정에서 사랑이 싹텄고 톰과 나는 자주 만나기 시작했다.

그때 나에게는 괜찮은 드레스 두 벌이 남아 있었다. 춤추러 가기 전에 나는 톰에게 묻곤 했다. "파란 드레스를 입을까, 하얀 드레스를 입을까?" 나는 그를 좋아하기 시작했고 두 동생 핀과 셀레스트도 마찬가지였다. 아마 톰이 배급받은 초콜릿을 주었기 때문일 수도 있다. 톰은 친절하고 온화하고 뭔가 복잡한 구석이 없는 사람이었다. 한 마디로 좋은 사람이었다. 어떤 군복을 입어도 참 잘 어울렸고 멋있었다. 나는 사랑에 빠졌다는 확신이 들면서, 내 이야기를 해야겠다고 결심했다.

어느 날 아침 우리는 단 둘이 지프차에 앉아 있었다. 내 깊은 곳에

크라마트 수용소에서 처음 만난 영국 군인 톰 루프(1945년)

있는 생각과 두려움, 고통을 톰과 나눌 수 있는 적절한 기회라고 생각했다. 내가 이야기를 다 마칠 때까지 톰은 끼어들지 않고 잘 들어주었다. 얼굴에 눈물이 흘렀다. 마지막에 내 목소리는 떨렸고, 톰은 나를 꼭 안아 주었다. 그의 품이 너무 따뜻했다. 톰은 그렇게 한동안 나를 안고 있었다. 사랑스러운 목소리로 톰이 말했다. "사랑해, 얀. 너는 아름다워." 나에게 꼭 필요한 말이었다.

내가 겪은 일을 알았다고 해서 톰의 태도나 사랑은 전혀 변하지 않았다. 내가 놓였던 상황을 제대로 판단하지 못했던 가톨릭 사제와 달리 톰은 사랑과 이해로 응답했다. 내 자존심과 자신감이 돌아오기 시작했다. 톰은 과거를 잊으라고 말하지 않았다. 잊을 수 없다는 것을 알았기 때문이다. 나에게 중요한 것은 톰의 한마디였다. "너는 아름다워."

톰은 일본의 전쟁범죄를 보고하는 것이 중요하다고 생각해서, 나를 데리고 영국군 헌병대 최고 지휘자한테 갔다. 그 자리에 있던 계급 높은 군인들에게 내가 당한 이야기를 했지만, 답변은 듣지 못했다. 그들은 그 일을 문제 삼는 것을 중요하게 여기지 않는 것 같았다.

†

톰과 나는 사귄 지 두 달 밖에 안 되었지만 결혼을 약속했다. 1945년 영국군 주둔지에서 열린 크리스마스 파티에서 인도네시아인 밴드가 〈나는 언제까지나 당신을 사랑할거야〉(I'll Be Loving You Always)

를 연주하는 가운데 우리는 약혼식을 올렸다. 톰이 약혼반지를 마련해 내 손가락에 끼워 주었다. 기쁨으로 충만한 가운데 나는 반지를 바라보았다. 푸른 옥이 가운데 박힌 아름다운 금반지였다. 내 인생에서 가장 소중한 선물이었다. 푸른 옥은 내가 태어난 열대의 대지를 상징하기도 했고, 희망의 색깔이기도 했다.

나를 위해 이 반지를 마련하려고 톰은 큰 위험을 감수해야 했다. 전쟁 동안 네덜란드 상점과 창고들이 인도네시아인들에게 약탈을 당했다. 한 인도네시아 중개인을 통해 톰은 반지 살 수 있는 곳을 알아냈다. 하지만 그곳은 영국군에게 출입이 금지된 구역이었다. 너무 위험한 지역이었기 때문이다. 그 모든 규율을 어겨 가며 톰은 나에게 줄 약혼반지를 마련했다.

중무장한 동료 군인 둘과 함께 톰은 그 중개인을 대동하고 그 캄퐁(kampong, 마을)에 있는 한 집으로 들어갔다. 동료들이 집 앞에서 망을 보고 선 가운데, 톰은 나에게 줄 반지를 고를 수 있었다. 우리의 약혼은 큰 잔치를 통해 축복받았고, 〈나는 언제까지나 당신을 사랑할거야〉는 우리의 노래가 되었다.

톰의 여러 동료들과 수용소에서 온 내 친구들이 우리 약혼식에 함께했다. 이날은 습도가 높은 날이어서 나는 부채를 갖고 있었다. 나는 가방에서 부채 하나를 꺼내 탁자 위에 올려놓았다. 그리고 모든 사람에게 각자의 이름을 부채 위에 적으라고 했다. 나는 그 부채를 지금도 갖고 있다. 과거를 보여 주는 전쟁기의 유품인 셈이다. 시간이 지나면서 연필로 쓴 이름들이 희미해졌지만, 그래도 아직 알아볼 수는 있다. 그 이름을 읽다 보면 행복한 기억이 떠오른다. 톰,

로프티, 샘, 레스, 닉, 알프, 시릴. 이 참전 용사들이 나중에 어떤 삶을 살았는지, 지금껏 누가 살아 있을지 궁금할 뿐이다.

얼마 안 되어 아버지와 감격의 재회를 했다. 아버지는 수마르타에 있는 파칸바루(Pakan Baru) 포로수용소에 있었다. 크라마트 수용소 정문으로 걸어 들어오는 아버지를 보고 우리는 눈을 의심했다. 동생 핀과 나는 아버지를 껴안고 눈물을 흘렸다. 다시는 헤어지고 싶지 않았다. 아버지는 병색이 완연했다. 아버지의 모습이 많이 변해서 사실 예전 모습은 윤곽으로만 남아 있을 뿐이었다. 만나던 첫날, 우리는 서로 이야기를 하고 또 했다. 할 이야기가 너무 많았다.

어머니와 셀레스트가 그 자리에 없어 아버지는 낙심했다. 식구들이 모두 다 같이 만나는 것은 나중에 네덜란드에서나 가능했다. 1945년 11월, 어머니는 이미 막내 셀레스트와 함께 병원선 오라녜호(Oranje)를 타고 바타비아 항구를 떠났다. 자바의 상황이 심각해지면서 네덜란드인들이 본국으로 이송되고 있었고, 중환자와 노인이 먼저 떠났다. 핀과 나는 크라마트 수용소에 남아 있다가 아버지를 만난 것이다.

톰과 나는 짧은 약혼 기간을 즐겼다. 내가 가족과 재회하기 위해 네덜란드로 곧 떠나야 했기 때문이다. 다행히도 떠나기 전에 톰이 우리 아버지를 만날 수 있었다. 아버지는 톰이 아주 마음에 들었고, 톰도 아버지를 무척 좋아했다.

5

한 시대의 끝

오드리 헵번이 준 블라우스를 입고, 톰한테서 온 편지를 읽는 모습(1946년)

1946년 1월 11일, 아버지와 핀과 나는 사랑하는 땅, 우리가 태어난 땅 자바를 떠나 '요한반올덴바르네벨트호'(Johan van Oldenbarneveld)에 올랐다. 이곳에 다시 올 수 있을지는 알 수 없었다.

네덜란드까지 배를 타고 가는 여행은 즐거웠다. 전쟁 동안 이 배는 군함으로 사용되었다. 우리는 모두 갑판 위 해먹에서 잤다. 자바를 떠날 때 우리는 모두 얇은 열대지방 옷을 입고 있었다. 배가 수에즈운하에 다달았을 때, 적십자에서 온 이들이 승선하여 겨울용 의복과 외투를 입혀 주었다. 모든 여성에게 똑같은 여성 옷이, 남성에게 같은 남성용 옷이 제공되었다. 날이 차가워진 첫날, 갑판 위에 모두 같은 옷을 입은 사람들이 걸어 다녔다. 완전히 난민처럼 보였다!

그 볼품없는 파란색 겨울옷이 지금도 생생하게 기억난다. 나는 내 옷이 달라 보였으면 했다. 나는 꾸며 '아플리케'(appliqué)로 쓸 수 있는 헝겊 조각들을 갖고 있었다. 꽃모양 패턴들을 잘라 내서 상체에 붙였다. 창의적 수공예는 곧 사람들에게 감탄과 부러움을 샀다!

자바를 떠나는 여객선에서(1946년 1월 11일)

나는 의기양양했다. '내 옷은 다르다고!'

로테르담 항구에 배가 도착한 것은 1946년 2월 말이었다. 아버지가 난간에 서서 우리를 불러 모국에 대한 사랑과 열정을 전해 주고 싶어 했다. "봐라. 이제 입국이다. 우리가 네덜란드 해안에 도착했단 말이야." 하지만 그때 네덜란드가 우리에게 그렇게 큰 의미는 없었다. 다만 우리는 어머니와 가족들이 보고 싶을 뿐이었다.

암스테르담에 있는 이모 집에서 아버지는 어머니와 4년 만에 만났다. 기쁨으로 충만한 자리였다. 두 분이 안고 눈물을 흘리는 모습은 상상했던 것보다 훨씬 더 아름다웠다. 더 말이 필요 없을 정도였다. 안고만 있어도 깊은 사랑이 넘쳐났다. 부모님은 서로를 쳐다보고, 눈물을 훔치고, 이런 기적 같은 순간이 찾아온 것을 믿을 수 없다는 듯 서로를 보듬었다. 새로 찾은 행복감에 젖어 있는 부모님을 보며 나는 두 분을 살아 있게 해주신 신에게 정말 감사했다.

어머니가 거울을 보고 또 보며, 가장 예쁜 모습인지를 확인하던 모습이 기억난다. 재회를 앞두고 어머니는 분명 걱정을 하고 있었다. 전쟁 동안 많은 것을 잃었다. 어머니는 3년 반 동안 굶주리고 시달리며 늙어 버렸다.

파칸바루 포로수용소에서 아버지가 살아남을 수 있었던 힘은 단 하나였다. 사랑하는 아내를 다시 봐야 한다는 생각이었다. 아버지에게 어머니는 가장 아름답고 완벽한 여성이었다. 그녀는 아버지 인생의 중심이자 힘이었다. 어머니는 신이 아버지에게 내려준 가장 고귀한 선물이었다. 오랜 전쟁 기간 동안 포로수용소의 어둡고 고통스러운 생활 속에서 아버지는 아내를 찬란한 빛 같은 존재로 상상하며 그 시간을 견뎠다. 어머니는 어느 때보다 더 아름다운 모습으로 꿈속에 나왔다고 한다.

전쟁이 남긴 트라우마와 신체적·정신적 상처에서 회복되기까지 오랜 시간이 걸렸다. 두 분 모두 너무 큰 고생을 했다. 일본군 포로수용소에서 전쟁을 겪고 살아남았지만 이전과 같을 수가 없었다. 우리 부모는 모든 것을 잃었다. 아름다운 집, 개인 물품, 삶의 활력……. 아버지는 쉰한 살에 완전히 새로운 인생을 시작해야 했다. 새로운 나라에서 일자리를 찾는다는 게 쉬운 일이 아니었다. 한때 네덜란드령이던 동인도에서 온 '난민'들은 네덜란드에서 환영받지 못했다. 네덜란드는 전쟁을 겪고 독일 치하에서 막 벗어난 상태였고, 다시 두 발로 일어서기 위해 안간힘을 쓰는 중이었다. 네덜란드령 동인도에서 온 난민들에게 일자리와 거처를 제공하는 일은 네덜란드가 당면한 우선순위에서 한참 뒤에 있는 문제였다. 네덜란드에 정착하지 못한 많은 사람들이 오스트레일리아나 뉴질랜드, 캐나다로 이주했다.

암스테르담에 도착했을 때 나는 옷이 거의 없었다. 네덜란드에 있는 우리 가족이 그걸 알고 있었고 넉넉하게 해결해 주었다. 내가 간직하고 있는 가장 특별한 옷은 그 유명한 영화배우 오드리 헵번이 준 옷이다. 나는 암스테르담 이모 집에서 이모 부부와 함께 살았다. 이모부 이름은 벤 폰 아스벡이다. 그런데 벤 이모부의 조카가 바로 오드리 헵번이다. 오드리는 네덜란드인 어머니와 영국인 아버지 사이에서 태어났다. 우리가 암스테르담에 도착하기 직전에 영국으로 떠났지만, 오드리는 자바에서 올 나를 위해 자신의 옷 몇 벌을 남겨 놓았다. 그중에 하나가 아름다운 노란색 긴팔 블라우스였다. 나는 이 예쁜 옷을 좋아했고 오랫동안 이 옷을 아껴 입었다. 나중에 오드리 햅번이 유명한 스타가 되었을 때, 나는 그 블라우스가 오드리가 준 거라고 자랑할 수 있었다.

다시금 우리 가족은 합칠 수 있었다. 할아버지 앙리, 오빠 워드, 언니 앨라인까지. 우리 모두는 전쟁을 견뎌 냈고 살아남았다. 여전히 치료해야 할 상처는 남겨 둔 채.

†

어느 날 밤 아버지와 단 둘이 있었다. 아버지는 전쟁 동안 겪은 이야기를 해 주었다. 우리가 서로에 대해 진짜 이야기를 꺼낼 수 있었던 첫 기회였다. 나도 아버지한테 내가 겪은 이야기를 하고 싶었다.

아버지는 일본군에게 참을 수 없는 고통을 당했고 그 기억은 평생을 괴롭혔다.

해마다 9월이면 화물선 준요마루(順陽丸)가 침몰한 무서운 사건이 더욱 생생하게 떠올랐고, 아버지는 어린아이처럼 울며 괴로워했다. 1942년 3월 1일 일본군이 자바에 상륙했을 때 아버지는 군복무를 하고 있었다. 네덜란드 군대가 항복한 뒤, 아버지는 치마히(Tjimahi)에 있는 일본군 포로수용소에 감금되었다가, 바타비아 외곽 마카사르 수용소로 이송되었다.

1944년 9월, 아버지를 포함한 마카사르 수용소 포로들은 트럭에 실려 바타비아 항구에 있는 탄종프리오크(Tandjong Priok)로 이송되었다. 여기서 다시 수 천 명의 전쟁 포로들이 버마와 수마트라로 이송되었다. 이른바 죽음의 철길이라고 불리는 곳에서 노역을 시키기 위해서였다.

부두에서 준요마루호를 보고 아버지는 심장이 쿵 내려앉는 기분이었다고 했다. 오래되고 녹슨 일본 선박이었다. 가장 먼저 승선한 이들은 일본인 '쿨리'들이었다. 4천 명이나 되는 이 노무자들은 고향 마을에서 끌려가 강제 노역에 동원된 이들이었다.

9월 16일 정오 무렵 준요마루호가 수마트라의 파당(Padang)을 향해 출항했다. 순다해협을 통과하는 항로였다. 배는 6천5백 명이 승선하여 꽉 찬 상태였다. 이 가운데 2천5백 명은 전쟁 포로였다. 인간이 정어리 떼처럼 빽빽이 들어찬 상태였다. 용변을 보려고 해도 그 자리에서 봐야 할 정도였으니, 악취는 이루다 말할 수 없을 정도였고 한다. 게다가 항해는 아주 위험한 일이었다. 연합군 잠수함이 여기저기 포진하고 있었기 때문이다.

1944년 9월 18일 월요일 오후, 준요마루호는 어뢰 공격을 받아 선체가 뜯겨 나갔다. 4천 명의 노무자가 공포에 휩싸여 갑판 위로 올라가려고 발버둥치면서 아비규환의 지옥이 펼쳐졌다. 곧이어 두 번째 어뢰가 선미를 때렸고 배는 가라앉기 시작했다. 아버지는 엔진실 가까이에서 바닥에 엎드려 있었다. 살고 싶다면 어떻게든 갑판 꼭대기로 올라가야 했다. 아버지는 기지를 발휘하여 속옷만 남기고 신발과 양말, 옷을 다 벗어 던졌다. 아끼던 묵주도 던졌다.

공포에 휩싸인 군중 속에서 아버지는 하비에르 플루트 신부님을 발견했다. 카르멜회(Carmelite) 소속 군목 신부였다. "배 밖으로 뛰어들 준비를 하세요." 아버지가 플루트 신부님께 소리쳤다. "내 임무는 아직 나를 필요로 하는 사람들과 함께 이 배에 남아 있는 겁니다." 신부님이 머리를 가로저으며 소리쳤다. "어쨌거나, 나는 수영도 못해요." 아버지는 물에 뜰 만한 물건을 신부님께 건네며 뛰어내리라고 간청했다. 하지만 플루트 신부님은 거절했다. 그는 자리를 지키며 사제로서 의무를 다했다. 사람들에게 축복을 내리고 모든 것을 용서하는 면벌 선언을 해주었다. 신부님은 아버지의 이마에 십자가를 그어 주었다. 두 사람은 포옹을 했고, 아버지는 무서웠지만 그래도 차가운 바닷물로 뛰어들었다. 신부님은 준요마루호 침몰 사건에서 사망한 1,278명의 네덜란드인 전쟁 포로 가운데 한 명이다.

    수영을 잘했던 아버지가 처음 생각한 것은 될 수 있으면 멀리까지 헤엄쳐 나가는 것이었다. 가라앉는 배의 소용돌이에 휘말리지 않으려면 가능한 한 배로부터 멀리 벗어나야 했기 때문이다. 둘러보니 널빤지 한 조각이 있어 신이 보낸 선물로 여기고 부여잡았다고 한다. 얼마 뒤 또 다른 나무 조각과 군인 배낭, 로프들이 물 위에 떠다니는 것을 보았다. 널빤지들과 로프를 이용하여 아버지는 매달릴 만한 뭔가를 만들기 시작했다. 다른 여섯 명이 와서 도왔고 함께 가까스로 작은 뗏목을 만들 수 있었다. 겨우 몇 사람만 탈 수 있을 정도였다. 주변에는 도와달라고 울먹이며 물에서 허우적거리는 사람들로 가득했다.

    일본인들은 배에 비치되어 있던 구명보트들에 타고 있었고, 바다에 빠져 필사적으로 보트에 매달리던 사람들의 손을 잘라 버렸다. 아버지도 비슷한 딜레마에 직면했다. 자바인 한 명이 아버지가 탄 작은 뗏목에 기어오르려 해서, 뗏목이 거의 뒤집힐 뻔했다. 그 사람은 태워 달라고 사정을 했지만, 너무 많은 사람들이 다들 오르려했기 때문에 그 사람을 태울 수 없었다. 그 사람을 태우면 이미 타고 있던 아버지를 포함한 일곱 명도 모두 가라앉을 수 있었다.

아버지는 그 사람에게 널빤지를 잡아서 직접 뗏목을 만들라고 소리쳤지만, 그러기에는 너무 지쳐 있었다. "신을 믿습니까?" 아버지가 그에게 물었다. "그렇다면 신께 당신의 모든 죄를 용서해 달라고 하세요." 아버지는 물에 빠져 죽게 된 사람에게 세례를 주었고, 곧 뗏목을 잡고 있던 손은 힘이 풀려 버렸다. 아버지 눈앞에서 그 사람은 깊은 바다 속으로 서서히 사라졌다. 이 사건은 아버지의 영혼에 깊은 상처를 남겼고, 그 뒤로 아버지는 수많은 밤을 불면증과 악몽에 시달리게 되었다. "다른 선택의 여지가 없었어." 이 말을 되풀이하며 아버지는 비통하게 흐느꼈다.

이틀 밤낮을 망망대해로 떠다니다가 그들은 생존자를 수색하던 일본 순찰선에게 구조되었다. 다른 서른 명의 생존자와 함께 아버지는 수마트라에 있는 죽음의 포로수용소 파칸바루로 이송되었다. 그곳에서 230킬로미터나 되는 철로 건설에 동원되었고, 수마트라의 울창한 정글에서 나무를 베어 내는 노역을 해야 했다.

많은 전쟁 포로가 이질, 영양실조, 말라리아, 과로, 열대성 궤양으로 죽어 나갔다. 일부는 까닭도 모른 채 급사하기도 했다. 다행히 아버지는 살아남았다. 아버지는 파칸바루 수용소에서 극심한 고난을 겪었고, 구타와 고문의 경험은 몸에 흉터로 남았다. 이렇게 일본인들이 몸을 상하게 하기는 했지만, 아버지의 기백을 꺾을 수는 없었다.

적당한 때가 되었을 때, 나는 아버지에게 전쟁 동안 일본인들에게 당한 학대에 관해 말했다. 자기 딸에게 한 짓을 듣고 아버지는 큰 충격을 받았다. 어머니와 마찬가지로 아버지 역시 감당하기 힘들어했고, 그 뒤로 다시는 그 이야기를 입에 올리지 않았다. 아버지 얼굴에 번지던 분노와 울분을 나는 평생 잊을 수가 없다.

†

나 혼자 네덜란드로 떠났다가 다시 영국으로 가서 결혼하기까지 반 년 동안, 톰과 나는 날마다 편지를 썼다. 얼굴을 마주했을 때보다 편지를 통해서 더 많은 것을 이야기할 수 있다. 편지를 교환하면서 톰은 내가 결혼 생활에서 잠자리를 힘들어한다는 사실을 좀 더 잘 이해할 수 있었고, 인내심을 갖고 나를 기다려 줘야 한다는 것을 알게 되었을 거라고 나는 생각한다. 마침내 이 착하고 부드러운 남자와 함께 나는 전쟁의 아픈 기억을 뒤로 하고 영국에서 신혼 생활을 시작할 준비를 하게 되었다.

톰은 영국군에서 6년간 복무한 뒤에 제대했다. 1946년 6월 그는 영국으로 돌아왔다. 나는 곧 네덜란드의 후크에서 밤배를 타고 런던 동쪽의 해안 도시 하리치로 갔다. 다시 만난 지 얼마 되지 않은 가족들에게 다시 작별 인사를 해야 한다니 여간 힘든 게 아니었다. 부모님은 전쟁동안 모든 것을 잃었기 때문에 결혼을 앞둔 딸에게 줄 수 있는 게 아무 것도 없었다. 포옹과 입맞춤으로 작별 인사를 하는 동안에도 부모님은 아무 것도 주지 못해 마음 아파했다.

배를 타고 가는 여행은 힘들었고 나는 잠을 제대로 자지 못했다. 하리치에서 나는 톰과 그의 부모님을 만났다. 흥분될 정도로 기쁜 일면서도 동시에 걱정도 되었다. 군복을 입지 않은 톰을 그때 처음 보았다. 스포티한 적갈색 외투를 입은 톰은 전과는 아주 달라 보였다. 첫눈에 못 알아볼 정도였다.

하리치에서 중부 지방 월솔까지 자동차로 가는 오랜 시간 동안 톰과 나는 가족용 험버(Humber) 자동차 뒷자석에서 손을 꼭 잡고 있었다. 케임브리지 부근에 이르러 차를 멈추더니 톰의 아버지가 신선한 딸기 바구니를 몇 개 사 주었다. 어린 시절 먹던 열대과일 이후 처음 맛보는, 아주 달고 맛있는 잉글랜드 과일이었다. 그날 이후 딸기는 내가 가장 좋아하는 과일이 되었다.

버밍엄을 조금 지나 월솔에 도착하니, 톰의 부모님이자 나의 시부모님이 우리를 자신들의 집으로 맞아 주었다. 그들은 나에게 참 잘해 주었다. 다정하고 자상한 분들이었고 나는 그분들을 깊이 사랑했다. 시부모님에게 나는 톰이 포로수용소에서 구해 낸 타국의 소녀였다. 두 분은 우리 결혼을 기뻐했다. 내가 왔다는 소식 자체가 월솔에서 화젯거리가 되었고, 내가 환영받고 있다는 느낌을 갖도록 마을 공동체 모두가 배려해 주었다.

전쟁이 끝났지만 영국에서 의복은 여전히 배급되고 있었다. 톰은

우리는 영국 월솔에서 많은 사람들의 축하를 받으며 결혼했다(1946년 8월 14일)

군복무에 대한 '보상'으로 군복 정장을 지급받았다. 톰은 영국 정부로부터 받은 옷을 '전역복'이라고 불렀다. 이 옷과 관련해 재미있는 것은 제대한 젊은이들이 모두 같은 정장을 입고 거리를 활보했다는 사실이다! 인맥이 좋았던 시부모님 덕분에 나도 따뜻한 겨울 외투와 부츠를 정부로부터 지급받았다. 하지만 부츠는 따뜻하지 않았고 나는 동상으로 심하게 고생했다.

톰의 어머니는 요리 솜씨가 좋았다. 결혼 전 어머니가 영국식 요리법을 가르쳐 주면서 우리는 부엌에서 즐거운 시간을 보냈다. 일요일에 소고기 구이와 요크셔푸딩을 차려내는 법, 민트 소스를 곁들인 양고기, 만두, 빵, 버터 푸딩……. 어린 시절 자바에서 먹던 사테나 레이스타펠과는 완전히 다른 요리들이었다!

1946년 8월 14일, 톰과 나는 월솔에 있는 성모마리아 성당에서 결혼식을 올렸다. 하객으로 90명 정도가 왔는데, 대부분 내가 모르는 사람들이었다. 다들 친절했고 아주 특별한 선물들을 준비해 왔다. 하지만 한편으로 나는 슬펐다. 우리 가족 누구도 내 결혼식에 참석하지 못했기 때문이다. 전쟁 직후라 하얀 웨딩드레스를 구하는 것이 거의 불가능한 시절이었다. 그렇지만 루프 기업의 바이어였던 한 좋은 친구를 통해 나는 정말 아름다운 웨딩드레스와 큼지막한 꽃다발을 구할 수 있었다. 우리는 런던에 연줄을 대서 흰색 구두까지 마련할 수 있었다.

우리는 새로 지은 집으로 이사를 했다. 나는 이 집을 '조너호크'(Zonnehoek, 햇볕 좋은 집)라고 불렀다. 시부모님이 우리를 위해 사준 집이다. 전쟁 직후라 녹록지 않은 상황에서 마련한 집이었다. 오랜 시간을 수용소에서 보낸 뒤라 내 집을 갖는다는 사실이 믿기지 않았고 굉장한 선물을 받았다는 생각이 들었다. 톰과 나는 참 행복했다. 나는 곧 친구들을 사귀었고, 월솔 교구학교에서 유치원생을 가르치는 일자리를 구했다. 톰은 아버지가 소유한 가죽 제품 회사에서 아버지와 함께 일했다. 가죽 핸드백과 여행용품들을 제작하는 일이었다. 가방은 돼지가죽이나 부드러운 송아지 가죽을 써서 우아한 디자인으로 정교하게 만들었다. 가방 안에 넣을 지갑이나 거울도 가방과 어울리게 제작했다. 이 시절 만든 아름다운 핸드백을 지금도 몇 개 갖고 있다.

영국에 정착해 산다는 게 늘 쉬운 일은 아니었다. 모든 것이 많이 달랐는데, 특히 날씨는 적응하기가 어려웠다. 1947년 첫 겨울을 잊을 수 없다. 영국에서도 몇 년 만에 오는 유난히 추운 겨울이었다. 영국 가정에는 흔한 벽난로가 우리 집에도 있었는데, 나는 벽난로에 어떻게 불을 붙이는지도 몰랐다. 석탄을 삽으로 떠서 벽난로 안에 던져 넣었지 싶다. 나는 성냥으로 불을 붙일 수 있을 거라고 생각했지만 쉽지 않았다. 옆집에 살던 이웃 마거릿이 신문지와 나뭇조각을 갖고 와서 도와줘서야 겨우 불을 붙일 수 있었다.

†

나는 본격적으로 가족을 늘려 가고 싶었지만, 전쟁 포로로 있으면서 내 몸에 가해진 학대 때문에 임신 기간을 끝까지 채우지 못했다. 세 번이나 유산했다.

세 번째 유산을 했을 때에는 정말 가슴이 찢어지는 것 같았다. 그때 나는 불안정한 임신 초기를 지나 4개월 된 상태였다. 아기 옷을 뜨기 시작했고, 아기 침대와 유모차도 보러 다니고 있었다. 나는 희망에 부풀어 있었다. 그런데 갑자기 극심한 통증이 왔다. 톰에게 의사를 부르라고 소리를 질렀다. "제발 하느님, 다시 유산은 안 됩니다. 지금 임신 4개월입니다. 또 다시 아기를 잃을 수 없습니다." 하지만 결국 나는 뱃속의 아기를 떠나보냈다.

의사가 간호사와 함께 왔다. 그들이 도착하자마자 나는 침대에 누웠고 유산을 했다. 나는 태아가 통에 떨어지는 소리까지 들었고, 태아와 내 몸 사이를 잘라내는 칼 소리 같은 것도 다 들었다. 아이는 결국 통에 버려졌다. 전쟁의 참화가 평화 시기에도 내 몸을 유린하고 있는 것인가? 나는 기진맥진한 채로 누워, 태아를 담은 통이 욕실 쪽으로 옮겨지는 것을 보았다. 나는 아기를 직접 보고, 세례를 주고 싶은 마음이 간절했다.

간호사가 알아서 잘 할 거라는 식의 위로에 나는 오히려 큰 상처를 받았다. "그러지 말고 그대로 누워 있어요. 진정해요. 보지 않는 게 나아요. 이제 아무 것도 없어요." 아무 것도 없다고? 내 아기가 아무 것도 아니라고! 그런 잔인한 말을 하다니, 내 귀를 의심했다. 나는 허둥지둥 침대에서 내려왔다. 어지러워 머리가 핑 돌고 피가 다리로 몰렸다. "물을 갖다 줘요. 아기에게 세례를 주고 싶어요." 나는 통을 들여다보았다. 아기는 완전히 기형이었고, 하찮은 미물처럼 버려져 있었다. 나는 이 귀한 존재를 손으로 들어올렸다. 보듬고 느끼고 품에 안고 싶었다. "성부, 성자, 성령의 이름으로 너에게 세례를 주노라." 나는 울면서도 또박또박 말했다.

나는 톰의 얼굴에 나타난 분노, 고통과 상실감으로 몸부림치는 모습을 잊을 수가 없다. 그 역시 이 아기를 정말 원하고 있었다. 우리는 서로를 감쌌다. 무슨 말을 해야 할지 몰랐고, 서로를 꼭 껴안았다. 이건 단순한 유산이 아니다. 이날은 우리 아기가 세상을 떠난 날이었다. 간호사는 이렇게 말했다. "괘념치 말아요. 또 기회가 올 거예요. 당신은 젊잖아요. 다시 임신할 수 있어요. 이제 극복할 수 있을 거에요." 그런 위로가 얼마나 얄팍하게 들렸는지. 유산일 뿐이니 아기를 잃었다고 슬퍼하거나 울 필요는 없다는 말이었다. 죽음으로 여기지 않는다는 말이었다.

4개월 동안 나는 내 몸의 변화를 관찰하면서 출산을 준비하고 있었다. 그런데 이제 무언가 내 몸에 빈자리가 생겼다. 무언가가 내 몸 속에서 빠져나간 것이다. 내가 너무 부족한 존재이며 실패자라는 느낌이 들었다. 내 몸이 망가졌고 그 결과 내 아기가 사망했다. 그날 밤 나는 무슨 기도를 해야 할지 몰랐다. 내가 잃은 아기를 신이 되돌려줄 수는 없을 터이다. 나에겐, 전쟁이 끝난 게 아니었다. 일본군이 나에게 저지른 잔혹한 짓들은 평생 나를 고통스럽게 할 터였다.

세 번째 유산을 겪고 나서 나는 큰 수술을 받았다. 그러고 얼마 지나지 않아 마침내 나는 아름다운 두 딸 에일린과 캐럴을 얻게 되었다. 에일린은 1949년 9월 11일, 캐럴은 1951년 6월 4일에 태어났다. 이제 우리 삶에 부족한 것이라곤 없었다.

힘들게 얻은 두 아이와 산책하는 신혼 시절의 우리 부부(1952년)

†

영국에서 우리는 버밍엄 부근 월솔에서 14년 동안 살았다. 그동안 플라스틱이 개발되어 가죽 제품을 대신하기 시작했다. 플라스틱 핸드백이 등장했고 결국 톰의 아버지는 사업체를 매각해야 했다.

과감하게 오스트레일리아 이주를 결정한 것이 이 무렵이었다. 그 무렵 영국 신문에는 10파운드만 있으면 오스트레일리아로 이민갈 수 있는 방법이 있다는 광고가 넘쳐났다. 오늘날 '10파운드 이민자들'이라고 부르는 대열에 우리도 끼었다. 1960년 6월 21일, 우리는 P&O 오리엔트라인사의 '스트래스네이버'(Strathnaver) 증기선을 타고 오스트레일리아로 떠났다. 또 다시 아름다운 집을 뒤로 하고, 앞으로 내 앞에 무엇이 펼쳐질지를 모르는 채 영국을 떠나야 했다. 우리는 소지품을 담은 13개의 나무 상자를 싸 가지고 갔다. 아름다운 새 가구들은 모두 영국에 남겨둔 채였다. 그때 에일린은 11살, 캐럴은 9살이었다.

배로 한 달이나 걸리는 여행이었다. 수에즈운하를 통과하는 이 항해는 인생에서 기억할 만한 여행이 되었다. 수에즈운하는 얼마나 좁았던지, 손을 뻗으면 육지에 있는 사람에게 닿을 것 같은 느낌이 들 정도였다. 어느 어린 영국 소년이 긴 흰색 가운을 입은 한 이집트 남성을 가리키며, "보세요, 어머니. 저기 예수님이 있어요"라고 말했던 일이 기억난다. 밤이면 우리는 식당에서 네 가지 코스 요리를 제공받았고, 댄스홀에서 파티가 열렸다. 친구도 사귀었는데, 그중에 몇몇은 지금도 친구로 지내고 있다.

배가 서쪽 끄트머리 프리맨틀 항구로 들어서면서 난생 오스트레일리아 대륙을 처음 보았다. 가장 먼저 눈에 들어온 것은 하늘, 아름답고 파란 하늘이었다. 발아래 억센 풀은 영국의 부드러운 잔디밭과는 달랐다. 집들은 양철 지붕이었고 담장은 철망으로 둘러쳐져 있었다. 마당마다 양철 물탱크가 있었다. 여기저기에서 양철이 보였다. 그리고 빨랫줄이 여기저기서 바람에 날려 우스꽝스럽게 보였다. 그 많던 날파리들도 빼놓을 수 없다!

우리는 항구 근처에서 하루를 보내고 이동했다. 목적지는 애들레이드였다. 도착해서 우리는 핀스베리 이민자 호스텔로 안내되었다. 호스텔에서 한 주를 보내고, 우리는 이 도시에 있는 해리스카프 백화점의 대표를 소개받았다. 톰은 영국을 떠나오기 전에 미리 이곳 해리스카프에서 가죽 제품과 여행 용품을 담당하는 매니저 자리를 지원해 둔 터였다. 곧 직장을 다닐 수 있었고 가구가 달린 집도 제공받았다. 아주 좋은 시작이었다.

우리는 우선 가톨릭교회가 어디 있는지를 찾아보고 에일린과 캐럴이 다닐 학교도 알아보았다. 두 곳 모두 우리 집에서 걸어 다닐 수 있는 킹스우드라는 곳에 있음을 확인했다. 수녀원 문을 처음 두드렸던 때가 기억난다. 갈색 수녀복을 입은 나이 든 여인이 나오더니 자신을 제너비브 수녀라고 소개했다. 수녀님은 두 팔을 벌려 우리를 환영했고, 에일린과 캐럴은 성당에서 운영하는 새로 세운 세인트조지프 학교에 곧 입학할 수 있었다.

킹스우드 교구에서 나는 곧 친구들도 사귀었다. 어머니들과 첫 점심 모임을 앞두고 접시를 갖고 오라는 이야기를 들었다. 나는 그대로 했다! 점심 모임에 빈 접시만 가져간 것이다. 모인 어머니들 사이에 웃음거리가 되었다. 나는 그 말이 접시에 음식을 적당히 담아 오라는 뜻인지는 생각도 못했다. 이 실수를 나는 아직도 만회하지 못하고 있다. 요즘도 교구 모임이 있을 때면 내 친구들은 이렇게 놀리곤 한다. "얀, 접시 가져오는 거 잊지 마!"

두 해 정도 지난 뒤 톰은 승진했고, 우리는 킹스우드에 집을 샀다. 돌로로스성모 성당과 세인트조지프 학교에서 아주 가까운 곳에 있는 집이었다. 나는 여기저기 가톨릭학교에서 가르치는 일을 계속했다. 그리고 마지막 10년은 세인트조지프 교구학교에서 가르쳤다. 한 번은 내가 가르치는 학급의 아이 어머니가 이런 말을 했다. 자기 딸이 네덜란드 억양을 쓰는 선생님과 아주 친해서, 인형을 늘어놓고 '학교' 놀이를 할 때면 언제나 네덜란드 억양으로 말을 한다고.

우리 집에는 언제나 음악이 흘렀다. 피아노, 기타, 클라리넷, 플루트……. 가족 모두 온갖 악기를 다 다루었다. 톰은 뛰어난 클라리넷 연주자였을 뿐 아니라 만능 음악인이었다. 또 극장을 좋아해서 애들레이드에서도 극장과 뮤지컬에 관련된 활동을 했다. 여러 해 동안 톰은 '사우스오스트레일리아 길버트와 설리반 오페라단'(South Australian Gilbert and Sullivan Opera Company) 음악감독이자 지휘자로 활약했다. 톰은 이 오페라단 공연에서 모든 오페라를 지휘했다. '메트로폴리탄 라이트 오페라단'과는 뮤지컬과 가벼운 오페라를 공연했다. 몇 작품만 꼽아 봐도 〈남태평양〉(South Pacific), 브리가둔(Brigadoon), 〈연인〉(Sweethearts), 〈라일락 피는 시절〉(Lilac Time), 〈유쾌한 과부〉(Merry Widow), 〈노 노 나네트〉(No No Nanette), 〈불운한 제인〉(Calamity Jane), 〈애니여 총을 잡아라〉(Annie Get Your Gun), 〈파자마 게임〉(Pyjama Game), 〈리오 리타〉(Rio Rita), 〈애니씽 고즈〉(Anything Goes), 〈사막의 노래〉(Desert Song) 등을 열거할 수 있다. 톰이 가장 좋아하던 뮤지컬 〈남태평양〉은 여러 차례 지휘했다.

우리는 오스트레일리아로 이주한 것을 한 번도 후회한 적이 없다. 오스트레일리아는 더 없이 좋은 곳이고 여기서 수많은 친구를 사귈 수 있었다. 특히 교회와 교구학교에서 교사 일을 하면서 좋은 친구들을 많이 만났다.

에일린은 머시디스대학에서 경영학을 공부했고, 캐럴은 사우스 오스트레일리아예술학교를 다녔다. 두 딸은 연이어 결혼을 했다. 갑자기 우리 집이 썰렁해졌지만, 곧 손주 에마, 주드, 루비가 태어나면서 우리 삶에 새로운 활력이 생겼다.

네덜란드에서 멀리 떨어진 오스트레일리아에 살았기에, 나만의 비밀을 누구도 알 리 없고 안전할 거라고 생각하며 스스로 안도하고 지냈다. 여전히 제2차 세계대전 시기에 강간당한 피해자라는 사실을 여전히 수치심으로 떠안고 살았다.

†

1975년, 우리 삶은 완전히 바뀌었다. 별 다를 것 없는 아름다운 여름날이었다. 톰은 타고 다니던 승용차 'FB 홀덴'을 수리하고 있었다. 오전 나절에 톰이 무얼 하고 있나 궁금해서 시원한 음료수 한 컵을 들고 그에게 갔다. "카센터에 가서 새 부품을 사야겠어." 톰이 음료수를 받아들기 전에 손에 묻은 기름을 닦으며 말했다. "오래 걸리지 않을거야." 톰이 말했다. 카센터는 조금만 걸어가면 있었다.

그런데 한 시간이 지나도 톰이 오지 않아 걱정되기 시작했다. 나는 왕립 애들레이드 병원에 전화를 했다. 중년 남성이 구급차에 실려 응급실에 와 있다고 했다. 신분증이 없어서 그 중년 남성이 누구인지는 확인할 수 없다고 했다. 톰은 낡은 작업복을 입고 있었고, 그렇게 입은 채로 나갔다. 병원에서 중년 남성의 옷차림을 설명하는 것을 듣고 순간 톰일 거라고 직감했다. 전화를 끊고 바로 카센터로 전화를 했다. 신호등에서 사고가 났다고 확인해 주었다. 길을 건너는 어떤 남성을 자동차가 친 사고였다고 했다.

가슴이 쿵 하고 내려앉았고 곧바로 병원으로 달려 갔다. 톰이 위중한 상태로 집중 치료실에 누워 있었다. 의식이 없는 상태였고, 몸 여기저기에 튜브가 꽂혀 있었다. 머리에 심각한 부상을 입었다고 했다. 턱도 크게 다쳐 입이 벌어지지 않도록 턱을 위로 묶어 놓고 있었다. 수액 주사를 맞고 있었다. 바로 수술을 받지 못하면 사망할 수 있다고 했다. 그들은 수술 전 동의서에 서명하라고 했다.

그 뒤로 나는 날마다 병원을 갔고 톰 곁에서 몇 시간을 앉아 있었다. 톰이 의식을 되찾고 눈을 뜨기까지 몇 주나 걸렸다. 어느 날 눈을 떠서 나를 바라보았다. 희망에 부풀었지만 톰은 나를 알아보지 못했다. 내가 누군지, 자신이 어디 누워 있는지, 자신에게 무슨 일이 있는지 알지 못했다. 몸에 반응도 전혀 없었다. 지금 누워 있는 사람이 내가 아는 톰이란 말인가?

애들레이드에서 두 손주 주드와 캐럴을 안고. 우리 부부 왼쪽에 에일린이 오른족에 에마(1980년)

의사는, 뇌에 심각한 손상을 입어 아마도 기억을 되찾고 완전히 회복하지는 못할 거라고 했다. 톰은 오랜 병원 생활 끝에 퇴원했다. 주위에서는 요양소에 보내는 것이 최선이라고들 했다. 집에서 톰을 돌보는 것은 거의 불가능하다고들 했다. 나는 단호하게 거절했다. 요양원으로 간다면 톰의 기억은 결코 돌아오지 않을 것이다. 그래서 나는 톰을 집으로 데려갔다. 어떤 작은 반응이나 기억이 살아나기를 여전히 희망하면서. 톰은 집도 자동차도 가족도 아무 것도 알아보지 못했다.

병원을 나와 집까지 가는 길에도 톰은 무척 힘들어했다. 도착하자마자 나는 그를 침실로 데려갔다. 옆에 앉아 톰의 머리를 쓰다듬으며 사랑한다고 말했다. 그는 침대에 똑바로 누워 천장만 쳐다보았다. 눈물이 흘렀고 향수어린 추억들이 내 마음을 가득 채웠다. 멋지고 부드럽고 사랑스러운 톰. 열정과 재능, 야망, 가족에 대한 사랑으로 충만한 가장이던 톰이 내 앞에 서 있는 상상을 잠깐 하기도 했다. "톰, 톰! 제발 나에게 돌아와 줘." 나는 울부짖었다.

톰을 돌보는 일은 쉽지 않았다. 하나부터 열까지 모든 것을 다 해줘야 했다. 옷을 입지도 못했고, 면도도 할 수 없었다. 속옷을 적셨고 밥도 떠먹여 줘야 했다. 자기 이름도 못 썼다. 알아보는 것이 아무 것도 없었고 뇌 손상 때문에 인격까지 변했다. 이 부분이 나로서는 가장 힘든 일이었다. 나는 남편이 아니라 아이와 함께 사는 셈이었다. 더 이상 지난날의 톰이 아니었다. 이제부터 내가 모든 것을 책임지고 판단해야 했다. 나는 극도의 인내심을 발휘해야 했다. 좋든 싫든 나는 톰과 결혼했다. 전에는 참 좋았지만 이제 힘들기 그지없는 나날이 이어졌다.

그런데, 5년 동안 사진을 보고 익숙한 물건을 보며 다행히도 기억이 서서히 돌아오기 시작했다. 일을 다시 하지는 못했지만, 적어도 몇 가지 일상은 혼자 할 수 있게 되었다.

가장 중요한 변화는 손녀 에마, 주드와 함께 지내는 것을 즐길 수 있게 된 것이다. 학교가 쉬는 날이면 언제나 에마와 주드가 우리 집으로 왔다. 톰은 두 손주와 놀아 주는 가장 좋은 친구였다. 나중에 캐럴이 루비를 낳으면서, 톰은 루비와도 잘 놀았다. 톰은 손주들을 정말 좋아했다.

한 번은 에마에게 이렇게 말한 적이 있다. "차 사고 나기 전에 할아버지 모습을 너희가 알았으면 참 좋을 텐데." 얘기가 끝나기가 무섭게 에마는 톰을 열심히 편드는 대답을 내놓았다. "나는 지금 이대로의 할아버지가 좋아요. 우리 할아버지는 정말 멋져요."

20년 동안 나는 톰을 돌보고 간호했다. 톰은 1995년 암으로 세상을 떠났다. 5월 10일 새벽 1시 15분, 병원에서 에일린에게 전화를 했고, 나는 에일린을 통해 톰이 사망했다는 말을 들었다.

에일린 가족이 급히 우리 집에 왔다. 훗날 에일린은, 어둠 속에서 차창 밖을 보는데 갑자기 자기가 웃는 모습이 보였다고 했다. 당시 자기 아버지의 영혼이 자기 몸을 통해 나타났고, 아버지가 환하게 웃는 얼굴을 보여 주었다고 했다. 에일린은 그 모습이 좋았고, 아버지가 정말 행복했다는 것을 알았다고 했다. 톰은 사고 이후 고생을 너무 많이 했다. 어쩌면 톰에게는 죽음이 축복이기도 했을 것이다.

에일린, 캐럴, 에마, 주드, 루비는 자기 아버지이고 할아버지인 톰이 '굿나이트 키스'를 해줄 때, 이마에 엄지손가락으로 작은 십자가를 그어 주던 모습을 기억하고 있다.

톰이 사망하기 직전 병원에서 우리 가족이 함께 모였을 때, 에일린은 주드가 할아버지 이마에 작은 십자가를 그어 주는 장면을 보았다.

장례 미사에서 우리 교구의 오르간 연주자 마이클 윌리엄스가 톰이 가장 좋아하던 뮤지컬 〈남태평양〉에 나오는 곡, 〈젊은 시절 어느 봄날〉(Younger an Springtime)을 연주했다. 이 노래를 들으며 에일린과 캐럴이 울음을 터뜨리기는 했지만, 톰의 장례식에 딱 맞는 선곡이었다. 톰은 극장과 음악을 사랑했다. 우리는 톰이 쓰던 클라리넷을 제단 위에 놓았다. 기적처럼, 그 흐린 날에 한줄기 금빛 같은 햇살이 스테인드글라스를 통해 들어와 톰의 클라리넷을 영롱하게 비추었다. 모두들 이 모습을 보고 놀랐고, 이를 통해 우리는 톰이 여전히 우리 가까이에 있음을 느낄 수 있었다. 장례식을 통해 톰의 생애를 정말 제대로 기릴 수 있었다. 장례가 끝나고 가족과 친구들이 모두 우리 집으로 왔다. 사랑하는 나의 톰에게 딱 어울리는 의식이었다.

6

침묵을
깨다

중국에서 온 일본군 '위안부' 완아이화(萬愛花) 씨와 처음 만나 서로 꼭 껴안고 눈물을 흘렸다
(1992년 12월, 도쿄)

살면서 내 딸들에게 진실을 이야기해 줄 기회가 몇 번 있기는 했다. 1980년대 초였던가, 텔레비전으로 방송되는 '앤잭데이'(Anzac Day, 오스트레일리아와 뉴질랜드의 공휴일. 제1차 세계대전을 치르던 중 1915년 4월 25일 갈리폴리 전투에서 오스트레일리아-뉴질랜드 군단인 앤잭 군단이 터키에 상륙했던 날을 기념하여, 당시 군인들과 나라를 위해 힘쓴 사람들을 추모하는 날. 우리나라의 현충일과 비슷한 날이다—옮긴이) 행진을 캐럴과 함께 지켜보던 기억이 난다. 여성주의자들이 그 행진에 참여하여, 언제나 남성 중심으로 진행되던 행사를 '방해'하고 있었다.

여성들은 자신의 주장을 전달하려고 노력하고 있었다. 그들은 전쟁에서 강간당한 여성들의 존재를 인정하고 정의를 실현해야 한다고 요구했다. 행진하던 그들이 강제로 진압되는 모습을 보는데, 속에서 울컥하며 뭔가 올라왔다. "저들이 옳아. 그 말이 진실이야. 사람들이 알아야 하는데!"

왜 여성은 전쟁에서 늘 무고한 희생자가 되어야 했는가? 우리는 이런 말을 자주 듣곤 한다. '그들은 여자일 뿐이야.' 이런 말이 씨가 되어 전쟁 동안에는 여성에게 가해진 사건을 낳았다. 강간이 마치 전쟁의 일부인 것처럼 보이게 하고, 전쟁이 강간을 정당화할 수 있는 것처럼 여기게 했다. 전쟁에서 강간은 파워 게임이다. 강간은 군인들에게 보상처럼 이용되었다. 강간은 인종 학살로 가는 무기이자 수단으로 사용되기도 했다. 그러나 강간은 인권을 짓밟는 중대한 범죄다.

나는 스스로에게 물었다. '아니, 비밀을 공개하고, 네가 당한 고통스러웠던 세계를 증언할 수 있니?' 나는 내 딸들에게 이 이야기를 해줄 적절한 시간을 기다리며 지금껏 살아온 것 같다는 생각이 들기도 했다. 하지만 나는 여전히 비밀을 숨기고 있었고, 어떤 낌새도 흘리지 않고 살았다.

내가 왜 생일이나 어떤 특별한 날이면, "뭐든 좋지만, 꽃만은 사오지 마라!"고 말하는지, 내 딸들이 어떻게 알았겠는가! 나에게 꽃은 언제나 무서웠던 첫 날 밤의 기억과 '칠해정' 알림판에 핀으로 꽂혀 나를 가리키는 꽃 이름을 연상시킨다는 것을 그 아이들이 어떻게 알았겠는가.

가끔 몸이 아플 때면 딸들이 이렇게 묻곤 한다. "어머니, 왜 병원에 안 가?" 나는 이렇게 대답했다. "나는 황소처럼 강하거든. 의사 따윈 필요 없어." 그 아이들이 어떻게 이해할 수 있었겠는가. 이따금 에일린은 이렇게 물었다. "어머니, 왜 그렇게 허공을 노려보고 있어요?" 당시에는 내가 딸들에게 어떻게 이야기할 방법이 없었다. "그냥, 뭐 좀 생각하느라."

또 이런 적도 있다. 시드니에서 캐럴과 지낼 때였다. 우리는 캐럴의 어린 딸과 함께 '본디 해안'을 걷고 있었다. 두 살배기 루비는 금빛 곱슬머리와 파란 눈을 가진 전형적인 백인 천사 같은 아이였다. 우리가 유모차를 밀며 산책로를 따라 걷고 있는데 단체 관광에 나선 나이 든 일본인 관광객들이 버스에서 비싼 카메라와 비디오카메라를 들고 내렸다. 언뜻 보니 그중에 다수가 제2차 세계대전 때 군인이었을 정도의 연령층임을 짐작할 수 있었다.

한 사람이 우리 쪽으로 다가오더니 루비 사진을 찍고 싶다는 듯 몸짓으로 부탁했다. 나의 압도적 본능은 '루비의 손을 잡고 도망쳐!'였지만, 막상 나는 친절하게 웃으며 부탁을 들어주고 있었다. 캐럴이 뭔가 이상하다는 것을 눈치 챘다. "무슨 일 있어요, 어머니?" 나는 그냥 웃는 낯으로 고개를 저었다. 또 말할 기회를 놓치고 말았다.

지난날의 아픔을 비밀로 간직하고 사는 것은 아주 힘든 일이다. 내 속에 무언가 큰 것이 있어 다른 사람에게 간절히 이야기하고 싶으면서도, 그것이 너무도 수치스러워 이야기할 수 없다는 것이 어떤 의미인지는 겪어 보지 않은 사람은 모른다. 누구한테도 들키면 안 된다는 부담감을 평생 지고 살았다. 어떻게든 그 일이 밝혀지지나 않을까 늘 노심초사하며 살았다.

50년 동안 나는 소리쳐 말하고 싶었다. 하지만 그러면 안 되는 이유들이 분명하게 있었다. 50년 동안 악몽과 불면증에 시달렸고, 당한 일 때문에 어둠이 내릴 때마다 공포를 느끼며 살았다. 수치심과 공포를 떨쳐 버릴 수 없었고, 늘 마음속에 도사리고 있던 무시무시한 기억들이 수시로 튀어나왔다. 하지만 가족한테도 말할 수 없었고, 다른 '위안부'들에게도 말할 수 없었다. 심지어 남편 톰한테도 바타비아에서 처음 이야기한 뒤로, 우리는 그것을 묻었고 다시는 꺼내지 않았다. 결혼 생활 동안 단 한 번도 그 이야기를 한 적이 없다.

1992년 정초부터 반 년 내내 나는 텔레비전에서 방송되는 한국의 일본군 '위안부' 모습을 보았다. 한없이 눈물만 흘렸다. 그들이 진실을 밝혀야 한다고 목소리를 높일 때마다 나는 아픈 가슴으로 그저 바라만 보았다. 그들에게 팔을 뻗어 포옹하고 싶었다. 나도 그들과 함께 해야겠다는 생각을 했다.

정말 이렇게 시작되었다. 내 안에, 나는 저 여성들과 함께해야 하고, 저들을 지원해야 한다는 강력한 감정을 품게 되었다. 그리고 오랫동안 마음속에 품어 온 이야기를 이제는 말할 수 있을 거라는 생각이 들었다. 한국 여성들의 용감한 행동을 보며 나도 용기가 생겼다. 오랜 주저 끝에 마침내 말할 수 있게 되었다.

나는 텔레비전으로 그들을 보면서, 이 학대받은 가련한 여성들을 일본인이 어떻게 감히 '위안부'(comfort women)라고 불렀는지를 생각했다. 뻔지르르한 표현인 '위안부'는 모욕적인 말이다. 언론도 이 단어를 계속 사용하는 걸 보고 너무 화가 났다. 우리는 '위안부'였던 적이 없다. '위안'(慰安)이란 따뜻하고 부드러운 어떤 것, 편안하고 다정하고 친근한 어떤 것을 의미한다. 아니다! 우리는 '전쟁 강간 피해자'들이다. 일본 제국 군대에 의해 징발되어 노예가 된 사람들이었다.

자신이 이른바 '위안부'였다고 처음 공개적으로 밝힌 한국인은 김학순 씨다. 가족들이 모두 사망한 뒤 더 이상 부끄러울 것도 없다고 느끼면서, 김학순 씨는 일본 정부에게 사과하고 배상하라고 요

구해야겠다는 결심을 했다. 그녀의 용감한 행동을 보고, 다른 '위안부'들도 앞으로 나왔고 일본 정부를 상대로 한 소송에 함께했다.

그때까지도 일본 정부는 '위안부'들에게 사과는 커녕 사실을 인정하지도 않았다. 그 문제를 일본 정부는 완전히 무시했다. 수천 명의 여성을 일본군을 위한 매음굴로 강제로 끌고 갔다는 사실도 일본 정부는 부인했다. 나는 아시아 일본군 '위안부'들을 유럽 여성들이 지원할 필요가 있다고 생각했다. 그런 일은 네덜란드 소녀들에게도 벌어졌다. 유럽 여성이 나서게 되면, 어쩌면 일본이 무시하지 못할 거라고 생각했다.

보스니아 전쟁을 보며 이 세계는 별로 변하지 않았다는 생각을 했다. 여성들은 다시 강간을 당했다. 전쟁이 나면 강간은 자연스럽게 발생하는 일인 것처럼, 전쟁이 강간을 정당화할 수 있는 것처럼 생각했다. 전쟁 과정에서 일어난 강간 문제는 늘 가벼이 보아 넘겼다. '남자는 원래 그래. 전쟁이 나면 다 그런 일이 생기는 거야. 틀림없이 여성들이 유혹했을 거야.'

내가 당한 일이 50년 전에 일어난 '과거사'만은 아니라는 것을 깨달았다. '내 이야기를 해야만 한다. 이런 잔혹 행위들이 더 이상 일어나지 않도록 어떻게든 기여하려면 내 입으로 이야기를 해야 한다. 전쟁 중에 벌어지는 강간은 전쟁범죄로 인식되어야 한다.' 자바가 일본군에 항복한 50주년을 맞이하여 내가 애들레이드 전쟁기념관에 화환을 놓기로 결심한 것도 이런 감정이 생겨나면서부터였다. 1992년 3월 8일, 일요일이었다.

나는 지역 신문 《메신저 프레스》(Messenger Press)와 애들레이드

《애드머타이저》(Advertiser)에 광고를 실어, 사람들에게 이 행사에 나와 함께하자고 초대했다. 특히 제2차 세계대전 때 자바 섬 일본인 포로수용소에 있었던 사람을 환영한다고 적었다. 일본인들도 나와 함께하고 화해와 평화를 지지한다면 환영한다고 적었다. 그날 나는 일본인에게 분노나 비통함, 증오를 느끼지 않았다. 용서 속에서만 위안을 찾을 수 있었다.

아무도 제대로 알아주지 않지만, 그 일요일의 화환은 용감하게 살았던 여성들, 내가 야수 같은 일본인들 손아귀에 잡혀 있을 때 함께 고난을 겪은 여성들에게 바치는 것이었다. 나와 함께 수용소에서 지낸 여성들과 어린아이들의 면면이 생생하게 떠올랐다. 이 여성들은 참담한 처지에서 공포, 모욕, 만행, 강간, 굶주림을 겪으며 견뎌 냈다. 이제는 그들의 용기와 고난, 인내에 경의를 표하고 싶었다. 일본인 포로수용소에서 죽어 간 수천 명의 여성과 어린아이들을 추모하고 싶었다. 나는 이 용감한 여성들의 얼굴과 세상에 알려지지 않은 그들의 이야기들을 다시 기억해 냈다. 그들은 영웅처럼 훈장을 받으며 귀환한 사람들이 아니라, 전쟁에서 상처를 입고 돌아온 사람들이었다.

전쟁기념관 계단에 내가 놓은 화환을 물끄러미 바라보았다. 그 화환이 나에게 다른 이야기, 아직 말하지 않은 이야기를 하라고 떠미는 것 같았다. 제2차 세계대전 중에 벌어진 최악의 인권 유린 가운데 하나인, 치욕스러운 이야기를 해야 한다고 몰아세우는 것 같았다. 어언 50년이 지났고, 나도 이제 이 이야기를 하고 싶어 한다는 것을 알게 되었다. 하지만 언제 어떻게 해야 할지는 아직 몰랐다.

†

그해 1992년 10월, 나는 네덜란드에 있는 도 후이스만이 보낸 편지 한 통을 받았다. 도는 포로수용소 시절부터 가족들까지 다 아는 친구였다. 그녀는 나의 전쟁 시기 경험을 알고 있었다. 그녀는 우리 소녀들이 수용소에서 강제로 끌려 나갈 때 다른 어머니들과 함께 서서 우리를 바라보고 있었다. 전쟁 뒤에 도는 헤이그에 있는 인권 단체 '일본의 도의적 책임을 묻는 재단'(Stichting Japanse Ereschulden)의 간사로 일하고 있었다. 편지는 이렇게 시작했다.

> 사랑하는 야니,
> 나는 '일본의 도의적 책임을 묻는 재단'을 대표해서 공식 서한을 쓰고 있어. 네가 증인이 될 의향이 있는지를 물어보려고. ……

도는 일본의 전쟁범죄, 전후 보상과 관련하여 도쿄에서 열릴 국제청문회에 출석해 증언할 사람을 찾고 있었다. 내가 공개적으로 나서서 말할 기회가 온 것이다.

청문회는 1992년 12월 9~10일 도쿄에서 열릴 예정이었다. 이 회의는 일본변호사연합회와 도쿄에 기반을 둔 여러 인권 시민단체가 후원했다.

나는 증인이 되고 싶었다. 그러려면 내 딸들, 손주들, 가족, 친구, 교구의 동료 신도들에게도 50년 동안 가슴에만 담아 둔 이야기를 말해야 했다. 나에게 여전히 가장 힘든 문제였다.

어미가 어떻게 딸들에게, 할미가 어떻게 손주들에게 전쟁 때 석 달 동안 일본군에게 매일 조직적으로 강간과 구타를 당했다는 이야기를 할 수 있단 말인가? 또 이런 사실을 알게 되면 그들은 감당할 수 있을 것인가? 나는 정말 혼란스러웠다.

나는 곧 끔찍한 비밀을 딸들에게 말할 방법을 결정했다. 그동안 차마 말 못한 이야기를 공책 한 권에 써서, 그들이 혼자 조용히 읽을 수 있도록 주기로 했다. 어쩌면 가장 쉬운 방법일 것이라는 판단이 섰다. 그러고도 여전히 많이 부끄러웠다. 얼굴을 맞대고 그 이야기를 할 자신이 아직은 없었다.

내가 겪은 처참한 일들을 글로 적는 데 한 주가 걸렸다. 나는 글을 쓰다 번번이 멈추었다. 그때의 기억이 너무나 고통스러웠기 때문이다.

그해 9월 어느 아침, 나는 택시를 타고 애들레이드 공항으로 가서 작은딸 캐럴을 만났다. 캐럴은 비행기를 타고 앨리스스프링스로 가는 도중이었다. 다음 전시를 위해 중부 오스트레일리아에서 작품 몇 점을 만들기 위해서였다. 공항에서 이제 다섯 살이 된 루비를 받아 우리 집으로 데려오기로 되어 있었다. 캐럴이 멀리 떠나 있는 동안 내가 루비를 돌볼 생각이었다.

애들레이드 공항에는 환승을 위해 잠깐 머무는 참이었고, 늘 그랬듯이 우리 모녀는 서로에게 할 말이 많았다. 나는 몹시 긴장해 있었다. 가방 안에 있는 공책이 뜨겁게 달구어져 있는 느낌이었다. '이번이 마지막이다.' 나는 생각했다. '이런 기회가 다시 오지는 않을 거야.' 내 인생에서 가장 결정적이라고 할 만한 순간이었다. 공책을 건네는 순간, 나의 가장 어둡고 가장 내밀한 비밀이 나오게 될 터였다. 탑승해야 할 시간이 되었을 때, 캐럴이 가지고 있던 가방에 공책을 슬그머니 밀어넣었다. "이거 읽어 봐." 내가 예사로이 말했다. 캐럴이 호기심어린 표정으로 나를 보았다. 우리는 입을 맞추고 포옹을 하고 손을 흔들며 작별 인사를 했다. 집으로 가기 위해 어린 손녀의 손을 잡고 돌아서서 나는 끝없이 눈물을 흘렸다.

비행기 안에서 내 이야기를 읽었으려나. 캐럴은 큰 충격을 받았다. 울음을 터뜨렸고 멈추지 못했다. 주변에 앉았던 승객들이 그녀가 얼마나 힘들어 하는지를 다 보며 그들도 어찌할 바를 몰라 난감해했다. 승무원이 휴지를 통째로 계속 가져다주었다. 승객들은 아마도 가까운 친지가 사망했는가 보다 하고 생각했을 것이다.

이튿날, 큰딸 에일린에게 같은 공책의 복사본을 건넸다. 에일린은 집에서 조용히 읽었을 테고, 다 읽고는 곧장 우리 집으로 달려와 팔을 내밀고 나를 안았다. 서로 말을 이을 수 없었다. 내 딸들은 여러 주 동안 울고 또 울었다. 자기네 어머니가 그렇게 끔찍한 일을 겪었다는 사실에 충격이 이만저만 아니었으리라.

"우리 어머니, 아름다운 우리 어머니한테 이런 일이 일어날 수는 없는 거야." 에일린은 흐느껴 울었다. 믿기지도 않고 분노가 치밀어 거의 제정신이 아니었다. "어머니는 언제나 쾌활하고, 아름다운 분이었는데. 우리는 전혀 몰랐어. 이게 사실일 리가 없어." 에일린과 캐럴이 이 사실을 받아들이기까지는 오랜 시간이 걸렸다. 이를 받아들일 준비가 전혀 되어 있지 않았던 것이다.

✝

　에일린과 캐럴에게, 도쿄로 가서 일본 전쟁범죄에 대한 청문회에 참석해 증언할 결심을 했다고 말했다. 두 아이 모두 감명을 받았고 또 놀랐다. 그리고 내가 그 힘든 일을 정면으로 맞서 나갈 수 있을지를 걱정했다. "엄마, 일본까지 혼자 안 가셔도 돼요." 캐럴이 말했다. "우리가 함께 갈게요." 캐럴과 사위 네드가 함께 가기로 하면서, 나는 새로운 자신감을 얻었다. 영화 제작자인 네드가 카메라를 들고 가기로 했다. 이렇게 다큐멘터리 영화 〈침묵의 50년〉(50 Years of Silience)이 만들어지기 시작했다.

　일본에 갈 때까지 킹스우드 교구에 사는 내 친구들 누구에게도 그 이야기를 하지 않았다. 일본에 다녀 올 한 주가량 누구도 나를 찾지 않으리라는 천진한 생각을 하고 있었다. 몸이 성치 않은 톰은 내가 어디로, 왜 가는지 이해하지 못하는 상태였지만, 그래도 잘 다녀오라며 축복해 주었다. 에일린은 내가 일본에 가 있는 동안 아버지를 잘 돌보겠다고 약속했.

　우리는 일본항공 편으로 예약을 했다. 기내 방송에서 일본 남성의 목소리가 나오자 내 온 몸이 떨려 왔다. 50년이 지났지만 공포감은 그대로 내 속에 남아 있었다. 캐럴이 곧 알아챘다. 캐럴은 내 손을 꽉 잡고 자신감을 불어넣었다. "엄마, 이제 이런 소리에 익숙해져야 해요." 캐럴이 말했다. "곧 일본인들 속에 서 있게 될 거예요." 기내 모니터의 위성 지도를 보니 비행기가 오스트레일리아에서 멀어지면서 일본 열도로 서서히 다가가고 있었다. 내가 일본인들만의 세계로 곧 들어가게 될 것임을 알았다. 무서웠다.

1992년 12월 6일 마침내 우리는 도쿄에 도착했다. 두 시간 동안 북적이는 전철을 타고 시내로 들어가는 과정은 악몽 같았다. 완전히 녹초가 된 몸으로 늦은 시간에 호텔에 도착했다. 호텔 식당이 문을 닫아, 다른 식당을 찾아 도쿄의 오래된 뒷골목으로 걸어 들어갔다. 어찌어찌 식당을 발견했다.

우리 일행은 캐럴, 그의 남편 네드, 나, 그리고 네덜란드의 '일본의 도의적 책임을 묻는 재단'에서 대표로 온 두 사람이 있었다. 그 둘은 미국인 변호사 러셀 헌틀리와 네덜란드 변호사 헤라르트 융스라거였다. 그는 본인이 포로수용소 생존자이기도 했다. 헤라르트는 도쿄 청문회 내내 내 편을 들어 준 수호천사였다.

나는 캐럴 옆에 앉아서 메뉴를 탐구했다. 그러다 고개를 들고 식당 주인을 쳐다보았다. 뚱뚱하고 껄렁하게 생긴 주인 남자는 부엌 문설주에 기대어 나를 아래위로 훑어보고 있었다. 지난날 매음굴에서 자주 겪은 익숙한 눈길이었다. 그 모습에 나는 어두웠던 과거로 다시 빠져 들어가 거의 공포에 질린 상태가 되었다. 두려움이 온 몸을 휘감았다. 등골이 오싹했다. 나는 그 자리에 얼어붙었다. 캐럴이 그 남자가 나를 보는 태도를 주시했다. "이리 와요, 엄마. 여기서 나가요." 캐럴이 내 몸의 상태를 알아 차리고 말했다. 이런 경험을 통해 지난날의 상처가 내 몸에 얼마나 깊이 각인되어 있는지 실감할 수 있었다. 그토록 세월이 흘러도, 여전히 치유 받아야 할 것들이 산적해 있었다.

국제청문회 전날 밤, 모든 참가자들을 환영하는 리셉션이 열렸다. 그 덥고 붐비는 공간에서 나는 마침내 몇몇 아시아 일본군 '위안부'를 만날 수 있었다. 이튿날, 이 용감한 여성들과 함께 나는 증언대에 설 예정이었다.

우리는 공유하는 언어도 없었고 서로 말도 안 통했지만, 나는 주저하지 않고 팔을 뻗어 그녀들을 안았다. 특히 한 여성이 눈길을 끌었다. 중국 여성이었고 아래위로 검정색 옷을 입고 있었다. 검은 바지와 검정색 중국식 상의를 입고 있었다. 아주 약하고 작아 보였고 오랜 고생이 얼굴에 깊은 주름으로 남아 있었다. 그러나 눈빛은 여전히 투지로 반짝이고 있었다. 나는 연회장을 가로질러 달려가 그녀를 만나 포옹했다. 이 작은 여성의 품속에서 내 고통스러웠던 인생의 한이 갑자기 녹아내리는 것 같았다. 우리는 서로를 얼싸안고 이렇게 귀중한 순간을 맞이했다.

그날 저녁 나는 여러 훌륭한 일본인들도 만났다. 선물도 많이 받았고, 공감과 지지의 말도 많이 들었다. 일본인 젊은 세대는 아버지 세대의 죄가 보상되기를 원하는 것처럼 보였다. 도쿄에서 한 주를 보내면서 감정적 자극을 크게 받았다. 두 말할 나위 없이 보람되고 또 치유해 주는 경험이었다.

국제청문회는 다음날인 1992년 12월 9일 도쿄의 간다 팡세홀에서 열렸다. 청문회 전에 일본 텔레비전 방송 주요 시간대의 시사 프로그램과 인터뷰를 했다. 처음으로 내 이야기를 공개적으로 하는 자리에서 나는 질문을 하는 젊은 일본인의 눈을 보았다. 그녀는 눈물을 흘리고 있었고, 나는 이 일본 젊은 세대들이 진실을 알고 싶어 한다는 것을 알 수 있었다.

그날 오후 2시부터 저녁 8시까지 한국, 타이완, 필리핀, 중국에서 온 이른바 '위안부'들과 네덜란드령 동인도에서 온 내가 증언에 나섰다. 중국, 한국, 사할린에서 온 강제 노동 희생자 남성들도 차마 입에 올리지 못할 만큼 고통스러웠던 경험을 증언했다. 싱가포르 창이 전쟁 포로수용소를 비롯한 여러 수용소에서 온 전쟁 포로들도 자신의 경험을 이야기했다. 객석은 꽉 들어 차 있었다. 전 세계에서 온 기자들과 카메라도 한 무리가 있었다. 처음으로 전 세계가 제2차 세계대전에서 일본인이 자행한 학대의 심각함을 지켜볼 것이다.

먼저 세 명의 일본군 '위안부' 여성들이 연단에 올라 자신이 겪은 모욕, 고문, 고통, 학대에 관해 증언했다. 이루 말할 수 없는 그들의 이야기를 유심히 들었다. 크게 공감하며 감정도 격해졌다. 저마다 이야기는 다양했다. 어떤 소녀들은 속아서 따라갔고 어떤 소녀들은 납치당했다. 또 어떤 이들은 '위안소'라고 불리던 군 강간 수용소로 강제로 끌려갔다. 어린 여성들은 날마다 강제로 20명에서 50명까지 일본 군인들을 상대해야 했다. 그들은 자주 구타를 당했고, 강제로 낙태를 당하기도 했고, 불임 주사를 맞기도 했다. 세계사에서 유례를 찾을 수 없는 여성에 대한 가장 잔인한 집단 강간임이 분명했다. 이 용감한 할머니들이 증언대에 선 까닭은 이런 전쟁범죄가 다시는 되풀이되지 않도록 하기 위해서였다. 이 여성들이 학대당한 이야기를 하는 동안 객석에서 많은 이들이 눈물을 흘렸다.

증인 가운데 한 사람은 자그마한 중국인 여성이었다. 전날 나와 포옹을 한 바로 그 여성이다. 일본군이 저지른 야만적인 범죄들을 증언하다가 그 기억들이 가져온 괴로움에 이 중국인 여성은 연단에서 쓰러지고 말았다. 기절을 한 것이다. 급히 붉은 커튼이 쳐지고 의사가 달려왔다. 객석에서 한바탕 소란이 일었다. 이제 내가 발언할 차례가 왔다. 놀랍게도 전혀 긴장되지 않았다. 나는 침착하고 차분하게 보이려고 의식적으로 노력했다. 놀라운 비밀을 세상에 알리기 위해 나는 중앙 무대로 올라갔다.

증언대 앞에 앉았다. 캐럴과 헤라르트가 내 양 옆에 앉아 있었다. 일본인들에 대한 분노나 증오가 아니라 용서하는 마음을 품고 이곳에 왔다는 말로 시작했다. 일본인들의 마음에 다가가는 올바른 방법이라고 생각했다. 이야기의 끝에 가서, 나는 솔직하게 이렇게 말했다. "나는 일본인들이 나에게 한 짓을 용서했습니다. 하지만 결코 잊을 수는 없습니다." 청문회를 마치고 그날 늦게 한 일본인 인권 변호사가 다가와서 이렇게 말했다. "이해할 수가 없습니다. 왜 용서하려고 하십니까?" 그 변호사는 용서를 통해 우리의 대의가 발전해 나갈 것이라고는 생각하지 않았다.

한국에서 온 여성들이 다음 차례였다. 무려 스무 명이 넘었고, 모두 흰색 한복을 입고 있었다. 한국의 전통적인 상복 색이었다. 그들 가운데 한 사람이 증언대에 올랐고 이어서 비슷한 베이지색 한복을 입고 온 북한 여성이 올라갔다. 북한에서 온 여성이 당한 고문과 고통 이야기는 특히 더 가슴 아팠다. 이 이야기를 듣고 있던 남한 여성들이 너무 공감하는 바가 크다보니 자연스레 슬금슬금 무대 쪽으로 다가가기 시작했다. 아주 가까이 다가간 남한 여성들은 끝내 참을 수 없어 무대로 뛰어올라갔다. 이야기하던 북한 여성을 둘러싸더니 서로 얼싸안았다. "우리가 남쪽에 살다보니, 북쪽에 있는 우리 자매

남북한, 중국, 필리핀에서 온 일본군 '위안부'들과 함께(1992년 12월, 도쿄)

들에게 똑같은 일이 벌어졌다는 사실을 전혀 모르고 있었습니다."
남쪽 여성 한 명이 울며 말했다.

남과 북으로 갈라져 서로 이념의 골이 깊기는 했지만, 그날 그 자리에서는 남북에서 온 여성들이 일체감을 느끼며 서로를 껴안고 있었고, 슬픔과 분노를 함께 나누고 있었다. 남한에서 온 여성 중 한 분이 눈에 들어왔다. "한반도 여성들이 왜 이렇게 지금까지도 공포에 짓눌려 살고 있는가?" 그녀는 고통스럽게 울부짖었다. "꽃 같던 우리 젊음이 왜 그렇게 갈가리 찢겨야 했는가? …… 너희들은 우리를 무시했다!"

사위 네드는 언론인들과 함께 있으면서, 나를 비롯한 여성들의 증언을 고스란히 필름에 담았다. 청문회가 끝났을 때, 언론인들과 카메라 기자들이 인터뷰를 하려고 몰려왔다. 내 이야기를 녹음하여 편집자에게 갖다 주기 위해서였다. 강당에서 네드는 같은 오스트레일리아에서 온 젊은 언론인 동료를 만났다. 오스트레일리아 방송국의 《7:30 리포트》에서 온 기자였다. 일본군 '위안부' 문제에 관해 취재하고 있던 그 기자는 청문회 직후 나에게 와서 인터뷰를 청했다. 오스트레일리아 억양을 듣고 고향에서 온 누군가와 이야기를 하니 기분이 갑자기 편안해졌다.

그 기자에게 기꺼이 인터뷰를 수락했다. 나는 언제 방송으로 나가느냐고 물었다. "내일 방송됩니다." 이제 내가 애들레이드 공항에 내릴 때면 내 교구 이웃들과 친구들 모두 내 전쟁 시기 경험을 알고 있겠구나 하는 생각이 들었다. 그들은 어떤 반응을 보일까? 나를 어떻게 생각하게 될까? 전쟁이 끝났을 때, 수용소에 있던 같은 여성들이 나를 욕하고, 판단하고, 무시하고, 창녀라고 손가락질했다. 또 다시 나는 집으로 돌아가는 것이 무서워졌다.

청문회가 끝나고, 우리는 늦은 시간에 도쿄 호텔로 돌아왔다. 대부분의 일본 호텔과 마찬가지로, 우리 침실에도 기모노와 일본 슬리퍼가 놓여 있었다. 그날 밤 캐럴과 나는 그 호텔 기모노를 입고 침대에 떡하니 누워 텔레비전 뉴스를 봤다. 그날 청문회를 앞두고 일본 언론인과 인터뷰하던 장면이 나왔다.

그들은 자바에서 찍은 우리 가족사진들을 보여 주었다. 어머니, 아버지, 반둥간에 있던 할아버지의 아름다운 집……. 이 소중한 사람들과 나의 아름다운 어린 시절 사진을 일본 방송국의 주요 시사 프로그램을 통해 보고 있자니 어색했다. 걷잡을 수 없이 눈물이 흘렀다. 그날 밤 나는 잠을 못 이뤘다. 내 머릿속과 마음이 고통과 고난의 세계로 온통 채워져 있었다.

이튿날, 전쟁과 인권에 관한 심포지엄이 열렸다. 이 심포지엄 도중에 헤라르트가 나에게 팩스 한 장을 건네주었다. 그날 네덜란드 신문에 난 기사였다. 1면에 기사가 났다. 스마랑에서 나와 함께 고등학교를 다닌 엘렌 반 데어 플로그가 기사의 주인공이었다. 엘렌 역시 일본인들에 의해 매음굴에 끌려갔었다. 신문에는 엘렌의 이야기와 함께 내 이야기도 나왔다.

나는 기쁨을 주체 못하고 이 좋은 소식을 심포지엄 참가자들에게 전했다. "이제 무슨 일이 일어날지 한번 보세요." 나는 말을 이었다. "이제 그들이 앞에 나와 말하기 시작할 겁니다. 우리는 더 강해질 겁니다." 네덜란드로 돌아가서 당시 소녀들, 나처럼 군대의 성노예가 되었던 소녀들, 아니 그들 중에 일부라도 다시 만나고 싶은 생각이 그때 들었다.

심포지엄에는 여러 평화 단체가 참석했다. '히로시마 원폭 피해자와 생존자들'이라는 단체의 여성들이 휴식 시간에 나에게 왔다. "우리만 고통 받는 사람들이 아니라는 것을 이제 알게 되었습니다." 그들은 이렇게 말하며 나를 안았다.

나는 이런 여성들을 보며 위로와 평화의 느낌들 받았다. 그들은 나에게 선물과 엽서를 주었고, 나는 오스트레일리아 야생화가 그려진 손수건을 건넸다. 이렇게 쓰려고 미리 준비해 둔 물건들이었다.

다음날 12월 11일, 우리 일행은 일본 의회에 초대받아 갔다. 총리실에서 외무성 외교정책심의실장 다니노 사쿠타로(谷野作太郎)와 면담을 했다. 그 자리에서 나는 내 이야기를 다시 하고 우려를 표명했다. 다니노는 분명 공감한 것 같았고, 우리의 메시지를 총리에게 전해 주겠다고 약속했다.

도쿄 방문 기간 중에 가장 흥미로운 부분은 뒤에 있었다. 나는 증오를 품고 일본에 온 것이 아니고, 일본인에게 내가 마음으로 용서했음을 보여 주고 싶었다. 캐럴의 도움으로 나는 오스트레일리아 야생화들을 이용해 '용서의 화환'을 만들었고, 그걸 일본까지 갖고 왔다. 나는 이 화환을 도쿄 중심부에 있는 지도리가후치(千鳥ヶ淵) 전몰자 묘원에 놓기로 했다. 이 묘원은 아름답고 조용한 공원으로 조성되어 있었다.

청문회에서 나는 이 의식에 참여해 달라는 초대의 말을 했고, 그 결과 다양한 군중이 기념관에 모이게 되었다. 그중에는 주일 네덜란드 대사와 여러 인권, 평화, 환경 단체들도 있었다. 그 밖에도 전세버스를 타고 단체로 온 제2차 세계대전 참전 일본 군인들도 있었다. 이들은 세계평화를 위해 활동하는 단체 소속이었다. 많은 남성 사이에서도 일본인들이 과거 저지른 범죄에 대한 기억이 큰 비중을 차지하고 있다는 점을 나는 다시 한 번 확인할 수 있었다.

"이 분들은 퇴역 군인들입니다." 통역사 게이코가 말했다. "다시는 전쟁하지 않겠다고 결심한 이들이에요." 그들은 꽃과 책, 갖가지 선물로 나를 환영했다. 한 사람 한 사람과 악수를 하며 나는 다시 감정이 격해졌다. 어떤 의미에서는, 도쿄에 머무르던 엿새 동안 가장 어려운 상황에 직면했던 순간이다. 그곳에서 일본 제국 군대에 복무했던 남성들과 정말 손을 잡고 흔들었던 것이다.

화환을 내려놓기 전에, 나는 모두에게 내가 여기에 온 이유를 설명했다. 통역사 게이코의 도움으로, 나는 군중을 바라보며 명료한 목소리로 연설할 수 있었다.

오늘, 나는 도쿄에 있는 당신들의 기념관에 화환을 놓습니다. 지금 내 옆에는 일본 분들이 서 있습니다. 이 화환은 평화와 용서를 상징합니다. 미래 세계, 우리 아이들의 미래와 희망을 상징합니다.

지난 50년 동안 우리가 교훈을 얻었기를 희망합니다. 전쟁을 뒤로 하고, 평화로운 세계를 향해 함께 협력할 수 있기를 희망합니다. 증오와 공포가 없고, 전쟁과 폭력이 없는 세계, 평화와 상호 존중의 세계, 우정과 사랑과 자유의 세계를 희망합니다.

제2차 세계대전에 참전한 퇴역 일본 군인들한테 꽃다발을 받았다 (1992년 12월)

몇몇 노령의 군인 출신들과 평화를 추구하는 남성들 몇 명이 나와서 준비해 온 연설문과 기도문을 읽었다. 이들 가운데 몇몇은 기독교인이었고, 서툰 영어로 감동적인 말을 해준 한 남성에게 깊은 인상을 받았다. 그는 아름다운 잠언 51장으로 기도를 마무리했다. "내 죄가 항상 내 앞에 있습니다."

> 나를 당신의 자비로 불쌍히 여기소서.
> 당신의 연민으로 내 허물을 가려 주소서.
> 내 잘못을 씻고 씻고 또 씻어내 주소서.
> 그리고 나를 죄에서 깨끗하게 하소서.
> 내 허물을 내가 사실 잘 압니다.
> 내 죄가 항상 내 앞에 있습니다.
> 당신에게, 당신 한 분에게, 나는 죄를 계속 짓습니다.
> 당신이 보기에 내가 해 온 짓이 얼마나 큰 죄악인가요.
> 나에게 순수한 마음을 지어 주소서, 오 신이시여.
> 내 안에 끝없이 영혼을 채워 주소서.
> 당신 앞에서 나를 내치지 마소서.
> 당신의 성령을 나에게서 거두지 마소서.
> 당신의 도움을 받을 즐거움을 다시 허락하소서.
> 내 안에 열정이 유지되고,
> 내가 범칙자들에게 당신의 길을 가르치고,
> 죄인들이 당신에게 돌아가도록 만들 수 있게 하소서.

그 사람은 잠언의 마지막 구절에 깊이 감동을 받은 게 분명했다. 나는 그에게 다가가서 이해와 화해의 의미로 악수를 청했다.

나는 화환을 내려놓는 의식을 성 프란체스코의 평화 기도문으로 마무리했다. 아버지가 제국 군대의 장교였던 게이코도 깊은 감동을 받았던 모양이다. 게이코가 내 말을 통역하며 울기 시작했고, 마지막에는 함께 손을 잡고 내 말을 일본말로 옮겼다. 당시 그 간단한 의식을 통해 나는 이 일본인들과 함께했다는 느낌을 강하게 받을 수 있었다. 일본에서 보낸 한 주는 그 뒤로도 나를 계속 치유해 주는 경험으로 남았다.

†

크리스마스를 조금 앞두고 우리는 도쿄를 떠났다. 시드니에서 캐럴, 네드, 루비와 얼마간 지낸 뒤 애들레이드로 돌아왔다. 큰딸 에일린과 사위 개리, 손주 에마와 주드가 공항에 마중 나와 있었다. 나는 내 이야기가 텔레비전을 통해 나간 뒤 처음으로 두 손주를 봐야 하는 상황이어서 약간 걱정을 하고 있었다. 아이들이 나를 어떻게 생각할까? 에마는 열네 살, 주드는 열두 살, 한창 예민한 나이였다. 마침 휴일이어서, 곧장 우리 집에 가서 며칠 함께 지내기로 했다. 완벽한 타이밍이었다. 할머니가 예전과 다를 바 없는 똑같은 사람이라는 것을 보여 줄 수 있는 기회였다. 변한 것 아무 것도 없었고, 이젠 어떤 질문이든 다 받아 줄 수 있었다.

애들레이드로 돌아온 날, 그날 밤도 나는 잠을 이루지 못했다. 나는 모든 일정을 통과했고, 가슴 아픈 순간들도 이제 지나갔다. 공개적으로 이야기하고, 다른 전쟁 강간 피해자들과 만나고, 또 용서할 수 있게 되었다. 그 과정에 나는 지독히 고통스럽던 마음이 치유되고 있음을 느낄 수 있었다. 이제 뒤돌아 볼 일은 없다.

여성은 전쟁이나 분쟁에서 어떤 역할도 하지 않았음에도 살해되고, 신체를 훼손당하고, 강간당하고, 치욕을 떠안고 살게 되었다. 강간당한 사실이 알려졌을 때, 결혼할 수 있는 가능성이 제로인 경우가 다반사였다. 일본부 '위안부'를 위한 기념물은 어디에도 없다. 그들의 용감함을 기리는 훈장도 없다. 이 여성들은 상처를 안고 침묵과 치욕 속에서 살아갈 뿐이다. 남성도 전쟁 와중에 온갖 잔혹한 학대를 당했지만, 여성도 말할 수 없는 비인간적인 대우와 만행을 당해 왔다는 점을 다시 한 번 깨달을 수 있었다.

도쿄 청문회에서 한 공개 증언을 시작으로 나는 전쟁이 벌어지는 동안 여성을 보호해야 한다는 운동과 인권 의식과 용서의 메시지를 전하는 운동을 시작했다. 이런 활동은 실제로 일상이 되었고, 이를 통해 나는 오스트레일리아 여러 지역과 해외까지 다니게 되었다.

도쿄에서 증언을 한 뒤, 나는 내가 겪은 모든 고난에 의미가 있었다는 느낌을 강하게 받았다. 나는 내가 겪은 고통의 경험을 그냥 밀쳐 두고 싶지 않았다. 그것을 통해 무언가를 실천하고 싶었다. 어떤 경로를 통해서든, 어떤 시기든 간에 선이 악을 통해서도 나올 수 있음을 나는 늘 알고 있었다.

도쿄 증언 이후 얼마 지나지 않은 1993년 1월 18일, 나는 일흔 살

생일을 맞았다. 캐럴은 나의 프랑스인 할아버지 앙리와 할머니 잔을 그린 아름다운 유화를 선물해 주었다. 반둥간에 있던 그들의 아름다운 집과 웅가란 산을 배경으로 앞마당에 두 분이 서 있는 그림이다. 그보다 귀한 것은 상상할 수도 없을 멋진 선물이었다.

그날 아침 나는 우리 교구 교회인 돌로로스 성모 성당에서 일일 미사를 드리기 위해 일찍 일어났다. 미사 채비를 하는데 누가 현관 문을 두드렸다. 교구에서 가장 친하게 지내는 친구 중 하나인 셜리였다. 셜리는 우리 성가대에서 아름다운 소프라노를 맡은 친구다. 평일에 그녀가 미사를 가는 것은 드문 일이었지만, 그녀가 왔다. 그날이 내 생일이었기 때문이다.

"미사에 갈 거죠, 얀?" 그녀가 물었다. "물론이지요." 내가 대답했다. "오늘은 꼭 가야지요." 나는 셜리에게 캐럴이 준 그림을 보여 주었다. "아름다워요. 그거 성당에 가져가요." 그녀가 열변을 토했다. "이걸 제단에 걸 수 있을 거에요." 나는 셜리의 제안에 깜짝 놀라기는 했지만, 제안대로 그림을 갖고 갔다. 집에서 몇 분 거리에 있는 성당으로 함께 그림을 들고 걸어갔다.

성당 앞에 도착했을 때, 나는 평소처럼 나이 든 신실한 교인 몇몇 정도가 있으려니 했는데, 교회가 사람들로 꽉 차 있었다. 내 친구들이 모두 교회로 온 것이다. 셜리와 함께 통로를 걸어가는 동안, 나에게 인사가 쏟아졌다. "생일 축하해요, 얀!" …… "축하합니다!" …… "돌아온 걸 환영해요, 얀!" …… "잘 했어요, 얀." 내가 자리에 앉았을 때 내 친구들이 보내 준 사랑과 지지가 분명하게 내 눈에 들어왔다. 아름다운 꽃들이 내가 늘 앉을 좌석에 놓여 있었다. 아이들 가운데 하나가 나에게 와서 말했다. "루프 할머니, 할머니를 텔레비전에서 봤어요." 교구의 사람들이 팔을 벌려 나를 환영해 주었다. 우리 교구의 사제 레오 크로닌 신부님이 나를 위해 미사를 봉헌했다. 내 모든 걱정이 날아가 버렸다. 이 소중한 교구민들을 향해 사랑과 기쁨이 내 가슴에서 넘쳐났다.

 신은 나에게 선한 분이었다. 나는 침묵이 깨지게 되면 나타날 결과들을 미리 걱정하며, 오랫동안 너무 두려워하고 있었다. 네덜란드에서 도 후이스만이 편지를 보낸 이래 만사가 너무도 빠르게 진행되었다. 나는 애들레이드로 다시 돌아오는 걸 두려워했지만 이제 집에 돌아와 평화와 사랑과 이해에 둘러 싸여 있다.

†

 나는 언젠가 네덜란드로 가서 그 시기 매음굴로 강제 동원되었던 다른 네덜란드 소녀들과 재회하고 모임을 조직할 수 있기를 희망하고 있었다. 다큐멘터리 영화 〈침묵의 50년〉을 캐럴 부부와 함께 만들면서 1993년에 네덜란드와 자바까지 갈 수 있는 기회를 얻었다. 스마랑 칠해정에서 함께 지내던 소녀들 중에 몇이라도 만날 수 있을지 정말 궁금했다. '일본의 도의적 책임을 묻는 재단'과 접촉하면서 그때 강간당한 소녀들 중 몇몇과 연락이 되었다. 그중에 두 명이 게르다와 리스였다. 나와 스마랑에 함께 있었던 친구들이다. 그리고 다른 한 명은 고등학교 동창이자 스마랑에 있는 다른 매음굴로 끌려갔던 엘런이다.

친구들을 만나기 전날 나는 잠을 이루지 못했다. 그 끔찍한 비밀을 그렇게 오랫동안 공유했던 이 여성들을 만난다고 생각하니 만감이 교차했다. 그동안 어떻게 살았을까, 삶이 우리를 어떻게 바꾸어 놓았을까 궁금했다. 무슨 이야기를 할까, 그들이 자녀들 이야기도 했던가? 나는 꼭 한 번 그녀들을 다시 보고 싶었다.

우리는 헤이그에 있는 어느 회의실에서 만났다. 나는 미리 도착해서 기다리고 있었다. 엘런이 가장 먼저 문을 열고 나타났다. 그녀는 팔을 활짝 펴고 나를 안고는 말했다. "야니, 너를 만나니, 꿈만 같아. 너 아주 좋아 보여." 그녀는 아름다웠다. 자바에 있는 교정에서 팔짱을 끼고 다니고 벤자민 고무나무 아래서 샌드위치를 먹던 시절로 곧장 돌아간 것 같았다.

약 일곱 명의 여성들이 다시 모였다. 게르다도 왔다. 암바라와 수용소에서 나와 가장 친한 친구 중 한 명이었고, 우리가 매음굴로 끌려 갈 때 나와 함께 줄을 서 있던 열 명의 소녀 중 한 명이었다. 그녀를 만나서 우리의 감정을 공유할 수 있고, 우리가 겪었던 일들이 얼마나 끔찍했는지를 이야기하고, 어떻게 세상이 그 일을 전혀 모를 수 있는지를 말하고, 그런 끔찍한 사건들 때문에 우리 인생이 어떻게 변했는지를 50년 만에 이야기할 수 있었다. 정말 아름다운 시간이었다. 고통을 공유할 수 있는 이들과 서로 포옹하는 것이 어떤 느낌인지를 말로 설명하기는 어렵다. 나는 소녀들의 이름을 수놓았던 손수건을 가져가서 게르다에게 펼쳐 보여 주었다. 그걸 보자마자 게르다는 눈물을 흘렸다. 그 손수건에 그녀의 이름이, 자기가 직접 손으로 눌러 쓴 자국이 남아 있었다. 그 끔찍한 학대가 실제 있었던 일임을 보여 주는 작은 물증이었다.

　나는 게르다에게 매음굴에 있던 시절 연필로 그린 그녀의 모습을 보여 주기도 했다. 희미해진 선을 따라 슬프고 절망스러운 표정이 남아 있었다. 이번에는 그녀가 나를 깜짝 놀라게 만들었다. 게르다는 매음굴에서 열여덟 살 생일을 맞아 내가 선물로 준 작은 스케치북을 꺼냈다. 거기에는 수용소 그림들이 들어 있었다. 이렇게 그림을 그려 선물을 했다는 사실을 난 까맣게 잊고 있었다. 사실, 나는 포로수용소에서 여러 아이들의 모습을 스케치해서 주곤 했다. 가끔 어머니들 중에는 빵조각 같은 것으로 사례를 하기도 했다. 수용소에는 카메라가 없었기 때문에 이런 그림들은 아주 귀한 것이다. 내가 게르다에게 만들어 준 이 작은 스케치북에는 우리끼리 통했던 수용소 유머를 보여 주는 색연필 그림들도 있었다. 나는 '개 같은 부대'를 위해 온갖 끔찍한 허드렛일을 시작하는 우리들의 모습을 그림으로 그렸다. 빨래로 더러워진 물을 보며 '육수'라고 부르기도 했다. 무거운 짐을 날라야 했다던가, 일본인에게 허리를 숙여 인사해야 했다던가 하는 힘들고 싫었던 일들을 계속 열거할 수 있었다. 당시 우리끼리 용감하게 부르던 노래도 있었는데, 조금 소개하자면 이런 식이었다.

우린 절대 포기 안 해,
우린 좀 거친 꼴통들이거든!
힙힙 후라, 힙힙 후라!

우리는 어느새 다 함께 노래를 불렀고, 신나게 웃을 수 있었다.

그리고 게르다가 말했다. 나는 게르다의 말에 깊은 감명을 받았다. "신문에서 야니에 관해 쓴 기사를 처음 읽었을 때 내 첫 반응은, '아! 이 문제로 더 이상 말하고 싶지 않다, 듣고 싶지도 않다'였어. 나는 내 속으로 꼭꼭 숨어 들어갔지. 하지만 곧 나는 야니에게 감탄하기 시작했어. 나는 아이들에게 말하지 않았어. 아이들을 보호해야 한다고 생각했지. 그런데 아이들을 무엇으로부터 보호한다는 말이야? 난 더 이상 모르겠어. 나는 강간이 전쟁범죄로 인식되도록 만들고 싶어. 야니도 그 세월 동안 그 일을 비밀로 하고 살았지. 야니도 끔찍한 고생을 했어. 우리가 그곳에 있을 때 야니가 어땠는지 나는 알아. 야니도 두려움에 거의 미쳐 있었어. 그 초점을 잃은 공허한 표정을 나는 지금도 생생하게 기억해." 게르다가 내 팔을 잡고 말했다. "야니, 이렇게 말해서 미안해." 나는 눈물을 닦으며, 대답했다. "아니야, 그렇게 말해 주니 나에게 큰 위로가 돼."

정말 그랬다. 게르다의 말을 듣고 나는 다시 한 번 전쟁에서 여성을 보호하는 운동을 계속해야겠다는 결심을 했다. 이런 범죄들이 다시는 자행되지 않도록 해야 하기 때문이다. 나의 운동, 게르다와 리스, 한국 여성들, 중국과 타이완 여성들, 인도네시아 여성들, 필리핀 여성들, 그리고 나중에 알게 되었지만, 오스트레일리아의 라바울에서 온 파푸아뉴기니 여성들을 대변하는 운동이었다. 그 운동은 15년 동안 이어졌고, 지금도 계속되고 있다.

엘렌은 이전에도 기념식 행사에서 자신의 경험을 발표하라는 부탁을 들은 적이 있지만, 혼자 이야기해서는 아무 일도 안 된다고 생

왼쪽부터 캐럴, 에마, 주드, 에일린, 개리, 나, 루비

각했다고 말했다. "그런데 야니가 앞에 나와 공개적으로 말했다는 기사를 《텔레그라프》에서 보고, 내가 지원해야겠다고 결심했어." 리스는 스마랑 매음굴에서 나와 함께 있었고, 그 집에서 묵주 기도를 함께했던 친구였다. 리스 역시 신문 기사를 읽었다고 했다. 내가 공개적으로 말하고 목이 메었던 바로 다음날 나는 리스로부터 전화를 받았고, 그녀는 나를 만나고 싶다고 말했었다. 리스를 다시 만날 수 있다는 게 나에게는 무엇보다 특별했다.

게르다와 리스 모두 나와 비슷한 이야기를 간직고 있었다. 그 둘의 어머니들도 딸에게 일어났던 일을 듣고 그 충격을 감당하기 힘들어 했다. 게르다는 이렇게 말했다. "우리 어머니는 내가 어떤 일을 당했는지를 정말 알려고 하지 않았어. 어느 날 어머니는 이렇게 말했지. '그 일, 내가 두려워하던 그 일이 일어났던 거지?' 내가 그렇다고 했고, 내 생각에 어머니는 마음이 무너져 내렸던 것 같아. 이후 어머니는 그 일을 한 번도 언급하지 않았어. 어머니 말고는 가족들 아무도 몰라. 우리는 그 문제에 대해 침묵했어."

리스는 보고르 포로수용소에서 다시 만나게 되어 어머니가 얼마나 기뻐했는지 이야기했다. "그러나 어머니가 이렇게 말했어. '네가 무슨 일을 당했는지 다 안다.' 어머니가 한 말은 그게 다였어. 어머니는 다정했지만 그 문제를 제대로 말하지 못했어. 어머니에게는 자식이 많았고, 두 아들을 이미 잃은 상태였거든. 내가 돌아온 것만으로도 반가워했어."

우리 모두에게, 침묵은 그 시절부터 시작되고 있었다.

다큐멘터리에 쓸 내용을 더 찾으려고 자바로 갔을 때, 내가 가장 먼저 가 보고 싶은 곳은 우리가 살던 설탕 플랜테이션 단지인 체피링과 반둥간에 있던 할아버지 집터, 포로수용소가 있던 암바라와, 그리고 스마랑에 있는 내가 태어나고 학교를 다니던 동네였다.

자바로 가는 가루다항공 비행기에 올라 인도네시아 승무원의 환영 인사를 듣자, 내가 태어난 땅으로 귀향한다는 실감이 났다. 바야흐로 나의 뿌리를 찾아가고 있었다. 1946년 인도네시아 독립전쟁이 벌어지면서 떠나야 했던 고향으로 돌아가고 있었다. 비행기에서 내리자 후덥지근한 공기가 나를 맞았다. 열대지방이 어떤 곳인지를 거의 잊고 지냈구나 하는 생각이 들었다. 쾌활한 내 딸아이 캐럴은 먼저 도착하여 자카르타에서 나를 맞이했다. 다음 날 우리는 스마랑으로 날아갔다.

스마랑을 관통해 차를 타고 가면서 내가 다니던 학교, 성당, 언니 앨라인이 전쟁 전에 일했던 네덜란드 동인도철도회사 건물 등을 알아볼 수 있었다. 내가 묵는 호텔은 찬디에 있었다. 산비탈에 있는 교외 지역인데, 이전에 매음굴이 있던 곳이다. 다음 날 우리는 내가 감금당해 있던 바로 그 집 칠해정을 찾아볼 계획이었다. 우리 안내자이자 다큐멘터리 영화의 현지 매니저였던 사람은 파크리 암룰라였다. 아마도 그 이름은 '모든 문을 연다'는 의미일 것이다. 나는 그에게 우리가 찾는 집이 카나리란(Kanarie Laan)이라는 거리에 있었다고 말했다. 요란하게 경적을 울리며 운전을 하기는 했지만, 어쨌든 그는 우리를 안전하게 바로 그 장소로 안내했다.

전반적으로 거리 모습은 바뀌어 있었다. 아름다운 카나리 나무들이 잘려 나갔기 때문일 것이다. 정확히 어느 집인지를 잘 알아볼 수 없었다. 나는 늘 그 안에 감금되어 있었기 때문이다. 파크리가 거리에서 사람들에게 물어보기 시작했다. 마침내 한 나이든 여성 음식 행상인을 찾아내서, 파크리가 자바 지역 방언으로 말을 걸었다. 나는 이 수 많은 사람 중에서 당시 일을 실제로 기억하고 있는 한 여성을 발견했다는 사실이 놀라웠다. 우리가 이 여성을 찾을 수 있도록 신이 인도하시는 것처럼 생각되었다. 이 여성은 우리에게 벌어졌던 일을 증언할 수 있는 사람이기도 했다. 전쟁 동안 일본인들이 그곳에 있었을 때 그녀는 아홉 살이었다고 했다. 그녀에 따르면, 그 집은 불행한 역사 때문에 헐려 버렸다. 그녀는 어렸지만, 그곳에서 나쁜 일이 벌어지고 있음을 느꼈다고 했다. "많은 일본 군인과 네덜란드 아가씨들이 몇 명 있었어요." 그녀가 말했다. "네덜란드 아가씨들을 그렇게 이용하는 것을 보고 안타까웠어요. 아이였기 때문에, 어른들을 따라 그곳을 왔다 갔다 하기도 했지요. 나는 가고 싶지 않았어요. 어린아이라도 부끄러운 건 알거든요."

지금은 자갈밭이 되어 있는 그 집터를 걸으며, 아주 이상한 느낌이 들었다. 내가 끔찍하게 짓밟혔던 그 땅 위를 내가 걷고 있었다. 이 장소가 더 이상 그런 고통의 장소가 아니라는 생각이 들자 승리감 같은 것이 몰려오기도 했다.

나의 과거를 찾아서, 우리는 스마랑 병원을 방문했다. 우리는 나이든 네덜란드 프란체스코 교단의 수녀님 한 분이 지금도 여전히

©Carol Ruff

다시 찾은 스마랑. 현지인이 '칠해정'에 관해 설명해 주었다 (1993년)

그곳에 계시다는 것을 알고 놀랐다. 전쟁 이후 수녀님 대부분은 네덜란드로 돌아갔다. 그 수녀님은 베란다에 앉아 있었다. 나는 그분께 가까이 가서 나를 소개했다. 놀랍게도 수녀님은 암바라와 수용소에서 우리와 함께 계셨던 분이었다. 수용소 시절을 함께 되돌아보며, 그 분이 말했다. "암바라와 수용소에서 끔찍한 일이 있었지요. 그들은 우리 중 소녀들을 몇 명 데려갔답니다. 라에티샤 수녀님과 수용소 대표가 있는 힘을 다해 싸웠지만, 이를 무시하고 그들은 소녀 열 명을 그냥 데려 갔어요." 우리가 기대하지 않았던 또 한 명의 증인이 이 곳에 있었다.

아버지가 일을 했고, 또 우리가 한때 살던 체피랑 사탕수수 플랜테이션 단지에 꼭 가보고 싶었다. 그곳이 점점 가까워지자, 설탕공장의 높은 굴뚝이 반갑게 눈에 들어왔다. 어린 시절 지진이 났을 때 굴뚝이 흔들리는 것을 보았던 기억이 났다. 당시 아버지는 이렇게 소리쳤다. "모두 집 밖으로 나가!"

단지 안에 있는 집들은 내 기억하고는 전혀 다른 모습이었다. 집들은 폐허처럼 보였고, 마당은 지저분한 것으로 가득 차 있었다. 깔끔하게 손질되어 있던 울타리와 말쑥했던 잔디밭이 엉망이 되어 있었다. 우리는 우리가 살던 오래된 집을 찾아냈다. 그곳에서 아주 친절한 인도네시아 여성이 우리를 맞아 주었다. 그녀에게 전쟁 전에 내가 이 집에서 살았다고 설명했더니, 안으로 들어오라고 권했다. 집 안으로 들어가니 거의 텅 비어 있었다. 이전에는 부모님이 아끼던 식민지 시대 가구들로 채워 있었고, 벽에는 그림이 걸려 있었고, 피아노와 아버지의 책상이 있었으며, 베란다에는 화려하게 장식된 큰 도자기 화분에 야자수가 심어져 있었던 것이 다 기억났다. 우리가 살던 시절 이후 페인트칠을 한 번도 안 한 것처럼 보였다. 지붕에 있던 타일들도 떨어져 나간 상태였다. 그녀는 자기 아들의 방을 보여 주었다. 예전에 우리 오빠 워드가 쓰던 방이었다.

나는 뒷마당으로 가서 하얀 분벽을 보았다. 우리가 애완동물로 키우던 황새 야곱이 앉아 있곤 하던 곳이다. 아버지가 심어 놓은 과실나무들 중 일부가 여전히 남아 있었다. 그곳에 사는 여성이 우리에게 마당에서 딴 과일을 내주었다. 나는 그 과일이 아버지가 심은 나무에서 나온 것임을 생각하며, 심장이 두근거리는 가운데 과일을 먹었다.

다음 날 우리는 자동차를 타고 암바라와로 갔다. 그곳에 있던 일본인 포로수용소에서 우리는 3년 반을 살았다. 수용소 막사들은 더 이상 그곳에 없었다. 대신 시장과 음식 판매대들이 번성하고 있었다. 우리가 고통스럽게 살았던 건물들이 모두 파괴되었으나, 지금은 행복하게 웃는 사람들로 되살아난 모습을 보며 나는 다시 한 번 이상한 만족감을 느꼈다. 암바라와에는 언제나 사랑스러운 시장이 있었다. 시장에 넘쳐나는 음식들을 보며, 우리가 철조망과 장벽에 갇혀 있던 시절에 이 물품들에 손이라도 댈 수 있었다면 얼마나 좋았을까 하는 생각을 했다.

암바라와에서부터 반둥간까지 가기 위해 우리는 차를 타고 산길을 올라갔다. 그곳은 나의 가장 귀중하고 달콤한 기억들이 자리하고 있는 어린 시절의 장소였다. 나는 내가 그 꿈을 다시는 찾을 수 없다는 것을 알고 있었다. 앙리 할아버지가 만들어 낸 그 천국 같은 곳이 지금은 어떻게 되었을지 궁금했다. 반둥간까지 가는 길을 나는 아주 잘 기억하고 있었다. 우리는 경치가 좋은 길로 갔고, 나는 캐럴에게 밖으로 협곡과 사와(sawah, 펼쳐진 논밭)가 보이니 잘 보라고 말해 주었다. 우리는 메라피(Merapi, 화산)를 볼 수 있었다. 화산 꼭대기는 구름에 가려져 있었다. 나는 캐럴에게 우리가 할아버지 집에서 한번은 용암이 분출해서 흘러나오는 것을 본 적이 있다고 이야기해 주었다.

할아버지의 리조트가 있던 '루스티카나'라는 장소에 도착했을 때, 나는 몹시 실망했다. 너무 과하게 지어져 있었고, 고즈넉한 분위기가 사라져 버렸기 때문이다. 주말이어서 사람들로 넘쳐났다. 옛날 할아버지가 만들어 냈던 공간은 흔적도 찾을 수 없었다. 상점, 노점상, 과일과 야채 시장이 여기저기 서 있었다. 어린 소년들로 구성된 무용단이 그들 선생님과 함께 우리 옆으로 바쁘게 지나갔다. 우리는 뒤따라가서 그들이 하는 유명한 '미친 말'(Crazy Horse) 춤을 관람했다. 소년들이 무아지경으로 들어가, 밀집으로 만든 말들 위에서 춤을 추고 마침내 말들이 되어 가는 공연은 환상적이었다. 그들은 채찍을 맞았지만, 아무 것도 느끼지 않는 것처럼 보였다. 그들은 살아 있는 전갈을 먹었고, 말처럼 행동하기 시작했다. 무아지경에 빠진 그들은 결국 유리까지 먹었다. 이제는 그 공연을 차마 참고 볼 수가 없었다.

춤과 함께 흐르는 가믈란 음악을 듣자니 어린 시절 집에 있을 때, 아랫마을에서 들려오던 익숙한 가믈란 소리가 생각났다. 그러나 당시 우리 집에서는 부모님께서 아름다운 클래식 음악을 바이올린과 피아노로 연주하시곤 했다. 이 두 문화가 나란히, 또 조화롭게 공존했던 것을 생각하니 그 시절이 마치 꿈만 같았다.

†

네덜란드와 자바를 다녀온 뒤, 다큐멘터리 영화 〈침묵의 50년〉을 만들었고, 나는 일본군 '위안부'들이 일본 정부로부터 사과를 받고 명예를 회복하는 일을 위해, 그들의 처지를 개선하는 일을 위해 운동을 계속 펼쳤다. 나는 오스트레일리아를 비롯한 여러 나라에서 다양한 행사에 참여하여 발언했다.

1995년 4월에 있었던 한 행사가 특히 기억에 남는다. 오스트레일리아의 적십자가 시드니에서 '여성의 명예와 전쟁'이라는 제목의 포럼을 하나 조직했다. 부트로스 부트로스-갈리 씨가 주요 연사였다. 유엔 사무총장인 그는 세계적인 거물이었다. 내 차례는 그 다음이었다. 부트로스-갈리 씨는 눈과 귀를 뗄 수 없게 만들 만큼 아주 인상적인 사람이었다. 카리스마가 넘쳐났다. 그를 만날 수 있었고, 그에게 이 책의 초판본을 한 권 선물할 수 있게 되어 큰 영광이라고 생각한다.

1997년 3월, 나는 북아일랜드에 연사로 초청받았다. 아일랜드에 가는 것은 처음이었기에, 나는 아주 신이 났다. 내 성에 '오헤른'(O'Herne)이라는 이름이 있는 것을 보면, 조상 중에 아일랜드인이 있음이 분명하다. 오빠 워드가 우리 가문의 역사와 조상들을 탐

구하는 데 많은 노력을 기울였다. 오혜른 집안은 더블린에 살며 리넨 제품을 취급했던 상인 가문이었던 것이 거의 분명하다. 아일랜드 감자 기근 동안, 이 집안은 프랑스로 이주했다. 그곳에서 프랑스 여성과 결혼해 정착하여 프랑스 시민이 되었다. 프랑스 혁명기 동안 우리 프랑스계 조상 할아버지들 중 한 명이 인쇄업을 했고, 단두대에 목이 잘렸다. 왕당파 신문과 소책자를 인쇄하여 배포했기 때문이었다. 오빠는 그런 이야기를 거의 자랑하듯이 열정적으로 즐겁게 말했다. 벨파스트 공항에 비행기가 착륙하는 동안, 이런 모든 가족사 이야기들이 머리에 가득 떠올랐다. 조상들의 땅으로 귀향하는 느낌이었다.

나는 런던데리의 얼스터대학에서 사흘 동안 열리는 학술대회에 참석하여 연설할 예정이었다. 대회의 주제는 '남성, 여성, 전쟁'이었고, '분쟁해결과인종문제발의단'(INCORE, Initiative on Conflict Resolution and Ethnicity)에서 조직한 학술대회였다. 대회의 목적은 전쟁 동안 여성에게 가해진 인종적·성적 폭력이 미친 영향을 탐구하는 것이었다. 일본군 '위안부'였던 다른 두 여성, 한 명은 한국에서 다른 한 명은 필리핀에서 온 여성들도 겪은 일을 증언했다. 이 여성들을 다시 만나게 되어 가슴이 벅찼고, 위로를 받을 수 있었다. 그들의 이야기는 나와 다른 면도 있었지만, 그들 역시 똑같은 야만적이고 잔혹한 학대를 당했고 어린 시절을 도난당했던, 나와 같은 슬픈 이야기를 해주었다.

가장 인상 깊고 감동적이었던 것은 웨스턴오스트레일리아 퍼스대학에서 강사를 하고 있는 다나카 유키 박사가 한 '제2차 세계대전

시기의 성노예제'라는 제목의 발표였다. 후에 오스트레일리아에서 다나카 박사와 알고 지내게 된 것을 기쁘게 생각한다. 그는《은폐된 공포》(Hidden Horrors)라는 등골을 오싹하게 만드는 책의 저자이다. 이 책은 제2차 세계대전 시기 일본인들의 전쟁범죄들을 다루고 있다. 내 이야기도 나온다. 학회에는 미국, 인도, 영국, 북아일랜드, 그리고 옛 유고슬라비아 연방 지역에서 온 연사들도 있었다. 학회가 끝날 때쯤에 나는 뿌듯했다. 전 세계가 전쟁의 공포에 귀 기울이고 있다는 인상을 받았기 때문이다.

†

1997년 12월, 나는 피터 스탠리 박사한테서 편지를 한 통 받았다. 스탠리 박사는 오스트레일리아 전쟁기념관의 선임 역사연구원이었다. 편지에서 그는 제2차 세계대전 전시관을 새롭게 재편하는 책임을 맡았다고 했다. 전시는 주로 일본인에게 억류되었던 오스트레일리아 남성과 여성의 이야기를 다룰 것이며, 그 밖에도 다른 나라의 전쟁 포로들과 민간인 억류자들도 다루고, 특히 여성의 경험들에 주목하는 부분도 있을 거라고 했다.

그러면서 나에게 혹시 포로수용소 생활을 보여 줄 수 있는 유품들을 기증할 생각이 없는지 물었다. 스탠리 박사는 수놓은 손수건을 특정하여 지목했다. 이는 나의 고난을 보여 주는 가장 귀한 물건이고, '칠해정'에서 지낸 나의 시간과 직접 연관되어 있는 물건이었다. 이 손수건에 대한 이야기를 스탠리 박사는 잡지 기사에서 봤다고 했다.

　나는 많은 기억들을 담고 있는 내 사랑하는 손수건을 떠나보내야 하는 어려운 결단을 해야 했다. 나는 내 손수건이 여성의 경험을 보여 주는 새로운 전시관에 진열될 때 좀 더 큰 대의에 도움이 될 수 있을 거라고 판단했다. 이 손수건은 생존의 상징이다. 그렇게 오랜 시간 간직해 온 손수건을 보낼 때, 마치 내 일부를 잃어버리는 것 같았다. 일곱 소녀의 이름, 내 심장과 내 생명의 일부. 그러나 이 손수건이 가야 할 곳은 전시관이었다. 그런 전쟁범죄들이 다시 벌어져서는 안 된다는 것을 세계가 알 수 있도록 하는 데 이 손수건이 도움이 된다면 그렇게 해야 했다. 1999년 1월 30일, 나는 이 손수건을 캔버라 전쟁기념관에 기증했다.

　이 손수건을 보내는 것이 나에게 얼마나 힘든 일이었는지를 잘 알았던 나의 딸 캐럴이 다음과 같은 편지를 썼다.

　　일곱 사람의 이름이 수놓인 작은 손수건이다. 이 손수건은 우리 어머니의 옷장 서랍 바닥에 50년 동안 꼭꼭 숨겨져 있었다.

　　어린 시절 언니와 나는 어머니 옷장 서랍들을 샅샅이 뒤지며 놀곤 했다. 오래된 모조 장신구들을 해보기도 했다. 화려한 이브닝 가운과 어울리는 귀걸이, 식민지 시대 자바에서부터 가져온 오래된 은 장구들, 어두운 색의 호박 목걸이, 한때 날씬했던 어머니의 허리를 둘렀던 네덜란드 튤립이 손자수로 장식되어 있는 허리띠, 1950년대에 쓰던 장갑, 갖가지 구슬들과 브로치들, 교회에서 머리에 쓰는 검은색 스페인산 베일(만티야), 오래된 파우더 콤팩트들, 예쁘게 접어 놓은 하늘하늘한 속옷들, 로션들과 물약들. 무엇보다 우리를 가장 빠져들게 만들었던 것은 이 모든 특별한 물건들 속에 있는 어머니의 냄새였다. 그 냄새의 정체를 나는 잘 모른다. 프랑스제 향수와 화장품과 어머니한테서 나는 냄새들이 복합적으로 합쳐진 것이리라. 나는 이 냄새를 사랑한다.

한번은 손수건을 하나 꺼내서 이게 뭐냐고 물었는데, 어머니가 어머니답지 않게 홱 채듯이 가져가서 더 깊은 곳에 넣어 두는 것을 본 기억이 난다. 이 손수건에는 말하기가 너무 힘든 이야기들이 담겼던 것이다. 어머니는 우리에게도, 딸들인 우리에게도 말하지 못했다.

어머니는 오래전 일곱 명의 소녀들에게 그 손수건에 이름을 써 달라고 부탁했었다고 한다. 그리고 그 이름 한자 한자 위에 수를 놓았고, 가운데에 26-2-44(1944년 2월 26일)라고 날짜를 새겼다.

이 손수건은 어머니가 그 오랜 세월 동안 옷장 서랍 밑바닥에 숨겨 온 증거품이다. 우리는 이에 대해 아무 것도 몰랐다. 이 손수건에 얽힌 사연을 얼마나 알고 싶어 했던가. 나는 어머니와 관련해 내가 이해할 수 없는 것이 있으면 작은 것이라도 계속 신경을 썼었다. 하지만 어떻게 딸에게 그런 이야기를 할 수 있었겠는가?

오래전 일곱 명의 소녀들이 네덜란드인 포로수용소에서 일본 군인을 상대하는 '위안소'로 강제 동원되었다. 이게 맞는 표현인가? 그들이 정말 '위안부'라고 불렸다고? 그런 상황을 제대로 표현할 수 있는 단어가 우리 언어에는 없다.

그 손수건은 마침내 1999년 오스트레일리아 전쟁기념관 포로수용소 전시관이 개관했을 때, 그곳에 기증되었다.

우리가 그 손수건을 마지막 본 것은 2001년 말이었다. ABC 방송국에서 오스트레일리아 이야기를 방영하는데 어머니에 관한 이야기가 나왔다. 방송 제작진들은 어머니가 오스트레일리아 전쟁기념관을 방문하는 장면을 찍기로 했다. 어머니가 기념관으로 가서 그 손수건을 바라보는 모습이 나왔다. 손수건은 유리관 안에 놓여 있었고, 그 옆에 어머니의 사진과 이야기가 함께 전시되어 있었다. 전시관에 전시된 어머니의 사진은 제2차 세계대전 직전의 모습이었다. 사진 속의 어머니는 아름답고 순수하고 경건하고 밝아 보였다. 지금의 어머니도 그러하다.

어머니는 손수건을 바라보았고, 눈물을 흘렸다. 그녀는 손수건을 한 번만 더 만져볼 수 있냐고 물었다. 흰 장갑을 가져왔고, 박물관 학예사가 흰 장갑을 끼고 정성스럽게 유리관에서 꺼냈다. 어머니는 굳이 흰 장갑을 끼지 않았고 아무도 그걸 갖고 뭐라고 하지 않았다. 어머니는 자신의 슬픔과 고통의 증거인 이 작은 손수건을 바라보았다. 그녀는 손수건에 새겨진 이름들을 혼자 조용히 읽고 있었다. 이 소녀들 중 일부의 신상은 비밀이다. 아직 가족에게 이야기하지 못한 이들이 있기 때문이다. 영원히 말을 못 할 수도 있을 것이다.

어머니는 손수건을 다시 만지게 허락해 줘서 모두에게 감사드린다고 인사를 하고, 학예사에게 다시 조심스럽게 돌려주었다.

†

강연 여행을 하며 다행히도 여러 일본군 '위안부'들을 만날 수 있었다. 남북한, 타이완, 중국, 필리핀, 인도네시아에서 온 여성들이었다. 2000년 두 번째로 일본에 갔을 때, 나는 도쿄에서 열린 역사적인 '일본군 성노예 문제에 대한 국제 전쟁범죄 재판'에 증인으로 참여했다.

이 자리에서 나는 두 인도네시아 여성을 만났다. 소녀 시절, 일본군에 의해 군 매음굴로 강제로 끌려갔던 이들이었다. 가슴 아픈 만남이었다. 포로수용소에서 강제로 징발되어 일본군의 성노예가 되었을 때, 나는 어린 인도네시아 소녀들도 우리와 같은 학대를 당했다는 사실을 알지 못했다. 이 여성들은 살던 마을에서 어떻게 강제로 납치되어 이른바 '위안소'라는 곳으로 끌려갔는지를 이야기해 주었다. 당시 우리는 차마 입에 담을 수 없을 정도로 잔혹하게 당했던 이야기들을 전 세계에 알리기 위해 한 자리에 모였다. 내가 태어난 땅 자바에서 온 여성들을 이런 자리에서 만나다니, 참으로 가슴 아픈 일이었다. 이 여성들 역시 깊은 감동을 받고 있었다. 그들은 네덜란드의 식민지였던 시절을, 아름다웠던 '템포 둘루'(tempo doeloe, 옛 시절)라고 기억하고 있었다. 어쨌든 그 시기에는 깊은 유대가 있었다.

다른 일본군 '위안부'를 만나는 일은 내 일에서 가장 중요한 부분 중 하나였다. 이 여성들 속에서 나는 유럽인의 목소리를 대변했다. 그리고 내가 그들 삶의 일부가 되었고, 그들이 내 삶의 일부가 되었다. 우리는 고통을 공유하고 있었고, 이렇게 함께하는 이들이 있다는 것 자체가 우리에게 달라붙어 있던 수치심을 던져 버리는 데 정말 큰 도움이 되었다.

✝

　2000년 7월, 나는 성공회 사제인 필립 톨리데이 박사와 함께 '현대사회의 슬픔과 애도'를 주제로 한 국제 학술대회에 연사로 초대받았다. 대회는 예루살렘에서 열렸다. 필립 톨리데이는 1994년 애들레이드에서 다큐멘터리《침묵의 50년》을 본 뒤에, 나에게 자신을 소개한 바 있다. 그는 군대의 역사에 관심이 깊었기 때문에 나를 만나고 싶어 했다. 이후로 그는 가족까지 서로 다 아는 친한 친구가 되었다. 이번 여행이 언제나 가 보고 싶었던 성지에 가게 되는 것이어서 나는 무척 들떠 있었다. 학술대회는 성공적이었다. 나는 성스러운 종교 유적지들을 대부분 둘러보았다. 심지어는 사해에서 수영을 할 기회도 있었다. 세간의 말이 사실이었다. 물속에 가라앉지 않았다. 물에 소금기가 많아서 그냥 둥둥 떠 있을 수 있었다.
　학술대회에서 나는 포로수용소에서 경험했던 고통에 관해서뿐 아니라, 세 번의 유산을 하면서 겪었던 개인적 슬픔에도 비중을 두어 이야기하기로 결심했다. 그 세 번의 유산은 전쟁 동안 내 몸이 훼손되었기 때문에 겪게 된 일이다.
　예루살렘에서 돌아온 뒤, 필립은 나에게 유산을 한 뒤 어떤 치유 의례를 거쳤는지 물었다. 그런 의례는 없었다. 필립은 자신의 교구 교회에서 나를 위해 특별한 치유 미사를 드리겠다고 제안했다. 그 미사는 필립과 나만 참석하는 미사가 될 터였다. 필립은 유산된 태아들에게 이름을 지어 주라고 했다. 우리는 세 가지 다른 색의 초를 마련하여 태아 각각의 이름으로 초를 태웠다.

안수를 하고, 기름부음을 하고, 성체성사가 있었다. 나는 제단 위에 유산한 태아들을 상징하는 네 개의 초를 놓았다. 스마랑 매음굴에서 처음 유산한 아이까지 포함시킨 것이다. 그래서 그 태아에게는 일본식 이름을 부여했다. 태아의 이름은 폴 미키(한 일본인 순교자의 이름에서), 프란체스코(성 프란체스코의 이름에서), 마리아 고레티(순결을 지키다 목숨을 잃은 어느 순교자의 이름에서), 잔 다르크(내 이름과 같기도 한 성녀의 이름에서)로 정했다.

종교 의례를 거치며 나는 깊은 감명을 받았다. 이제 태아 한 명 한 명이 인정받게 되었고, 그들만의 이름도 갖게 되었고, 나는 맘껏 울 수도 있었다. 그날 밤 나는 일기를 썼다. "오늘 아주 중요한 일이 있었다. 내 몸이 그 모든 고통을 내보냈다. 내 영혼이 새로 태어났다."

†

2003년 10월, 세 번째로 일본을 방문했을 때 나는 '아가페 화해 순례단'(Agape Reconciliation Pilgrimage)이라는 단체와 함께했다. 아가페는 그리스어로 신의 사랑이라는 뜻이다. 여행은 일본군의 전쟁범죄를 깊이 사죄하고 이로 인해 고통 받은 사람들에게 보상하기를 바라는 일본인들의 조직적인 도움으로 진행되었다. 이는 전쟁 피해자와 일본인들 모두에게 정말 화해의 순례가 되었다. 나는 딸 에일린이 이 여행에 함께할 수 있어 기뻤다. 이 여행을 하며, 우리는 일본인들을 그 옛날의 적으로가 아니라 친구로 여길 수 있게 되었다. 우리는 전쟁포로였던 오스트레일리아인들과 영국인들로 구성된 단체와 함께 여행을 하고 있었다. 우리는 저마다 일본인들에게 해줄 이야기가 있었다. 우리는 교회, 집회장, 식사 자리 등에서 열린 일련의 토론회들에서 그 이야기들을 했다. 우리는 일본인들의 가정집에서 머물렀다. 그렇게 지내면서 우리는 손잡이가 없는 잔으로 녹차를 즐기는 법을 배웠고, 에일린과 나는 심지어 공중목욕탕에서 목욕을 하기도 했다. 이 여행 기간에 우리는 히로시마를 갔고, 결국 교토까지 갔다. 교토에서 있었던 마지막 만찬에서 나는 특별한 경험을 했다.

두 나이든 일본 신사가 내 양 옆에 앉았다. 나는 오른쪽으로 고개를 돌려 말했다. "제 나이와 비슷해 보입니다. 제2차 세계대전 당시 참전했었지요?" 그는 임팔과 코히마 전투에서, 버마 전투에서 싸웠었다고 대답했다. 믿을 수 없었다. 내 남편 톰도 1944년 버마 전투에서 싸웠다. 그들은 당시 서로를 적으로 싸웠을 것이다. 그런데 이제, 내 남편의 적이었던 사람이 내 옆에 나란히 앉아 있다. 우리는 악수를 했다. 이제 그 일은 과거가 되었다. 우리는 그 일을 과거로 가만히 놓아 주고 있었다.

나는 왼쪽으로 고개를 돌려, 전쟁 때 무엇을 했냐는 같은 질문을 했다. 그는 군에 있었다고 말했다. "전쟁 때 위안소에 갔었나요?" 나는 물었다. 군 매음굴을 가기는 했지만, 자바는 아니었다고 대답했다. 나는 또 물었다. "당시 잘못하고 있다고 생각하지 않았나요?" 그가 대답했다. "그때는 그게 문제라고 생각하지 않았습니다. 그것은 군 시스템의 일부였지요. 우리는 위안소가 군대의 사기를 위해 좋은 것이라고 들었어요. 위안소는 우리에게 선물처럼 주어진 것이었지요. 그게 바로 전쟁이라고 들었습니다. 여성은 전쟁에서 강간을 당하게 되어 있고, 강간은 우리의 권리라고 들었습니다."

당시 군인들에게는 담배 한 갑 나눠 주는 것과 똑같은 식으로 성노예가 제공되었다. 무고한 어린 소녀들을 강간했던 이런 사람이 내 옆에 앉아 있다니 섬뜩했다. 우리는 서로의 눈을 바라보았다. 나는 그에게 당신을 용서했다고 말했다. 어색하긴 했지만, 우리는 포옹을 했다. 희생자인 내가 먼저 움직였고, 그가 대응을 했다. 이는 우리 둘 다에게 치유가 되었다.

우리 식탁에 또 다른 나이든 남성이 있었다. 나는 그 사람에게도 물었다. "내 나이인 걸 보니, 당신도 전쟁에 참전했지요?" 그가 대답했다. "네. 그랬습니다." 전쟁 동안 뭘 했냐고 묻자 그가 대답했다. "나는 전쟁동안 포로수용소 소장이었어요." 그 말을 들으니, 귀가 번쩍 띄었다. "우리는 수용소 소장들을 좋아하지 않았어요. 아주 잔인했거든요." 내가 말했다. "우리는 소장들이 무서웠어요." 어느 수용소에 있었냐고 물었다. 그가 대답했다. "수마트라에 있던 수용소입니다." 우리 아버지가 수마트라 포로수용소에 있었다. 그래서 그에게 물었다. "수마트라에 있는 어느 수용소에서 소장을 했나요?" 그가 답했다. "파칸바루 수용소요." 전쟁 때 아버지가 있었던 바로 그 수용소였다. 그 수용소 소장은 최악이라고 악명이 높았다. 아버지의 고생은 극심했다. 어느 날은 소장이 아버지를 땅 속 구덩이로 들어가게 하고 그 위에 쇠로 된 뚜껑을 덮었다. 열에 익어 죽게 될 상황이었다. 그러나 아버지는 살아남았다. 그들이 쇠뚜껑을 들어

올렸을 때, 아버지는 여전히 살아 있었다.

　그런 사람과 한 식탁에 앉아 있었던 것이다. 나는 그 사람도 용서할 수 있었다. 이런 것이 용서다. 다시 내가 먼저 움직였다. 나는 그에게 용서했다고 말했다. 그는 정말 미안하다고 했다. 나는 그가 자신의 과거를 잘 감당해 나가길 바랐다. 그가 그런 화해의 만찬 자리에 온 것도 그런 이유에서였을 것이다. 우리 두 사람 모두 감정이 격해졌고, 우리는 악수를 했다. 용서는 놀라운 일이었고, 이는 치유의 한 과정이었다.

†

　무언가 해보려는 나의 의지가 호응을 받아, 나는 네덜란드, 인도네시아, 세 차례 일본, 북아일랜드, 뉴질랜드, 영국, 이스라엘, 그리고 다시 네덜란드로 다닐 수 있었다. 나는 전쟁에서 여성을 보호하는 정책 수립을 위한 국제회의와 토론회에서 연설을 했고, 적십자, 국제사면위원회, 인권위원회(Human Rights Commission), RSL(Returned and Services League, Australia, 방위군에 복무했거나 복무하고 있는 이들을 지원하는 오스트레일리아의 단체) 유엔청년회의(United Nations Youth Conference) 등 여러 조직과 함께했다.

　2001년 어느날, 네덜란드에서 전화가 한 통 왔다. 사랑하는 친구 도 후이스만의 전화였다. "야니, 내가 좋은 소식을 말해 주기 전에 일단 침착하게 의자에 앉는 게 좋을 거야" 그녀가 말했다. "네가 네덜란드 베아트릭스 여왕한테서 왕실 훈장을 받게 되었어." 나는 믿을 수가 없었다. 손도 목소리도 떨렸다. "정말이야? 어떻게 내가 그런 상을 받아?" 도 후이스만도 아주 흥분해 있었다. 그녀가 또박또박 말했다. "야니, 이건 나사우 가문에서 주는 왕실 훈장이야. 기사 작위를 받는 거라고."

이 훈장을 받기 위해 다시 네덜란드로 가게 되었다. 딸 에일린이 나와 함께 비행기를 타고 갈 수 있었다. 2001년 9월 20일, 암스테르담에서 베아트릭스 여왕에게 직접 기사 작위(Ridder in de Orde van Oranje Nassau)를 받았다. 네덜란드에 있는 나의 모든 가족들이 이 중요한 행사를 함께하며 축하해 주기 위해 암스테르담으로 왔다. 연설들이 이어졌고, 나는 네덜란드어로 '감사'의 답례 인사를 해야 했다. 나는 공식 석상에서 언제나 영어로 증언을 해왔다. 그런데 자연스럽게 가족들, 오랜 친구들, 나와 가장 가깝고 또 가장 아끼는 이들 앞에서 마음에서 우러나오는 네덜란드어로 말하게 되니 아주 기뻤다. 기억해야 할 저녁이었다.

그 이후로도 많은 상을 받았다. 2002년 앤잭데이(Anzac Day, 오스트레일리아와 뉴질랜드 연합군이 1915년 4월 25일 제1차 세계대전에 참전한 것을 기리는 기념일 — 옮긴이)에는 앤잭 평화상을 받았다. RSL이 이 상을 주었기 때문에 특별히 소중하게 생각하고 있다. 나는 4월 3일에 수상 소식을 들었지만, 4월 25일 앤잭데이 전까지는 아무에게도 말하지 않았다. 너무 뜻깊은 상이어서 차마 말할 수가 없었다. 상 받는 날까지는 입을 다물고 있어야 한다고 생각했다!

상으로 받은 청동 메달에는 갈리폴리 전투의 전설적인 영웅 심슨과 그의 당나귀가 그려져 있었고, 내 이름이 새겨져 있었다. 국제 평화와 친선에 기여했다고 준 상이었다. 이 상은 우리 집 거실 벽난로 위 선반, 눈에 잘 띄는 곳에 자랑스럽게 놓여 있다.

그해 6월 10일, 나는 오스트레일리아 훈장을 받았다. 이 상은 2002년 영국 여왕의 생일날 서훈자 명단이 발표되면서 알려졌다. "인간의 권리와 전쟁 시기 여성의 보호를 주장하며 국제사회에 뛰어난 업적을 남겼고, 전쟁과 관련된 잔혹 행위를 용기 있게 알리는 과정에서 지도적 역할을 했다"고 준 상이었다.

그 밖에도 여러 상을 더 받았지만, 나에게 가장 소중한 것은 교황 요한 바오로 2세가 준 상이었다. 이는 '크렘 데 라 크렘'(crème de la crème), 최고 중에서도 최고였다. 2002년 12월 7일 애들레이드에 있는 성 프란체스코 하비에르 대성당에서 있었던 특별 미사에서 이 상을 받았다. 아름다운 여름날이었고, 늦지 않도록 여유 있게 가족들이 애들레이드까지 데려다 주었다. 나는 가장 아끼는 흰색 투피스를 입었다. 잘 보이고 싶었다. 전날 잠을 자지 못했다.

그날 아침 문득 나는 먼저 간 남편이 보고 싶었다. 이 광경을 지켜보았다면 톰이 정말 자랑스러워했을 텐데. 나는 벽난로 선반에서 톰의 사진을 꺼내 품에 넣었다. "사랑하는 톰." 나는 조용히 속삭였다. "오늘 이 중요한 날, 당신도 함께하고 있다는 걸 알아요." 가족들은 모두 흥분해 있었고, 그들 어머니와 할머니를 자랑스러워했다. 성당에 도착하자마자, 그들은 사진을 찍기 시작했다.

미사를 드리러 여러 번 왔던 성당이었지만, 그날 아침은 새삼 달리 보였다. 이 성스러운 공간이 더욱 아름답고 어느 때보다 친근해 보였다. 스테인드글라스를 통해 햇볕이 들어왔고, 나는 모든 것을 환한 빛 속에서 바라볼 수 있었다. 전쟁 시기 내가 겪었던 모든 고난은 의미와 목적을 띤 것이었고, 신께서 모두 나를 위해 준비한 것이었다. 나는 신의 도구였다. 인생 말년에 신을 위해 특별한 일을 할 수 있도록, 평화와 용서의 메시지를 전할 수 있도록 신께서 나를 부르신 것이었다. 우리의 자리로 안내 받아 가면서, 나는 많은 친구들이 이 날의 기쁨을 나누기 위해 그곳에 왔음을 볼 수 있었다.

미사에서 필립 윌슨 대주교가 나에게 교황이 내려주는 실베스텔 훈장 데임 작위(Dame Commander of the Order of Saint Sylvester)를 주었다. 이 상을 오스트레일리아 여성이 받은 것은 처음이었다. 이 상은 교황이 주는 것 가운데 두 번째로 높은 상이다. "제도적인 성적 학대에 직면했을 때에도 기독교인으로서 뛰어난 덕과 믿음을 발휘했고, 교회와 그녀의 신성한 생명에 대한 충성심을 끝까지 지켜 낸 것"을 인정하며 준 상이었다. 윌슨 대주교가 내 재킷에 훈장을 달아 줄 때 나는 눈물을 흘렸다. 감정이 복받쳐 올랐다. 가톨릭 신자로 이보다 더 귀하고 좋은 상은 상상할 수 없다. 교회와 신앙은 언제나 내 삶의 중심이었고, 마음을 다해 이를 수용해 왔다.

나는 기도하지 않을 수 없었다. "데오 그라시아스!(Deo gratias), 하나님 덕분입니다. 나에게 어떻게 이런 자격이 있겠습니까?"

그렇게 인정해 주는 상들 앞에서 나는 정말 변변치 않은 존재인데 하는 생각이 들었다. 그러나 동시에 그 상들은 화해, 평화, 정의를 말하는 나의 메시지에 세계가 귀 기울이고 있음을 보여 주는 것이었다.

몇 년 동안 나는 가장 특별한 사람들을 많이 만났다. 전쟁 희생자, 전쟁 포로였던 사람, 헌신적인 변호사, 정치인, 성직자, 나의 전쟁 경험을 널리 알린 언론인에 이르기까지.

수년 전에 내 딸 에일린과 캐럴에게, "언젠가 사람들에게 내 이야기를 할 것이고, 사람들은 흥미 있게 들어줄 거다"라고 말한 적이 있다. "당연하죠, 엄마!" 하며 맞장구쳐 주었다. 유럽인 여성으로는 처음으로 공개 석상에서 일본군 '위안부'였음을 밝혔고, 제2차 세계대전의 어둡고 가려졌던 비밀들을 드러내서 역사를 만든 사람이 되었음을 나는 자랑스럽게 생각한다.

†

'오스트레일리아 위안부의 친구들'(Friends of Comfort Women of Australia)이라는 단체가 나에게 함께해 달라고 부탁했다. 2007년 국제 여성의 날에 시드니의 마틴플레이스에서 일본군 '위안부'를 위한 정의의 실현을 주장하는 집회를 열 예정인데 함께하자는 부탁이었다. 타이완과 한국에서 오는 '위안부' 여성 두 분도 그 행사에서 나와 함께할 예정이었다. 두 여성은 황우슈메이(黃吳秀妹) 씨와 길원옥 씨였다. 두 사람 모두 멋진 연사였다.

그때 벌써 열아홉 살이된 손녀 루비가 내 옆에 서 있었다. 할머니가 큰 규모의 군중 앞에서 연설하고, 사진기자와 언론인들 앞에 서고, 텔레비전 카메라 앞에서 전쟁 시기에 여성의 권리가 지켜져야 한다고 주장하는 모습을 손녀로서 처음으로 지켜본 시간이었다. 집회가 끝나고 우리는 많은 한국 친구들과 만났고, 마지막에는 《뉴욕타임스》에서 온 기자 둘을 딸 캐럴의 집에서 만났다. 기자가 루비에게 할머니가 연설하는 모습을 보니 어떠냐고 물었다. 루비는 할머니가 자랑스럽고, 할머니의 손녀로 자라난 것이 자랑스럽다고 답하여, 나를 감동시켰다.

가장 기억에 남는 것은 2007년 워싱턴에 갔던 일이다. 미국 연방하원의원 마이클 혼다 씨가 워싱턴DC로 와서 하원 청문회에 참석해 증언해 달라고 부탁했을 때, 나는 조금도 망설이지 않았다. 나는 즉각 모든 일정을 취소했다. 마이클 혼다 의원은 일본 정부에게 "제2차 세계대전 동안 제국 군대가 '위안부'에게 저지른 말로 다 할 수 없는 가혹 행위들을 공식적으로 분명하게 인정하고 사과할 것"을 요구하는 '121 결의안'을 제출했다.

준비하는 데 일주일도 걸리지 않았다. 두꺼운 겨울 외투와 따뜻한 부츠와 장갑을 샀다. 추운 워싱턴DC로 용감하게 진군하기 위한 준비였다. 2007년 2월 15일, 연방하원 외무위원회의 아시아·태평양과 지구 환경을 다루는 소위원회는 '위안부의 인권 보호'라는 주제로 청문회를 열었다. 나는 제2차 세계대전 당시 일본군에게 당한 잔혹 행위를 증언하기 위해 초청되었다.

이 초청은 지난 15년 동안 일본군 '위안부'를 위해, 정의와 화해를 위해, 군대의 성노예로 고통 받았던 우리 용감한 여성들 모두가 공식 사과를 받기 위해 일해 온 내 모든 활동의 클라이막스다. 지난 15년 동안의 활동이 미국 의회에서 이렇게 결실을 맺게 된 것이었다.

2007년 미국 연방하원 청문회 포스터

하원 의장 낸시 펠로시와 의원 마이클 혼다가 이 청문회를 만들어 낸 주역이었다.

처음으로 정부가, 그것도 미국 정부가 이 중대한 인권 문제를 중요 사안으로 여기고 다루게 된 것이다. 60년이 지나서야 일본군 '위안부'들이 제대로 된 인정과 대우를 받을 수 있게 된 것이다.

나는 '오스트레일리아 위안부의 친구들'에서 온 애너 송과 이 여정을 함께했다. 우리는 시간에 맞추어 워싱턴DC로 가지 못할 뻔했다. 샌프란시스코 공항에서 발이 묶이게 된 것이다. 워싱턴DC 공항이 폭설로 폐쇄되어 워싱턴DC로 가는 비행기 편이 모두 취소되었다. 우리는 아침에 비행기를 탈 수 있을 것인지를 알지 못한 채, 샌프란시스코의 한 호텔에서 묵었다. 아침 비행기 편까지 취소되면, 우리는 청문회에 많이 늦을 수 있었다. 애너는 계속 기도를 했고, 나도 신에게, 그리고 내가 '성인전'에서 읽어 기억하는 모든 성인들에게 기도를 했다. 신은 선하시다, 나는 소리를 내어 기도했다. 그리고 마침내 우리는 워싱턴DC에 안전하게 착륙했다. 40시간이 걸린 여행이었다.

워싱턴DC에 있는 호텔에서 나는 두 여성을 만났다. 한국에서 온 김군자 씨와 이용수 씨였다. 두 사람 모두 성노예던 경험이 있고, 나와 함께 증언할 사람들이었다. 가슴 벅찬 시간이었다. 이용수 씨와 나는 1992년에 도쿄 청문회에서 만나 증언한 경험이 있었기에, 서로를 알아보았다. 우리는 울면서 서로의 손을 잡았다. 마법 같은 치유의 시간이었고, 신께서 인상적인 방식으로 우리에게 감동을 준 시간이었다. 우리는 언어가 달랐지만, 표정과 눈을 통해 모든 것을 표현할 수 있었다. 우리는 서로를 찬찬히 쳐다보았다. 이제 우리는 노인이 되었지만, 여전히 정의를 갈망하는 힘을 갖고 있었다.

그리고 …… 그곳에 그녀, 내 막내 동생 셀레스트가 와 있었다. 시애틀에 살았던 셀레스트가 내 옆에 있어 주기 위해 워싱턴 DC로 온 것이다. 더 많은 눈물이 흘렀다. 6년 만의 만남이었다. 진홍색 터틀넥 스웨터와 검은 바지를 입은 셀레스트는 여전히 아름다웠고 젊어 보였다. 포옹을 하며 익숙한 그녀의 향기를 맡을 수 있었다. 우리는 꼭 껴안았다. 일일이 다 설명하기는 어렵다. 모든 것이 너무 빠르게 일어났다. 셀레스트가 나와 함께 있게 된 것은 기대하지 못한 수확이었다. 셀레스트와 나는 늘 아주 친했다. 포로수용소 시절 우리는 정말 많은 것을 함께 겪었다. 그날 밤 호텔에 있는 퀸 사이즈 더블 침대에서 우리는 자매지간에만 나눌 수 있는 이야기들을 하고 또 했다. 그리고 우리가 그렇게 함께 할 수 있음에 감사기도를 드렸다.

청문회 날, 일정이 아주 빡빡했다. 우리가 호텔에서 인터뷰를 한 뒤, 수행자들이 우리를 전속 기사가 운전하는 리무진에 태워 국회의사당으로 데려갔다. 차창 밖을 보니 흰 눈으로 덮인 놀라운 세상이었다. 1960년 영국을 떠난 뒤로는 눈을 보지 못했다. 그래서 눈으로 덮인 세상이 얼마나 아름다운지를 잊고 있었다. 눈을 생전 처음 본 기분이었다. 차에서 내려, 새로 산 내 겨울 부츠로 눈을 밟으니 깊이 빠지면서 뽀드득 소리가 났다. 눈의 매력에 빠져들지 않을 수 없었다. 어린아이처럼 나는 눈을 만져 봐야 했다. 국회의사당 바로 앞에서 나는 허리를 굽혀 눈을 만지고, 눈사람을 만들었다. 그러고 난 뒤, 나는 국회의사당, 큰 반구형 지붕의 국회 의사당을 경건하게 바라보았다.

우리는 안내인을 따라 계단을 올라가 건물 안으로 들어갔다. 이 중요한 날 나는 잘 보이고 싶었다. 이 날을 위해 새로 마련한 깔끔한 검정 정장을 입었다. 한복을 입은 김군자 씨와 이용수 씨는 정말 아름다웠다. 나는 이 두 여성을 사랑하고 존경한다. 그들의 표정과 심지어 주름살에도 힘과 결의가 표현되어 있었다. 사진기자를 비롯한 언론인들이 우리를 둘러싼 상태에서 우리는 맨 앞자리로 안내받았다. 셀레스트는 뒷줄에서 내 가까운 쪽으로 앉았다. 회관 안은 꽉 차 있었고, 아무 소리도 들리지 않았다. 놀랍게도, 하나도 긴장되지 않았다. 오로지 내가 해야 할 일만 생각했다. 나는 그곳에 앉아 있었던 시간을 잊을 수 없을 것이다. 김군자 씨와 이용수 씨가 내 오른쪽

2007년 국제여성의 날 집회에서 황우슈메이, 길원옥 씨와 함께(2007년 3월 8일, 시드니)

에 앉아 있었다. 우리 이름이 인쇄된 커다란 흰색 카드를 통해 우리가 앉아야 할 곳을 알 수 있었다. 내 정식 이름은 얀 루프-오헤른이지만, 그 이름표에는 결혼하면서 생긴 성 '루프'가 빠져 있었다. 카드에 큰 글씨로 분명하게 새겨진 성은 오헤른, 내 처녀 시절 성이었다. 이곳 워싱턴DC에서 오헤른이라는 이름이 새겨진 명패를 보고 있자니, 주체할 수 없는 감정이 치솟아 올랐다. 눈물을 삼켜야 했다. 뮤지컬 〈스위트 채리티〉(Sweet Charity)에 나오는 노랫말이 떠올랐다. "그들이 지금 나를 볼 수 있다면, 나의 작은 무리들이 지금 나를 볼 수 있다면." 아버지와 어머니, 그리고 우리 오헤른 집안의 남매들이 지금 나를 볼 수 있다면, 나를 얼마나 자랑스러워할까 하는 생각이 들었다.

   청문회는 잘 진행되었다. 결의안이 통과되어 일본 정부에게 공식 사과하라고 촉구했고, '위안부' 여성을 성노예화했다는 것을 부인하는 이들의 주장이 거짓임을 분명히 했다. 김군자 씨가 맨 먼저 나서 이야기를 했다. 그녀는 치솟는 분노를 잘 표현했다. 나는 강한 확신을 갖고 증언했다. 이용수 씨는 주먹을 높이 치켜들더니, "나는 일본 정부가 내 앞에서 무릎을 꿇고 진심으로 사과를 할 때까지, 일본 정부를 그냥 내버려 두지 않을 겁니다"라는 말로 마무리를 했다.

   그 뒤로 나흘 동안 언론 인터뷰를 하고 우리의 주장에 관심이 있는 주요 인사들과 공식 만찬을 하는 일정 등으로 정신없이 바빴다. 마지막 날, 우리는 셀레스트와 함께 공항으로 가서 눈물을 흘리며 작별 인사를 했다. 앞으로 우리가 몇 번을 더 만날 수 있을까?

   호텔 방으로 돌아와 나는 가방을 열고, 의회 청문회장에서 가져온 내 이름 오헤른이 새겨진 명찰을 다시 꺼냈다. 내가 오헤른이라는 이름을 얼마나 사랑했던가. 학교에서 하비에르 수녀님이 했던 말이 들리는 것 같았다. "다른 아이도 아니고, 얀 너는 오헤른 집안의 아이잖아."

나는 오헤른 집안의 일원인 것이 자랑스러웠다. 오헤른 집안 사람들은 언제나 기운이 넘쳤고, 물러서는 법이 없었다. 내 이름을 보며, 내 앞에서 내 한평생이 순식간에 떠올랐다. 자바에서 보냈던 목가적인 어린 시절, 수용소에서 지냈던 시기, 톰과의 결혼, 아이들의 어머니로서 충실했던 시기, 루프 부인으로서 살아온 시기, 그리고 마침내 여든넷 나이에 나는 다시 한 번 오헤른이 되었다.

†

전쟁에서 강간은 무기이자 대량학살의 수단으로 사용되고 있다. 오늘날도 달라진 게 없다. 지난 16년 동안 나는 전쟁과 분쟁 시기에 여성을 보호해야 한다는 운동을 열정적으로 펼쳐 왔다. 내 노력이 헛되지 않음을 알게 되어 나는 기쁘고 또 자랑스럽다. 강간은 전쟁의 불가피한 결과도 아니고 군인에 대한 '대가'가 될 수 없다는 사실을 더 많은 사람들이 알아 가고 있다. 강간은 이제 전쟁범죄로 여겨지고 있고, 유엔도 그렇게 인정했다. 내가 이렇게 나서서 이야기하는 목적은 단 하나, 전쟁에서 잔혹 행위가 더 이상 발생하지 않도록 하기 위해서다.

감사의 말

    다시는 전쟁에서 잔혹한 학대가 일어나지 않기를 바라는 마음으로 이 책을 쓰기 시작했다.
    이 문제를 처음으로 제기했던 한국의 일본군 '위안부' 피해자들에게 먼저 감사를 드린다. 평화와 화해가 있는 세계로 가는 여정에서 나는 이들과 함께했다. 그들이 나서서 이야기해 주었기 때문에, 나도 용기를 내서 내 이야기를 내놓을 수 있었다.
    딸 에일린과 캐럴에게 감사의 말을 하고 싶다. 이 책을 쓰는 과정에서도 꼭 필요한 도움과 지지를 아끼지 않았다. 언제나 사랑으로 충만한 두 사위 개리와 그레그에게도 감사한다. '일본의 도의적 책임을 묻는 재단'(Stichting Japanse Ereschulden)에도 감사한다.
    다큐멘터리 영화 〈침묵의 50년〉을 만들고, 내가 태어난 땅을 다시 가 볼 수 있게 해주고, 전쟁을 같이 겪었던 나의 가장 사랑하는 친구들을 네덜란드에서 다시 만날 수 있게 해준 네드 랜더에게도 감사한다.
    손으로 쓴 원고를 타이핑해 준 톨리데이 부부 필립과 베브에게도 특별한 감사를 전한다. 이 책을 믿고 기다려 준 잔 릭만스와 끈기를 발휘하여 이 책을 편집해 준 엘리자베스 코웰에게도 감사한다.

마지막으로 손주 에마, 주드, 루비와 우리 손주들처럼 나를 "오마"라고 부르는 나의 대자(代子, godson) 윌리엄의 이름을 여기에 써 놓고 싶다. 나는 그 아이들을 생각하며 이 이야기를 썼다. 전쟁 없는 세상, 평화로운 세상에서 살아가기를 기원하는 마음으로.

옮긴이의 말

　이 책의 영어판 제목은《50년 동안의 침묵》(FIFTY YEARS OF SILENCE: The extraordinary memoir of a war rape survivor)이다. 자서전이라고 할 수 있는 이 책에서 지은이는 어린 시절과 제2차 세계대전 동안 겪은 고난을 '50년' 전 이야기라고는 믿기지 않을 정도로 상세하고 생생하게 서술한다. 그렇게 세세히 기억하는 일들을, 지은이는 50년 동안 침묵했다. 왜 침묵했는가? 왜 침묵할 수밖에 없었는가?

　가장 먼저 침묵을 강요했던 것은 일본 군인들이었다. 제2차 세계대전 당시 일본의 패전이 눈앞에 보이는 상황에서, 이른바 '위안소'를 폐지하면서 일본군 고위 장교는 성노예로 동원한 네덜란드 소녀들에게 그곳에서 있었던 일을 절대 발설하지 말라고 엄포를 놓았다. 그렇다고 해서 지은이가 실제로 아무에게도 그 일을 말하지 않았던 것은 아니다. 지은이는 어머니와 아버지 각각에게 겪었던 일을 말씀드렸고, 그 이야기를 들은 부모님의 표정은 고통으로 일그러졌다. 그 뒤로 지은이는 그 이야기를 부모님 앞에서 꺼낼 수 없었다. 전쟁이 끝난 뒤 한 영국 군인과 연애를 하고 결혼을 생각하게 되면서, 그 애인에게 겪었던 이야기를 했다. 훗날 남편이 된 그는 근무지에서 가장 높은 영국군 책임자에게 데려갔고, 장교들 앞에서 지은이는 자신의 경험을 진술했지만 그들은 이를 중요한 문제로 여기지 않았다.

가톨릭 신부를 따로 찾아가기도 했다. 그녀가 전쟁 과정에서 겪은 일을 들은 신부는 그녀에게 수녀가 될 생각은 하지 말라고 하여, 그녀를 절망하게 했다. 또한 자신이 일본군에게 성노예로 끌려갔다 온 사실을 알았던 수용소 내 다른 여성들의 수근거림도 지은이가 말을 꺼내기 힘들게 만든 압력이 되었다. 가까운 부모나 남편은 함께 고통스러워했지만 무력했고, 권력자들은 무관심했고, 성폭행 당한 여성을 바라보는 사회의 시선은 싸늘했다. 그런 분위기에서 지은이는 50년 동안 자신의 경험을 꺼내 놓지 못했다.

이 책을 읽으며, 나는 어떨 때 침묵하는지를 생각해 보았다. 내 말을 제대로 이해해 줄 분위기가 아닐 때, 내 말이 무시당할 수 있다고 느낄 때, 내가 솔직하게 말하면 불이익이 돌아올 것 같을 때, 내 편이 없다고 느낄 때 나는 의식적으로 때로는 무의식적으로 침묵하곤 했다. 나는 역사가 좀 더 다양한 사람들의 이야기를 포괄할 수 있으려면, 사회가 좀 더 민주적으로 변하려면, 나를 포함한 우리 모두에게 침묵에 좀 더 귀 기울일 줄 아는 마음과 훈련이 필요하다고 생각한다. 가장 부당한 일을 당하는 이들, 가장 목소리를 높여야 하는 이들이 가장 소리 내지 못하고 살아가는 것이 현실이기도 하다. 슬프고 또 부당한 일이다. 사회의 발전을 도모하고 싶다면, 억울한 이들이 말할 수 있는 여건을 만드는 것부터 시작해야 할 것이다.
　가장 잊을 수 없는 경험에 대해 입을 닫고 살았던 50년 동안, 지은이는 결혼을 했고 영국과 오스트레일리아에 거주하며 지역 사회에서 교사로 성가대원으로 살았다. 수차례의 유산을 거쳐 힘들게 얻은 두 딸을 키웠다. 겉보기에는 평탄한 삶이었지만, 큰 비밀을 안고 사는 것은 무척이나 힘든 일이었다고 한다. 매일 저녁 어두워질 무렵이면 불안감과 두려움이 엄습했고 식은땀이 흘렀다. 20대 초반 나이에 석 달 동안 밤마다 일본 군인들에게 당했던 일을 무엇보다 몸이 기억했고, 마음이 떨쳐 낼 수 없었기 때문이다.
　지은이가 '50년 동안의 침묵'을 깨고 마침내 입을 열기로 결심한 것은 1991년 일본군 성노예 경험을 처음으로 세상에 알린 김학순 씨의 증언을 보면서였다. 또한 1990년대 벌어진 보스니아 내전에서 여성에 대한 집단 강간이 벌어졌다는 기사를 보면서 그 결심은 더욱 확고해졌다. 전쟁 상황이라고 해서 여성을 강간할 수 있다는 생각은 잘못된 것임을 피해 경험자로서 다음 세대에게 제대로 알려줘야 한다고 결심했다.
　침묵했던 이들이 말하기 시작할 때 새로운 세계가 열린다. 지은이는 자신이 "유럽인 여성으로는 처음으로 공개 석상에서 일본군 '위안부'였음을 밝혔고, 제2차 세계대전의 어둡고 가려졌던 비밀들을 드러내서 역사를 만든 사람이 되었음을 자랑스럽게 생각한다"고 말한다. 자신의 활동이 갖는 역사적·사회적 의미를 스스로 명료하게 정리한 발언이다. 그녀의 증언을 시작으로 지금까지 밝혀진 바에 따르면, 일본군 '위안부'였던 네덜란드 여성은 약 200~400명이다. 한국인 일본군 '위안부'는 8만~20만 정도로 추산한다.

이 책에서 지은이는 '위안부'라는 단어를 뻔뻔스러운 표현이라고 일갈하면서, "우리는 '위안부'가 아니라 '성노예'(sexual slave)였다"고 말한다. 지당한 말이다. '위안부'는 일본 정부가 여성들을 일본군의 성노예로 동원하면서 붙인 말이다. 1990년대에 우리 사회에서도 이 용어를 둘러싸고 논의가 있었다. 토론 끝에 이미 널리 통용되고 있는 '위안부'라는 용어를 일단 그대로 사용하기로 했다. 하지만 일본 정부가 그렇게 불렀다는 점을 드러내기 위해 반드시 작은따옴표를 붙여서 사용하기로 했다. 또 범죄의 주체를 명시하기 위해 앞에 일본군이라는 말을 붙여 일본군 '위안부'라고 하기로 했다. 영어로는 'Military Sexual Slavery by Japan,' 곧 '일본군 성노예'로 쓰기로 했다.

지난 30여 년 동안 제2차 세계대전 과정에서 일본군이 여성에게 어떤 범죄 행위를 저질렀는지가 꽤 널리 밝혀지고 공론화되어 왔다. 일본군 성노예였던 지은이와 한국 여성들을 비롯한 여러 나라 여러 여성들의 증언과 활동을 통해 이만큼 왔다. 서양 사회에서 가장 권위 있는 기구의 수장들, 예를 들면 가톨릭 교황이나 지은이의 모국인 네덜란드 여왕, 지은이가 시민으로 살고 있는 오스트레일리아의 정부 수반과 영국 여왕 등이 큰 상과 훈장을 주어 그녀의 고난과 용기를 기렸다. 지은이와 같은 인물이야말로 우리 시대의 영웅임을 알리고, 세계인의 존경과 사랑을 전하는 과정이 상으로 표현된 것이다.

일본군 '위안부'였던 한국인 여성들도 우리 사회에서 그와 같은 대접을 받아야 마땅하다. 물론 그 분들도 국민적 차원에서 관심과 사랑을 받고 있다. 우리 사회에서는 소녀상과 수요집회 등을 통해 아래로부터의 방식으로 우리의 존경과 사랑을 표현해 왔다. 이런 방식이 큰 의미와 가치를 지닌 것은 분명하다. 그러나 이제는 우리 사회에서 권위와 권력을 자랑하는 여러 기관과 조직, 그리고 정부도 좀 더 적극적으로 나서야 할 때라고 생각한다.

우리 나라에서, 아니 세계적 차원에서 봐도 '미투'(#Me Too) 운동의 시작은 1991년 일본군 '위안부'였음을 처음으로 밝힌 고 김학순 씨의 증언이었다. 그 분의 뒤를 이어 수많은 한국인 여성들이, 그리고 마침내 지은이와 같은 유럽인 여성들이 나서게 된 것이다. 이 여성들이 어렵사리 끄집어낸 용기를 이제 우리 세대와 우리 사회가 이어 받아 좀 더 큰 차원에서 마음과 역사에 새길 수 있는 방법을 찾아야 할 차례이다. 또 정치적·외교적 차원에서만이 아니라, 세계사적이고 인도적인 차원에서 접근하려는 노력이 필요한 문제이기도 하다.

이 책의 지은이는 인도네시아를 식민지로 지배한 네덜란드의 국민으로, 인도네시아 자바에서 태어나 성장했다. 그래서인지 한국 독자로서 그대로 수용하고 이해할 수 없는 내용들도 간간이 들어 있다. 지은이는 자바 섬에서 살던 시절 집안일을 도와주던 여러 명의 인도네시아인 일손들을 깊은 애정을 갖고 기억하고 있다. 이들 모두 자기 가족이고 한 식구로서, 얼굴 한 번 찌푸리지 않고 늘 웃으며 행복하게 지냈다고 한다. 하지만 그것은 그 집에서 공주님처럼 성장했던 아이의 시각일 뿐이다. 자바 섬에 있는 네덜란드의 가정에서 일했던 인도네시아인들이 실제 어떤 경험을 했는지는 그들의 목소리를 들어야 얼마간 진실에 다가설 수 있을 것이다.

읽으면서 분통이 터졌던 대목도 있다. 제2차 세계대전 중 네덜란드인이 갇혀 있던 포로수용소에는 나이가 많은 한 가톨릭 신부가 여성 포로수용소에 함께 수용되어 있었다. 그 신부는 그곳에서 비밀리에 가톨릭 성사를 진행하기도 했다. 어느 날 그 신부가 수용소 담을 통해 밖에 있던 한 인도네시아 소년과 대화를 나눌 수 있게 되었다. 그는 전쟁이 나기 전 성당에서 복사로 신부를 보좌했던, 신부와 잘 알고 지내던 소년이었다. 소년이라고 했으니 정확한 나이는 알 수 없지만 지금 우리로 치면 중학생, 많아야 고등학생 정도가 아니었을까 싶다. 신부는 이 소년에게 성당 창고에서 가톨릭 성사에 사용하는 포도주와 빵을 가져다가 담벼락 아래 있는 구멍으로 넣어 달라고 부탁한다. 발각될 경우 큰 위험이 있음을 신부도 소년도 알았지만, 소년은 이를 응낙했고 몇 차례 그 심부름을 해준다. 그러다 결국 일본 군인에게 발각되었고, 소년은 구타를 당하다 그 자리에서 사망했다. 지은이는 이 소년을 가톨릭의 숨은 순교자이며 평생 잊지 않고 있다고 썼지만, 옮긴이인 나로서는 이 문제를 그렇게만 이해하고 넘어갈 수가 없다. 소년을 죽인 일본군에게 가장 큰 책임이 있지만, 신부가 소년에게 그런 부탁을 한 것도 너무나 분별없는 행위였다. '그 소년이 네덜란드인 소년이라면, 유럽인 소년이라면 그런 부탁을 했을까' 하는 상상도 해보았다. 물론 일어나지 않은 일에 대한 억측이기는 하지만, 유럽인이 다른 지역민을 지배하고 착취해 온 역사가 있기에 이렇게 따져 볼 수 있다고 생각한다.

지은이는 인도네시아가 네덜란드의 식민지였던 시절을 두 문화가 조화롭게 공존하던 시기였다고 적고 있다. 그러나 이 역시 지은이가 속한 유럽 세계를 중심으로 한 생각일 뿐이다. 이 책에 서술된 인도네시아인과 인도네시아 문화에 대한 서술에는 유럽인이기에 갖는 시야와 이해력의 한계가 고스란히 드러나 있다. 인도네시아인이 네덜란드의 식민지였던 시절을 어떻게 생각하고 있는지를 이해하려면 인도네시아인의 이야기를 들어야 한다.

이 책에는 자전적 서술이 갖는 특성도 있다. 읽다 보면 지은이는 제2차 세계대전의 발발과 함께 갑자기 벌어진 힘든 상황에서 상당히 이성적으로 주변 사람들에게 지도력을 발휘하며 대처해 나간 것처럼 보인다. 거의 발작을 일으키다시피 했던 어떤 친구를 달래고 도닥여 주었다는 서술도 있다. 그런데 훗날 그 친구를 다시 만나게 되었을 때, 도리어 그 친구는 지은이한테 "당시 네가 두려움에 거의 미쳐 있었잖아!"라고 말한다(지은이는 그 친구가 자신에게 했던 그 말을 그대로 소개했는데, 이런 솔직한 서술이 이 책의 큰 장점이다). 두 사람은 서로 상대방이 거의 미쳐 있었고, 자신이 상대방을 진정시켰다고 기억하고 있는 것이다. 나는 두 사람의 말 모두 진실이라고 생각한다. 미칠 만한 상황이었고, 정말 미친 듯이 울부짖기도 여러 차례 했을 것이다. 다만 옆의 친구가 그렇게 폭발할 때에는 그 친구를 진정시켰고, 또 자신이 두려움에 무너져 내릴 때면 옆의 친구가 일으켜 주었을 것이다. 그들은 그렇게 인생의 가장 어두운 터널을 지나왔을 것이다. 그리고 회고록을 쓸 때에는 자신이 그 상황을 어떻게 버텨 내려고 노력했는지에 자연스레 초점을 두게 되었을 텐데, 그러다 보니 독자는 주로 지은이의 의연하던 모습을 중심으로 상황을 이해하게 되는 것이리라. 실제로 지은이는 강한 의지와 신앙심으로 전쟁을 버텨 냈고, 함께하던 이들에게 힘도 주고 또 도움도 받으며 그 시절을 이겨 내고 살아남았다.

오랜 침묵을 깨고 자신의 경험을 공개적으로 연설하고 다니는 활동 과정에서 지은이는 "세계가 전쟁의 공포에 귀 기울이고 있다는 인상"을 받았다고 말한다. 그러나 지은이와 달리 우리가 한반도에 살다보니, 전쟁의 공포에 대한 이야기보다는 전쟁을 일으킬 수도 있다는 권력자들의 위협을 더 자주 접하게 된다. 정치가나 군인들이 시작한 전쟁은 협정이나 조약을 통해 마무리될 수 있지만, 전쟁을 현장에서 고스란히 겪은 사람들에게 전쟁은 몸과 마음에 아물지 않는 상처로 평생 남는다는 점을 이 책을 통해 배웠다. 한반도에 사는 우리에게 꼭 필요한 이야기가 아닐 수 없다. 떠올리기도 싫은 경험을 생생하고 솔직하게 전달해 준 지은이에게 감사드린다.

지은이 얀 루프-오헤른은 1923년생으로, 2018년 3월 현재 만 95세이다. 살아 계신 동안 이 책의 한국어판도 내놓게 되어 기쁘다.

2018년 3월
최재인

진실을 알리는 활동
1992~2008

1992년 12월 9일
— 도쿄에서 열린 '일본 전쟁범죄에 대한 국제 청문회'에서 아시아의 일본군 '위안부'를 지원하기 위해, 유럽인으로는 처음으로 '위안부' 경험을 공개적으로 증언했다. 이 청문회는 전 세계적으로 텔레비전을 비롯한 여러 언론 매체의 관심을 끌었다.
— 도쿄 국회의사당에서 일본의 외무상과 면담

1993년 8월
— 다른 네덜란드 '위안부'들을 만나고, 다큐멘터리 영화 제작을 준비하기 위해 네덜란드 방문.
— 언론 매체와 공개 인터뷰 시작
— 헤이그 국회의사당에서 네덜란드 외무부 장관과 면담

1994년 7월
— 다큐멘터리 영화 〈침묵의 50년〉이 제작되어 오스트레일리아를 비롯한 여러 나라 텔레비전을 통해 방영
— 1995년, 〈침묵의 50년〉이 '로지'(Logie) 시상식에서 다큐멘터리 부문 대상 수상
— 1995년, 〈침묵의 50년〉이 오스트레일리아 영화협회 시상식에서 최우수 다큐멘터리 상 수상
— 1995년, 〈침묵의 50년〉이 시드니영화제에서 EAC 덴디 상 수상
— 아시아태평양영화제에서 〈침묵의 50년〉이 논픽션 부문 최고작품상 수상
— 1995년, 아톰(ATOM) 상 수상
— 일본 세계영화텔레비전페스티벌(World Film and TV Festival)에서 최고작품상 수상

1994년 12월
— 《침묵의 50년》이 오스트레일리아 ETT 출판사에서 출간. 현재 이 책은 영어로 3판이 나왔다. 큰 활자판 책과 오디오북으로도 나와 있다.

1995년 3월 14일
— 멜버른에서 열린 '보스니아에서 일어난 전쟁-여성-강간' 포럼에 참석해서 보스니아 '죽음의 강간 수용소'의 한 생존자가 쓴 일기를 대독함. 보스니아 강간 피해자들과 만남

1995년 4월 27일
— 시드니에서, 오스트레일리아적십자가 유엔 사무총장 부트로스 부트로스-갈리를 초청하여 개최한 '여성의 존엄과 전쟁' 포럼에 연사로 참석

1995년 5월 25일
— 애들레이드에서 오스트레일리아적십자가 개최한 국제 인도주의 법률 포럼 '무력 분쟁과 여성 보호'에 연사로 참석

1995년 8월
— 시드니에서 열린 제2차 세계대전 종식 50주년 기념 '일본군 포로수용소의 여성과 어린이, 1942~1945'에 연사로 참석

1996년 6월
— 영국, 런던 BBC 월드 서비스와 인터뷰

1997년 3월
— 북아일랜드 얼스터대학에서 열린 학술대회 '남성, 여성, 전쟁'에 연사로 참석

1997년 9월
— 애들레이드대학에서 열린 국제 인도주의 법률 세미나 '희망과 지옥의 20년'에 연사로 참석

1997년 11월
— 오스트레일리아 국회의사당에서 오스트레일리아 오디오북 상 수상

1998년 3월 5일
— 멜버른에서 열린 솔페리노 국제인도주의 법률강연회 '존중이 통하지 않을 때'에 연사로 참석

1998년 5월 8일
— 레이디 닐(Lady Neal)이 수여한 적십자 상 수상. 상에는 '제2차 세계대전에서 당신이 겪은

무시무시한 일들을 유럽인 '위안부'로서는 처음으로 공개 석상에서 증언해 주신 당신의 용기에, 전쟁에서 민간인 희생자를 보호하기 위한 국제인권법 발전을 위해 지치지 않고 노력하는 당신의 모습에 경의를 표합니다"라고 적혀 있다.

1998년 5월 12일
— 시드니 국회의사당에서 오스트레일리아적십자가 주최한 '전쟁에서 여성의 보호' 세미나에 연사로 참석

1999년 3월
— 오스트레일리아 전쟁기념관(캔버라)으로부터 감사패 받음. 제2차 세계대전 전시관이 소장하고 있는 포로수용소 경험 관련 소지품들을 기증한 것에 감사를 표한 것이다.

1999년 3월 18일
— 오클랜드에서 뉴질랜드적십자가 주최한 '행동하는 휴머니티' 강연
— 오클랜드대학 법대 학생들 앞에서 강연

1999년 8월
— 《침묵의 50년》이 일본어로 번역되어 일본 모쿠세이샤(木星社) 출판사에서 발간

1999년 8월 5일
— 멜버른, 캔터베리 장로교회에서 열린 대규모 일본인 공동체 앞에서 객원 연사로 참석

1999년 9월 8~9일
— 뉴질랜드 웰링턴과 크리스트처치에서 뉴질랜드적십자가 주최한 인도주의 법률강연회 '존중이 통하지 않을 때'에 연사로 참석

2000년 5월 25일
— 애들레이드에서 오스트레일리아적십자가 주최한 '여성과 전쟁에 관한 국제학술대회'에 연사로 참석

2000년 7월 3일
— 애들레이드에서 열린 유엔청년회의에 연사로 참석

2000년 7월 8일
— 예루살렘에서 열린 국제회의 '슬픔과 애도'에 연사로 참석

2000년 8월 5일
— 시드니에서 열린 세계평화를 위한 여성연합이 주최한 '평화의 다리' 기념식에 연사로 참석. 상원의원 헬렌 쿠난(Helen Coonan)은 얀이 '세계 평화에 귀중한 기여'를 했음을 기려서 상을 수여함

2000년 12월 8일
— 두 번째 일본 방문. 도쿄에서 열린 '일본군 성노예제에 대한 국제 전쟁범죄 재판'에 증인으로 출석

2001년
— 《침묵의 50년》이 인도네시아어로 번역되어 자카르타에 있는 프로그레스(Progres) 출판사에서 출판

2001년 4월 24일
— 앤잭데이(ANZAC Day)를 기념하여 시드니 성모마리아 대성당에서 열린 '태평양 전쟁이 남긴 아픈 기억들의 회복을 위한' 미사에 참석
* ANZAC은 제차 세계대전 때 오스트레일리아-뉴질랜드연합군(Australian and New Zealand Army Corps)

2001년 8월 30일
— 오스트레일리아 국영방송 ABC텔레비전 프로그램 〈오스트레일리아인 이야기〉에 주인공으로 출연

2001년 9월 20일
— 네덜란드 여왕 베아트릭스로부터 훈장과 기사 작위를 받음

2001년 10월 24일
— 맬버른대학에서 열린 국제적십자위원회 연구분과 '전쟁에 직면한 여성들' 출범식에 연사로 참석
— 맬버른대학 법학과 학생들 앞에서 강연

2001년 12월 3일
— 헤이그에서 열린 '일본군 성노예에 관한 여성 국제 전쟁범죄 재판'에 연사로 참석

2002년 4월 25일
— 앤잭(ANZAC) 평화상 수상.

2002년 6월 10일
— 오스트레일리아 훈장 수상

2002년 11월 23일
— 퍼스에서 열린 오스트레일리아적십자 주최 세미나 '위안부에 대한 범죄들'에 연사로 참석

2002년 12월 7일
— 교황 요한 바오로 2세로부터 실베스텔 훈장 수상(교황이 주는 상 가운데 두 번째로 높은 상)

2004년
— 오스트레일리아 사회에 기여한 공로로 존 하워드 총리로부터 100주년 메달 수상

2004년 4월
— 뉴질랜드 오클랜드에서 열린 '국제 성만찬식'에 연사로 참석

2004년 11월
— 미국 문화대표자총회(United Cultural Convention)가 주는 국제평화상 수상

2007년 2월
— 워싱턴DC에서 열린 미국 연방하원 청문회 '위안부의 인권 보호'에 증인으로 출석

2007년 3월
— 시드니 일본 영사관 앞에서 열린 '위안부의 친구들' 집회에 연사로 참가

2008년 9월
— 《침묵의 50년》 개정 증보판이 랜덤하우스 오스트레일리아에서 출간

나는 일본군 성노예였다

네덜란드 여성이 증언하는 일본군 '위안소'

지은이 얀 루프-오혜른
옮긴이 최재인
디자인 박대성
펴낸이 송병섭
펴낸곳 삼천리
등록 제312-2008-121호
주소 10570 경기도 고양시 덕양구 신원로2길 28-12, 401호
전화 02) 711-1197
전송 02) 6008-0436
전자우편 bssong45@hanmail.net

1판 1쇄 2018년 4월 27일

값 17,000원
ISBN 978-89-94898-47-6 03900

한국어판 ⓒ 최재인 2018